소품집

비트겐슈타인 선집 **2**

소품집

Kleine Schriften

루트비히 비트겐슈타인　　　이영철 편역

책세상

일러두기

1. 이 책은 클라게(James Klagge)와 노르드만(Alfred Nordmann)이 편집한 루트비히 비트겐
   슈타인의 *Philosophical Occasions 1912~1951*(Indianapolis & Cambridge: Hackett, 1993)
   가운데 4장 "Some Remarks on Logical Form", 5장 "A Lecture on Ethics", 7장 "Bemerkungen
   über Frazers *Golden Bough*", 9장 "Philosophie", 10장 "Notes for Lectures on "Private
   Experience" and "Sense Data"", 12장 "Ursache und Wirkung: Intuitives Erfassen", 14장
   "Notes for the "Philosophical Lecture""를 번역한 것이다. 시디롬으로 나온 유고(Oxford,
   2000)도 참고했으며, 부분적으로는 시디롬 유고 쪽을 따르기도 했다.
2. 주는 모두 각주로 처리했으며, 옮긴이주는 (옮긴이주)로 표시했다.
3. 원서에서 강조된 것은 고딕체로 표시했다. 그리고 점선으로 표시된 밑줄은 강조의 표시가
   아니라 밑줄 친 표현에 대한 비트겐슈타인의 불만족 혹은 망설임의 표시이다. 초판에서 본문
   중에 두 사선 사이에 표시했던 이형(異形)은 이 개정판에서는《문화와 가치》에서처럼 본문
   하단에 (a, b, c, ... 순으로) 배치했다.
4. 맞춤법과 외래어 표기는 1989년 3월 1일부터 시행된 〈한글 맞춤법 규정〉과《문교부 편수자료》,
   《표준국어대사전》(국립국어연구원, 1999)에 따랐다.

차례 | 소품집

*
편역자의 말

여기에 실린 글들은 비트겐슈타인이 《논리―철학 논고》를 완성하고 나서 철학을 그만둔 지 10여 년이 지난 1929년에 다시 철학을 하기 위해 케임브리지로 돌아온 후 이런저런 계기로 썼던 철학적인 글들 가운데에서 단행본 형태로 독립적으로 출판되지 않은 비교적 짧은 글들을 모아 번역한 것이다.[1] 비록 짧은 글들이지만, 이 글들은 그의 철학 복귀 이후 20년 가까운 기간에 걸쳐 있는 글들로서, 그의 철학적 관심사의 범위와 변화 과정 따위를 볼 수 있게 해 준다는 점에서 중요하다. 또 이 글들은 논문, 강연, 강의 노트, 철학적 일기와 같은 다양한 형태들로 되어 있어, 비트겐슈타인의 글 스타일들을 음미해 볼 수 있다는 점에서도 흥미롭다.

비트겐슈타인은 그의 전 생애에 걸쳐 철학적 저서로서는 《논고》 한 권밖

---

1 세 번째의 글 "프레이저의 《황금 가지》에 관한 소견들"은 그동안 단행본으로도 출판된 바 있으나, 처음에는 잡지에 발표되었다.

에 출판하지 않았다. (철학 외적인 책으로는 그가 출판한 것이 한 권 더 있는데, 그것은 그가 오스트리아의 시골 초등학교 교사 시절에 시골 어린이들 용으로 출판한 낱말사전이었다.) 그는 또한 철학 논문도 평생 한 편밖에 발표하지 않았는데, 이 논문은 그의 생애에서 《논고》 이후 출판한 유일한 철학적인 글이기도 하다. 그 논문이 이 책에 첫 번째로 실린 글 "논리적 형식에 관한 몇 가지 소견"이다. 이 글은 《논고》의 관점에서 일상 언어의 숨겨진 논리적 형식을 찾아내는 "인식론의 과업"에 관여한다. 그에 의하면, 이는 "모든 명제의 핵심들"인 원자적 명제들(요소명제들)에 이르기까지의 분석을 "현상들 자체의 논리적 탐구"에 의해 수행함으로써, 즉 "우리가 기술하고자 하는 현상들을 조사하고 그리하여 그것들의 논리적 다수성을 이해하려고 노력함으로써"(그러니까 "어떤 뜻에서 후천적으로만") 가능하다. 그리고 이런 관점에서 그는 색깔, 소리, 온도 등처럼 질의 정도를 지니는 현상들에 관한 진술의 분석과 관련된 몇 가지 소견을 피력한다. 비트겐슈타인은 이 글을 쓰고 나서 곧 이 글에 대해 불만족스러워했지만, 이 글은 《논고》의 체계를 붕괴시키는 단초가 되었던 이른바 '색깔 배제'의 문제와 그것에 대한 그의 최초의—그러나 《논고》의 틀은 기본적으로 유지하려는 방향에서의—대응을 엿볼 수 있는 기록으로서 중요하다.

비트겐슈타인은 또한 평생에 단 한 번, 이른바 '대중 강연' 성격의 강의를 했다. 그것이 이 책의 두 번째 글 "윤리학에 관한 강의"이다. 이 강의는 《논고》에서 '말할 수 없는 것'으로 분류되었던 부분, 즉 윤리적–미학적인 것, 종교적인 것 등에 대해, 왜 그것이 유의미하게 말해질 수 없는지를 좀 더 자세히 설명하면서, 그러나 유의미한 언어—또는 그것에 의해 말해질 수 있는 세계—를 넘어서려는 그러한 인간 정신의 경향 또는 노력은 소중하다는 점과 같은 것을 이야기한다. 이 글은 분명 《논고》의 분위기를 여전히 지니고 있다. 그러나 이 글 이후 비트겐슈타인이 윤리에 관해 이만큼이나마

길게 따로 논한 것도 없다. 그러므로 그의 윤리관과 관련해서 이 글이 차지하는 비중은 매우 크다고 할 수 있을 것이다. 물론 이것이 여기에서의 그의 《논고》식 윤리관이 후기에도 그대로 유지되었다는 말은 아니다. 《논고》식의 윤리관은 그의 언어 그림 이론과 동전의 양면처럼 안팎을 이루는 것이었다. 그러므로 그의 언어관이 변함에 따라 윤리(적 진술)에 대한 그의 견해도 일정 정도 변할 수밖에 없었다. 후기로 가면서 비트겐슈타인은 윤리적 진술들의 의미도 그것들의 쓰임에서, 즉 우리의 실천적 삶의 맥락 속에서 그것들이 행하는 역할—그러나 여타의 진술들과 근본적으로 다른 역할— 속에서 이야기될 수 있다고 본다. 이러한 그의 후기 견해는 《논고》식의 엄격한 견해에 비하면 '맥락주의적'이고 '상대주의적'인 것으로 비친다.

이 책의 세 번째 글 "프레이저의 《황금 가지》에 관한 소견들" 역시 독특하다. 비트겐슈타인은 주술과 종교에 관한 프레이저(James G. Fraser)의 인류학적 연구서인 《황금 가지》(*The Golden Bough*)에 큰 관심을 보였고, 그 책에 대해 나름의 소견들을 남겨 놓았다. 그가 이렇게 어느 한 사람이 쓴 책을 집중적으로 다룬 경우는 이 글이 사실상 유일하다.[2] 이것은 그만큼 비트겐슈타인이 종교나 주술적 행위 같은 것들에 대해, 그리고 이것들을 고찰하는 방식에 관해 관심이 컸다는 것을 보여 주는 것이라 하겠다. 비트겐슈타인은 케임브리지에 복귀한 후 경제학자 피에로 스라파의 영향으로 인류학적인 (또는 자연사적인) 고찰 방식으로 전환하게 되는 것으로 이야기되는데, 이 글(I부)에서 우리는 그가 가령 인간을 제의적(祭儀的) 동물이라 할 수 있다고 한다거나, 그러한 제의 또는 의식(儀式) 행위를 본능-행위로 부를 수 있다고 하는 등의 말을 함을 발견할 수 있다. 그러나 이 글에서 비트겐슈타인은

---

2 그가 케임브리지 대학 학생 시절에 교내 잡지에 발표한 서평("Book review of P. Coffey, *The Science of Logic*", The Cambridge Review, vol. 34, 1913, p.351)이 있으나 이 1페이지짜리 서평은 논외로 칠 수 있을 것이다.

프레이저식의 고찰 방식 자체에 대해서는 매우 비판적으로 쓰고 있다. 그리고 그 비판적인 시각들 속에 그의 후기 사상의 특징적인 점들이 보이기 시작한다. 가령 프레이저가 발전 가설 형식에 의해 설명하려 드는 일들에 대해 비트겐슈타인은 "우리들은 여기서 단지 기술하고, 인간 삶이란 그런 거다, 라고 말할 수 있을 뿐"이라고 말한다. 특히 발전 가설에 대한 그의 비판은 그가 《철학적 탐구》의 모토로 삼은 말—"무릇 진보란 그 실제보다 훨씬 더 크게 보이는 법이다"—에 나타난 정신과 연결된다고 할 수 있을 것이다. 그러므로 이 글은 그 자체로서 흥미로울 뿐 아니라, 그의 사상적 전환의 몇 가지 구체적 모습을 볼 수 있게 해 준다는 점에서 중요하다.

네 번째 글은 원래 독립적인 글이 아니라, 현재 유고 번호 TS 213인 이른바 "큰 타자 원고"(Big Typescript)[3]의 한 장이다. 그러므로 엄밀히 말해서 원래 이 글은 '소품집'에 속할 성격의 글은 아니라고 할 수 있다. 그러나 한편으로 이 글은 1989년 《국제 철학 리뷰》(Revue Internationale de Philosophie)라는 철학 잡지에 따로 발표된 바 있으므로, 이 소품집에 전혀 포함될 수 없는 것만도 아니다. 아무튼 이 글은, 비트겐슈타인 자신에 의해 붙여진 그 제목이 말해 주고 있듯이, 그의 철학관을 다루고 있는 글이다. 이 글에 옮긴이가 붙인 각주들에서 드러나지만, 이 글의 내용은 《탐구》를 포함하여 이 글보다 뒤에 쓰인 다른 작품들과 여러 곳에서 중복된다. 그러나 이 것은 그만큼 이 글에 활용 가치가 있는 중요한 내용들이 포함되어 있다는 증거이기도 하다.

다섯 번째 글은 비트겐슈타인이 1935~36년 동안 케임브리지 대학에서 행한 "사적 경험"과 "감각 자료"에 관한 강의와 관련해 작성된 노트들이다. 강의와 관련해서 쓴 노트들이긴 하지만, 그가 그 노트대로 강의한 것은 아

---

3 이 유고는 2005년에 영국 블랙웰 출판사에서 "큰 타자 원고: TS 213"(The Big Typescript: TS 213)이 라는 제목의 단행본으로 출간되었다.

니다. (그의 강의 스타일은 미리 준비한 자료에 따라 거의 그대로 진행되는 그런 보통의 방식이 아니라, 아무런 노트 없이, 그가 미리 사색한 것들을 학생들과 더불어 자유롭게 생각하고 토론하는 식이었다.) 이 글은 강의를 위한 노트이자 동시에 비트겐슈타인의 그때그때의 새로운 사유의 기록이기도 하다. 기본적으로 까다로운 주제인 데다 단편적 형태의 노트들이고, 게다가 이 노트들 사이의 연결이 어떤 부분에서는 끊기기 때문에, 독자가 이 글을 따라가기는 쉽지 않다. 그러나 여기서 논의되는 주제들은 《철학적 탐구》의 이른바 '사적 언어 논의'나 그 이후의 《심리학의 철학에 관한 소견들》에서의 고찰들로 이어진다는 점에서 주목할 만한 가치가 있다.

여섯 번째 글 "원인과 결과: 직관적 포착"은 인과성이라는 철학적으로 중요한 주제에 대한 후기 비트겐슈타인의 생각들 중 중요한 일부를 담고 있는 글이다. 이 글에서의 고찰은 "경험주의의 한계들"(1935/36)이라는 러셀의 논문을 단초로 하는 것으로 간주되는데, 그 논문에서 러셀은 반복적 관찰 경험에 기초하지 않고 직접 '지각'되는 '다소 인과적인 관계'의 존재를 주장한다. 비트겐슈타인은 러셀의 생각을 "어떤 것이 반복적 경험을 통해 원인으로 인식되기 전에, 어떤 것이 직관을 통해 원인으로 인식되어야 한다"라는 것으로 표현하고 있다. 러셀의 생각은 직접 관찰될 수 있는 것이 인과 관계가 아니라 단지 사건들의 계기라고 하는 흄식의 '순수 경험주의' 전통을 벗어나는 것이라 할 수 있다. 비트겐슈타인 역시 우리가 직접 포착하는 인과 관계들이 존재한다고 본다. 그러나 그는 이러한 직접적 포착이 직관에 기초한다는 생각은 비판하고 있다. 그에 의하면, 언어놀이의 기초를 이루는 것은 사변이 아니라, (그 속에 의심이 존재하지 않는) 실천적 행동 방식, 반응이다. (이 점과 관련된 그의 고찰들은 그의 《확실성에 관하여》에서 본격적으로 전개되는 통찰들의 전조를 이룬다고 할 수 있을 것이다.) 그리고 '원인–결과 언어놀이' 역시 '원인에 대한 경험'이라고 불릴 수 있는 반응들에 기초한다. 예를 들어, 어떤 사람이 무섭게 보이기 때문에 두려울 때, 또는 어떤 사람에게 일격을 당해 고통스러울 때, 또는 내가 잡고 있는 팽팽한 끈을 어떤 사람이 끌어당기는 것을 보았을 때 등의 경우에, 그 각각의 원인은 반복적 관찰이나 실험 없이 직접 포착된다. 흄식의 인과성 개념은 그러므로 인과성의 유일하거나 더 근본적인 개념이라고 할 수 없다. 인과성을 말하자면 가족 유사적인 것으로 보는 이러한 관점 외에도, 이 글에서 비트겐슈타인은 모든 것을 원인과 결과의 도식을 통해 보려는 충동에 대해서도 비판적인 시각을 보인다. (이러한 시각은 그의 《쪽지》 §§608~610에서 더 충격적으로 표현된다.) 가령 식물-A와 식물-B의 씨앗들이 아무 차이가 없어도 우리는 그 씨앗들 속에는 어떤 하나의 차이가 있어야 한다고 생각한다. 그러나 그에 의하면, 그 경우 우리는 그 두 식물의 발전 차이를 원인이 아닌 두 식물의 전사(前史)로부터 예언할 수 있다고 한다. 인과성을 하나의 도식('묘사 형식' 또는 '문법 규칙')으로서 보기는 하지만 그러한 도식을 우리가 (상황에 따라서는) 없이 지낼 수도 있는 어떤 것으로서 본다는 점에서, 비트겐슈타인의 시각은 칸트주의와 비슷해 보이면서도 중요한 방식으로 다르다고 해야 할 것이다.

일곱 번째 글은 두 번째 글처럼 공개 강의를 위한 것이었다. 그러나 이 강의는 비트겐슈타인의 사정 때문에 취소되었고, 그 강의를 위해 준비하던 노트만이 남게 되었다. 비트겐슈타인이 택한 주제는 '대중적'이라고는 할 수 없는 것으로, 경험의 이른바 '사밀성(私密性)'—실은 '초(超)-사밀성'—의 문제였다. 이 주제는 《철학적 탐구》 §§243~315의 이른바 '사적 언어 논의'로 잘 알려진 부분과 관계된다.

여기 모아 번역한 7편의 글들은 모두 클라게(J. Klagge)와 노르드만(A. Nordmann)이 편집한 *Philosophical Occasions 1912~1951*(Indianapolis,

1993)—본문 각주에서는 '*PO*(판)'(으)로 약함—에 실려 있는 글들 중 비트겐슈타인이 직접 쓰고 또 철학적으로 중요하다고 할 수 있는 것들만 골라 번역한 것이다. 이러한 구성은 슐테(J. Schulte)가 1989년에 독일 주어캄프 사에서 낸 비트겐슈타인의 글 모음집 《윤리학에 관한 강의 및 다른 짧은 글들》(*Vortrag über Ethik und andere kleine Schriften*)의 편집 방침과 통한다. 그러나 슐테의 소품집에는 이 책의 네 번째 글과 마지막 글에 해당하는 글이 실려 있지 않다. 그리고 거기에 수록된 텍스트(특히 이 책의 다섯 번째 글의 텍스트)도 이 책이 텍스트로 삼은 저 두 편집자의 것보다 빈약하다.

찾아보기를 만드는 지루한 일을 도와주고 또 나의 번역 원고에서 탈문, 오자 등을 발견하여 번역을 개선할 수 있게 해 준 하상필 선생, 하영미 선생, 그리고 김수경 양에게 이 자리를 빌려 감사한다.

개정판을 펴내면서

초판 번역에서 잘못되었다고 할 수 있는 곳들, 혹은 잘못까지는 아니더라도 어쨌든 우리말로 오해의 여지가 있거나 그리 명료하게 옮겨 표현하지 못한 상당수의 곳들을 바로잡거나 다듬었다. 그리고 초판 번역에서 원문대로 '/'나 '//'의 기호를 써서 본문에 표시한 이형(異形)들을 이번 판에서는 《문화와 가치》나 《큰 타자 원고》 같은 책의 편집 방식을 따라 본문 하단에 'a', 'b', 'c', …로 배치하여, 본문을 좀 더 편하게 읽을 수 있도록 하였다. 끝으로, 찾아보기도 항목들을 일부 재조정하고 전체적으로 정확성을 기했다.

1
논리적 형식에 관한 몇 가지 소견[1]

모든 명제는 내용과 형식을 지닌다. 순수한 형식에 대한 그림은 우리가 개개의 낱말들이나 상징들—그것들이 독립된 의미를 지니는 한에서—의 의미로부터 추상한다면 얻어진다. 즉 우리가 명제의 상항들 대신에 변항들을 대입한다면 얻어진다. 상항들에 적용된 구문론의 규칙들은 변항들에도 역시 적용되어야 한다. 이런 일반적인 뜻에서의 구문론이란 낱말로 나는 어떤 연관들 속에서만 하나의 낱말이 뜻을 낳는가를 우리에게 말해 주는 규칙

---

1 (옮긴이주) 비트겐슈타인이 《논고》 이후 출판한 유일한 철학적인 글로서, 《아리스토텔레스 학회보》(*Proceedings of the Aristotelian Society*)의 증보 9권 pp.162~171에 처음 실렸다. 원래 이 글은 1929년 아리스토텔레스 학회와 정신 협회(Mind Association)의 합동 발표회에서 발표하기로 되어 있었으나, 당시에 사상의 급격한 전환기에 있었던 비트겐슈타인은 이 논문을 '가치 없는' 것이라 하여 발표하지 않고 전혀 다른 주제로 발표하였다. 그러나 우리에게 이 글은 《논고》의 생각이 어떤 문제로 인하여 붕괴되어 갔는가, 또 비트겐슈타인은 그것에 대해 처음에 어떻게 대응했는가를 엿볼 수 있는 기록으로서 중요하다.

들, 따라서 무의미한 구조들을 배제하는 규칙들을 의미한다. 잘 알려져 있다시피, 일상 언어의 구문론은 이러한 목적을 위해 썩 적합하지 않다. 그것은 무의미한 사이비 명제들의 구성—"빨강은 초록보다 더 높다"거나 "현실적인 것은 비록 **즉자적인** 것이지만 또한 **대자적인** 것으로 되지 않으면 안 된다" 등과 같은 구성—을 모든 경우에 방지하지는 못한다.

우리가 임의의 주어진 명제들을 분석하려고 시도한다면, 일반적으로 우리는 그것들이 더 단순한 명제들의 논리적 합이거나 곱, 또는 다른 진리 함수들이라는 것을 발견할 것이다. 그러나 우리의 분석이 충분히 수행된다면, 그것은 그 자신들은 더 단순한 명제적 형식들로 구성되어 있지 않은 명제적 형식들에 도달하는 지점에 이르러야 한다. 우리는 결국 항들의 궁극적 연관에, 즉 명제적 형식 자체를 파괴하지 않고는 쪼갤 수 없는 직접적인 연관에 도달해야 한다. 항들의 이 궁극적 연관을 묘사하는 명제들을 나는 B. 러셀을 따라 원자적 명제들이라고 부른다. 그것들은 그렇다면 모든 명제의 핵심들이다 ; **그것들은** 재료를 포함하고 그 나머지 모든 것은 단지 이 재료의 발전이다. 우리가 명제들의 주제를 찾아야 하는 것은 그것들에서이다. 그것들을 찾아내는 것과 그것들이 낱말들 또는 상징들로부터 어떻게 구성되어 있는가를 이해하는 것은 인식론의 과업이다. 이 과업은 매우 어렵다. 그리고 어떤 지점들에서는 철학은 아직 그 과업에 착수하기를 거의 시작하지도 않았다. 우리는 그 일에 착수하기 위한 어떤 방법을 가지고 있는가? 우리의 착상(着想)은, 일상 언어에서 끝없는 오해들로 이끄는 것을 적합한 상징체계 내에서 표현한다는 것이다. 즉, 일상 언어가 논리적 구조를 위장하는 곳에서, 일상 언어가 사이비 명제들의 형성을 허용하는 곳에서, 일상 언어가 하나의 용어를 무한대의 다른 의미들로 사용하는 곳에서, 우리는 일상 언어를, 논리적 구조에 대한 명료한 그림을 제공하고, 사이비 명제들을 배제하고, 그것의 용어들을 모호하지 않게 사용하는 상징체계로 대체해야 한다. 그런데 우리는 우리가 기술하고자 하는 현상을 조사하고 그리하여 그것들의 논리적 다수성을 이해하려고 노력함으로써, 부정확한 상징체계를 명료한 상징체계로 대체할 수 있다. 즉, 우리는 현상들 자체에 관한 논리적 탐구라고 일컬어질 수 있을 것에 의해서만, 즉 선천적인(a priori) 가능성들에 관해 추측함에 의해서가 아니라 어떤 뜻에서 후천적으로(a posteriori)만, 올바른 분석에 도달할 수 있다. 우리들은 종종 선천적인 관점에서 "결국 무엇이 원자적 명제들의 유일한 형식들일 수 있는가"라고 묻고는, 예컨대 "둘 또는 그 이상의 항들을 지닌 주어-술어와 관계적 명제들, 그리고 더 나아가 아마도 술어들과 관계들을 서로에게 관계시키는 명제들 등등"이라고 대답하고 싶은 유혹을 받는다. 그러나 이것은, 내가 믿기에는, 단순한 말장난일 뿐이다. 원자적 형식은 예견될 수 없다. 그리고 실제의 현상들이 자신들의 구조에 관해 우리에게 가르칠 것이 더 이상 아무것도 없다면, 그것은 놀라울 것이다. 주어-술어와 관계적 형식을 사용하는 우리의 일상 언어가 우리를 원자적 명제들의 구조에 관한 그와 같은 추측들로 이끈다. 그러나 이점에서 우리의 일상 언어는 우리를 오도하는 것이다. 나는 이 점을 하나의 비유로 설명하려고 노력할 것이다. 두 개의 평행하는 평면 I과 II를 상상하자. 평면 I에는 도형들, 이를테면 상이한 크기와 모양의 타원들과 직사각형들이 그려져 있는데, 우리의 과제는 이 도형들의 상(像)들을 평면 II에다 산출하는 것이다. 그러면 우리는 이 일을 하는 두 가지 방법을 특히 상상할 수 있다. 첫 번째로, 우리는 어떤 한 투영 법칙—이를테면 직각 투영법이나 다른 어떤 것—을 정한 다음, 이 법칙에 따라 모든 도형을 I에서 II로 투영해 나갈 수 있다. 또는 두 번째로, 우리는 이렇게 진행해 나갈 수 있을 것이다. 즉 우리는 평면 I 위의 모든 타원이 각각 평면 II에서는 원으로 나타나야 하고, 모든 직사각형은 각각 II에서는 정사각형으로 나타나야 한다는 규칙을 정한다. 이와 같은 재현 방식은 우리가 어떤 이유에서 평면 II에 오직 원들과 정사각형들만을 그리기를 선호한다면 우리에게 편리할 수 있다. 물론, 이 상들로부터 원래의 도형들의 정확한 모양들은 직접 추론될 수 없다. 우리는 그것들로부터 원본이 타원이거나 직사각형이었다는 것을 단지 추측할 수 있을 뿐이다. 원본의 확정적인 모양에 한순간에 도달하기 위해서는, 우리는 예컨대 하나의 특정한 타원이 내 앞의 원으로 투영되는 개별적 방법을 알아야 할 것이다. 일상 언어의 경우도 아주 유사하다. 실재의 사실들이 평면 I의 타원들과 직사각형들이라면, 주어-술어와 관계적 형식들은 평면 II에 있는 원들과 정사각형들에 해당한다. 이 형식들은 우리가 대단히 많은 상이한 논리적 형식들을 대단히 많은 상이한 방식으로 투영해 넣는 우리의 특수한 언어의 규범들이다. 그리고 바로 이 이유 때문에, 이 규범들의 사용으로부터 우리는 기술된 현상들의 실제 논리적 형식에 관해서 매우 막연한 결론들을 제외하고는 아무 결론도 끌어낼 수 없다. "이 논문은 지루하다", "날씨가 좋다", "나는 게으르다"와 같이 서로 공통적인 것이라곤 아무것도 없는 형식들이 주어-술어 명제들로서, 즉 외관상 같은 형식의 명제들로서 나타난다.

이제 우리가 실제 분석에 이르려고 노력한다면, 우리는 일상 언어의 규범들과 거의 아무런 유사점도 없는 논리적 형식들을 발견하게 된다. 우리는 색깔들, 소리들 등등처럼 단계들이 있고 연속적으로 이행하며 여러 가지 비율로 조합되는 온갖 다양한 공간적이고 시간적인 대상들을 지닌 시공의 형식들과 만나는데, 우리가 그것들 모두를 우리의 일상적 표현 수단에 의해 포착할 수는 없다. 그리고 여기서 나는 실제 현상들의 논리적 분석에 관해 나의 첫 번째 명확한 소견을 말하고 싶은데, 그것은 이러하다. 즉 그것들의 묘사를 위해서는 원자적 명제들 자체의 구조에 수(유리수와 무리수)가 들어가야 한다는 것이다. 나는 이것을 하나의 예로써 도해(圖解)할 것이다. 직사각형의 좌표축들의 체계, 말하자면 우리들의 시야 내에 그려져 있으며 임의의 눈금이 고정되어 있는 십자형의 줄들을 상상해 보라. 그러면 그 좌표체계와 선택된 단위에 상대적으로 의미를 지니는 수들을 진술함으로써 우리가 우리의 시야 속에 있는 모든 색깔 있는 반점의 모양과 위치를 기술할 수 있다는 것은 분명하다. 그리고 또 이러한 기술은 올바른 논리적 다수성을 지닐 것이고 더 적은 다수성을 지닌 기술은 그렇지 않을 것이라는 것은 분명하다. 하나의 단순한 예는, 반점 P를 "(6–9, 3–8)"이라는 표현으로 묘사하고

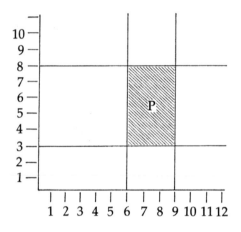

그것에 관한 하나의 명제―예를 들어, P는 붉다―를 "(6–9, 3–8)R"이라는 상징으로 묘사하는 것일 것이다(여기서 "R"은 아직 분석되지 않은 항이고 "6–9"와 "3–8"은 각각의 수들 간의 연속적 간격을 나타낸다). 여기서 좌표체계는 표현 양식의 일부이다; 그것은 실재가 우리의 상징체계 속으로 투영되는 투영 방법의 일부이다. 다른 두 반점 사이에 놓여 있는 한 반점의 관계는 외관상의 변항[2]들을 사용함으로써 유사하게 표현될 수 있다. 이

---

2 (옮긴이주) '외관상의 변항(apparent variable)'은 오늘날 일반적으로 '속박 변항(bound variable)'이라고 불리는 것이다.

러한 분석이 완전하다고는 어떤 식으로도 감히 우기지 못한다는 것은 내가 말할 필요가 없다. 나는 그 분석에서 시간에 대해 어떤 언급도 하지 않았으며, 이차원 공간을 이용하는 것은 외눈으로 보는 경우에조차도 정당화되지 않는다. 나는 단지, 내가 믿기에, 시각적 현상들의 분석이 찾아져야 할 방향을 지적하고 싶고, 또 이러한 분석에서 우리는 우리가 일상 언어에 의해 기대하도록 인도되는 논리적 형식들과는 아주 다른 논리적 형식들과 만난다는 것을 지적하고 싶다. 원자 명제들의 형식에서 수가 나타난다는 것은, 내 견해로는, 특별한 상징체계의 한 특질일 뿐 아니라 묘사의 본질적이며 따라서 피할 수 없는 특질이다. 그리고 우리가─일상 언어로 말할 때처럼─단계를 인정하는 속성들, 즉 어떤 간격의 길이, 어떤 음(音)의 높이, 어떤 색조의 밝기나 붉기 같은 속성들을 다루고 있을 때, 그러한 형식들에는 수가 들어가야 할 것이다. 이 속성들의 한 특징은, 그것들 중 하나의 정도가 다른 어떠한 정도도 배제한다는 것이다. 하나의 색조는 두 가지 다른 밝기나 붉기의 정도를 동시에 지닐 수 없다, 하나의 음은 두 가지 다른 세기를 동시에 지닐 수 없다, 등등. 그리고 여기서 중요한 점은 이러한 말들이 어떤 경험을 표현하는 것이 아니라 어떤 뜻에서 동어반복들이라는 것이다. 우리들 각자는 일상생활에서 그것을 알고 있다. 어떤 사람이 우리에게 "바깥 온도가 몇 도입니까?"라고 묻고 우리가 "80도입니다"라고 말했는데, 이제 그가 우리에게 다시 "그렇다면 90도이지요?"라고 묻는다면, 우리는 "80도라고 말했잖아요"라고 대답할 것이다. 우리는 정도─예컨대, 온도─에 대한 진술을 어떤 보충도 필요로 하지 않는 **완전한 기술**이라고 간주한다. 가령, 질문을 받으면, 우리는 몇 시인가를 말하고, 몇 시가 아닌가는 또 말하지 않는다.

혹자는 질의 정도를 표현하는 진술이 양에 대한 개개의 진술들의 논리적 곱과 완전하게 마무리하는 하나의 보충적 진술로 분석될 수 있다고 생각할지 모른다(나는 얼마 전까지 그렇게 생각했다). 내가 내 호주머니의 내용물을 "내 호주머니에는 일 페니와 일 실링과 열쇠 두 개가 들어 있고, 그밖에 아무것도 없다"라는 말로 기술할 수 있을 터이듯이 말이다. 이 "그밖에 아무것도 없다"가 그 기술을 완전하게 마무리하는 보충적 진술이다. 그러나 이것은 정도에 대한 진술의 분석으로서는 통하지 않을 것이다. 왜냐하면, 이를테면, 밝기의 단위를 b라고 부르고 E(b)는 존재물 E가 이 밝기를 지니고 있다는 진술이라고 해 보면, 명제 E(2b)—이것은 E가 정도 2의 밝기를 지닌다는 말이다—는 E(b)&E(b)라는 논리적 곱으로 분석될 수 있어야 할 테지만, 그러나 이것은 E(b)와 같기 때문이다. 그리고 다른 한편으로, 우리가 단위들을 구별하려고 시도하고 그 결과 E(2b)=E(b′)&E(b″)라고 쓴다면, 우리는 두 가지 다른 밝기의 단위들을 가정하는 것이고, 그러면 어떤 존재물이 하나의 단위를 지닌다면 그것은 b′ 혹은 b″ 둘 중 어느 쪽인가 하는, 명백히 부조리한 문제가 발생할 수 있을 터이기 때문이다.

나는 질에 정도를 부여하는 진술은 더 분석될 수 없다고 주장한다. 그리고 더욱이, 정도 차이의 관계는 내적 관계이고, 따라서 그것은 상이한 정도들을 부여하는 진술들 사이의 내적 관계에 의해 묘사된다고 주장한다. 즉, 원자적 진술은 그것이 부여하는 정도와 같은 다수성을 지녀야 하고, 그런 까닭에 원자적 명제들의 구조에는 수가 들어가야 한다는 결론이 나온다. 분석 불가능한 정도 진술들의 상호 배제는 수년 전에 내가 출판한 의견, 즉 원자적 명제들은 서로 배제할 수 없다는 것을 필요로 한 의견과 모순된다. 나는 여기서 일부러 "모순"이 아니라 "배제"라고 말하고 있는데, 왜냐하면 이 두 개념 사이에는 차이가 있고, 원자적 명제들은 비록 모순될 수는 없어도 서로 배제할 수는 있기 때문이다. 나는 이것을 설명하려고 노력할 것이다. 자신들의 논항(論項)의 한 값에 대해서만 참인 명제를 줄 수 있는 함수들이 존재하는데, 왜냐하면—내가 이렇게 표현해도 좋다면—그것들 속에는 하나의 값을 위한 여지만이 존재하기 때문이다. 예를 들어, 우리 시야의 어떤 장소 P에서 어떤 시간 T에 색깔 R의 존재를 주장하는 명제를 택해 보라. 나는 이 명제를 "RPT"라고 쓰고, 그러한 진술이 어떻게 더 분석될 수 있는가 하는 고려는 도외시할 것이다. 그러면 "BPT"는 색깔 B가 장소 P에서 시간 T에 존재한다는 것을 말하는데, 여기서 우리 대부분에게는, 그리고 일상생활에서 우리 모두에게는, "RPT&BPT"가 (단지 거짓인 명제가 아니고) 어떤 종류의 모순이라는 것이 분명할 것이다. 이제 정도의 진술들이—내가 예전에 늘 그렇게 생각했던 것처럼—분석될 수 있다면, 우리는 이 모순을 이렇게 말함으로써 설명할 수 있을 것이다. 즉 색깔 R은 R의 모든 정도를 포함하고 B의 정도는 하나도 포함하지 않으며, 색깔 B는 B의 모든 정도를 포함하고 R의 정도는 하나도 포함하지 않는다고 말이다. 그러나 전술한 바로부터, 어떤 분석도 정도 진술들을 제거할 수 없다는 결론이 나온다. 그러면 RPT와 BPT의 상호 배제는 어떻게 작용하는가? 그것은 BPT뿐 아니라 RPT도 어떤 뜻에서 **완전하다**는 사실에 있다고 나는 믿는다. 함수 "( )PT"에 실제로 상응하는 것은 오직 하나의 존재물에 대해서만 여지를 남긴다—사실상, 하나의 의자에는 오직 한 사람만을 위한 여지밖에 없다고 우리가 말하는 것과 같은 뜻에서 말이다. "RPT"와 "BPT"의 논리적 곱이라는 기호를 형성하도록 우리에게 허용하는 우리의 상징체계는 여기서 실재에 대한 올바른 그림을 주지 않는다.

다른 곳에서[3] 나는 명제가 "현실에까지 닿는다"라고 말했는데, 이것으로 나는 존재물들의 형식들이 이 존재물들에 관한 명제의 형식 속에 포함되어 있다는 것을 뜻했다. 왜냐하면, 우리의 비유에서 평면 II에 있는 그림이 그것의 투영 양식과 함께 평면 I에 있는 도형의 모양을 결정하는 것과 꼭 같이, 문장에 실재를 투영하는 투영 양식과 함께 문장은 존재물들의 논리적

---

3 (옮긴이주) 《논리-철학 논고》 2.1511 참조.

형식을 결정하기 때문이다. 이러한 소견은, 내가 믿기로는, RPT와 BPT의 상호 배제를 설명하기 위한 열쇠를 우리에게 준다. 왜냐하면 한 존재물에 관한 명제가 그 존재물의 형식을 포함한다면, 바로 이 형식 속에서 두 명제가 충돌하는 것이 가능하기 때문이다. "브라운이 지금 이 의자에 앉아 있다"와 "존스가 지금 이 의자에 앉아 있다"라는 명제들은 각각, 어떤 뜻에서, 자신들의 주어 항을 그 의자 위에 앉히려고 노력하고 있다. 그러나 이 명제들의 논리적 곱은 그것들을 둘 다 거기에 동시에 놓으려 하고, 이것이 이 항들의 상호 배제라는 충돌로 이끈다. 이 배제는 상징체계에서 어떻게 묘사되는가? 우리는 p와 q라는 두 명제의 논리적 곱을 다음과 같은 방식으로 쓸 수 있다: —

p	q	
T	T	T
T	F	F
F	T	F
F	F	F

이 두 명제가 RPT와 BPT라면 무슨 일이 일어나는가? 이 경우에 맨 윗줄 "TTT"는 불가능한 조합을 묘사하므로 사라져야 한다. 여기서 진짜 가능성들은 다음과 같다.

RPT	BPT
T	F
F	T
F	F

즉, 첫 번째 뜻에서 RPT와 BPT의 논리적 곱은 **존재하지 않는다**. 그리고 이

점에 모순과 대비되는 배제가 놓여 있다. 모순은, 만일 그것이 존재한다면, 다음과 같이 씌어져야 할 것이다.

RPT	BPT	
T	T	F
T	F	F
F	T	F
F	F	F

그러나 이것은 맨 윗줄 "TTF"가 실제 가능성들의 다수성보다 더 큰 논리적 다수성을 그 명제에 주기 때문에 무의미하다. 물론 그러한 무의미한 구문들의 형성을 막지 못하는 것은 우리의 표기법의 결함이며, 완전한 표기법은 그러한 구조들을 명확한 구문론 규칙들에 의해 배제해야 할 것이다. 이 규칙들은 명확한 상징적 특질들에 의해 기술되는 어떤 종류의 원자적 명제들의 경우에 T와 F의 어떤 조합들은 삭제되어야 한다고 우리에게 말해 주어야 할 것이다. 그러나 문제의 현상들에 대한 궁극적인 분석에 우리가 실제로 도달할 때까지는, 그러한 규칙들은 정해질 수 없다. 그러한 궁극적 분석은, 우리가 다 알다시피, 아직 성취되지 않았다.

2
윤리학에 관한 강의[1]

저의 본래의 주제에 관해서 말을 시작하기 전에, 서론적인 언급을 좀 하겠습니다. 제가 제 생각들을 여러분에게 전달하는 데는 큰 난점들이 있을 거라는 느낌이 드는데, 제 생각에, 그것들 중 일부는 그것들을 여러분에게 미리 언급함으로써 감소할 수 있습니다.

첫 번째 난점은 제가 거의 언급할 필요가 없는 것으로서, 영어가 저의 모국어가 아니고, 따라서 어려운 주제에 관해 이야기하려면 바람직할 정밀성과 미묘함이 저의 표현에는 종종 결여되어 있다는 것입니다. 제가 할 수 있

---

1 (옮긴이주) 비트겐슈타인이 1929년 11월 17일 케임브리지의 이교도 협회(The Heretics Society)에서 행한 영어 강의로, 그의 유일한 대중 강연이라 할 수 있다. 그가 죽은 후 러시 리스에 의해 1965년 《철학 리뷰》(The Philosophical Review)지 74권 pp.3~12에 실렸다. 원문에서는 이 번역에서의 처음 네 단락이 한 단락으로 되어 있고 또 이 번역에서의 다섯 번째 ("이제 시작하겠습니다"로 시작하는) 단락 이하가 하나의 긴 단락으로 이루어져 있는데, 옮긴이가 편의상 여기서와 같이 더 작은 단락들로 구분하였다.

는 것은, 제가 영어 문법에 어긋나게 끊임없이 저지르게 될 잘못들에도 불구하고 여러분이 제가 뜻하는 바를 파악하려고 노력함으로써 저의 일을 덜어 주기를 요청하는 것이 전부입니다.

제가 언급할 두 번째 난점은, 아마도 여러분 중 다수가 좀 잘못된 기대들을 품고 저의 이 강의에 오셨을 거라는 겁니다. 그리고 이 점에서 여러분의 생각을 바로잡아 드리기 위해서, 저는 제가 저의 주제를 택한 이유에 관해서 몇 말씀 드리겠습니다. 여러분의 전임(前任) 총무께서 영광스럽게도 저에게 이 협회에서 논문을 하나 발표하라고 요청했을 때, 저의 처음 생각은, 물론 그렇게 하겠다는 것이었고, 두 번째 생각은, 제가 여러분에게 말할 기회를 가질 거라면, 제가 여러분에게 꼭 전달하고 싶은 어떤 것에 관해 말해야겠고, 이 기회를, 이를테면 논리학에 관해 강의하기 위해 오용해서는 안 되겠다는 것이었습니다. 저는 이것을 오용이라고 부르는데, 왜냐하면 여러분에게 과학적인 문제를 설명하기 위해서는 한 시간의 논문이 아니라 연속 강의가 필요할 것이기 때문입니다. 다른 하나의 대안은, 여러분에게 이른바 대중 과학적 강의를 하는 것이었을 겁니다. 즉 여러분으로 하여금 여러분이 실제로는 이해하지 못하는 어떤 것을 이해한다고 믿게 하려고 의도된 강의, 그리고 제가 믿기로는 근대적인 사람들의 가장 저속한 욕망 중의 하나인 것, 즉 과학의 최신 발견들에 관한 피상적 호기심을 만족시키려고 의도된 강의 말입니다. 저는 이 대안들을 거부하고, 제가 보기에 일반적인 중요성이 있는 한 주제에 관해 여러분에게 이야기하기로 결정했습니다. 저는 그것이 이 주제에 관한 여러분의 생각들을 명료화하는 데 도움이 될 수 있기를 희망합니다(비록 여러분이 제가 그것에 관해서 할 말에 전혀 동의하지 않는다고 해도 말입니다).

저의 세 번째, 그리고 마지막 난점은 사실 대부분의 기다란 철학 강의에 따라붙는 것인데, 그것은 듣는 이가 그가 인도된 길과 그 길이 이르는 목적지를 둘 다 볼 수가 없다는 것입니다. 다시 말해서, 그는 "나는 그가 말하는 것은 모두 이해한다, 그러나 도대체 그는 어디로 가고 있는 거야"라고 생각하거나, 아니면 "나는 그가 어디로 가고 있는지는 알겠다, 그러나 도대체 그는 거기에 어떻게 도달하고 있는 거야"라고 생각합니다. 제가 할 수 있는 것은, 여러분에게 참을성을 가져 달라고 다시 요청하는 것과 여러분이 결국에는 그 길과 그것이 이르는 곳을 둘 다 볼 수 있기를 희망하는 것이 전부입니다.

이제 시작하겠습니다. 저의 주제는, 여러분이 알다시피, 윤리학입니다. 저는 이 용어에 대해 무어[2] 교수께서 그의 저서 《윤리학 원리》에서 제시한 설명을 채택하겠습니다. 그는 "윤리학은 좋은 것(善)에 관한 일반적인 탐구"라고 말합니다. 이제 저는 윤리학이란 용어를 조금 더 넓은 뜻으로 사용하려고 합니다; 사실상, 제가 믿기에는, 일반적으로 미학이라고 일컬어지는 것에 가장 본질적인 부분을 포함하는 뜻으로 말입니다. 그리고 제가 무엇을 윤리학의 주제라고 간주하는가를 여러분이 가능한 한 명료하게 볼 수 있도록, 저는 앞의 정의와 각각 대체될 수 있을 터인 다수의 다소 동의어적인 표현들을 여러분 앞에 제시할 것입니다. 그리고 그것들을 열거함으로써 저는 골턴[3]이 상이한 얼굴들이 모두 공통으로 지니는 전형적인 특질들에 대한 그림을 얻기 위해서 다수의 다른 얼굴 사진들을 같은 사진 감광판 위에서 찍

---

2 (옮긴이주) 무어(George Edward Moore, 1873~1958): 영국의 철학자로 케임브리지 대학 교수 역임. 주요 저서로 《윤리학 원리》(*Principia Ethica*), 《윤리학》(*Ethics*)이 있고, 주요 논문으로 "관념주의 반박", "상식의 옹호" 등이 있다. 비트겐슈타인은 케임브리지 대학의 학생 시절 무어에게서 배웠으며, 후일(1939년) 무어의 교수직을 계승한다.

3 (옮긴이주) 골턴(Francis Galton, 1822~1911): 찰스 다윈과 6촌간으로, 우생학의 창시자. 여기서 비트겐슈타인이 언급하고 있는 골턴의 방법은 '합성 사진'의 방법으로서, 그의 저서 *Inquiries into Human Faculty*에서 "참으로 대표적인 얼굴들"을 얻기 위한 목적으로 고안되었다.

었을 때 산출한 것과 같은 종류의 효과를 산출하기를 원합니다. 여러분에게 그와 같은 집합적 사진을 보여 줌으로써 제가 여러분에게, 이를테면, 무엇이 전형적인 중국인의 얼굴인가를 보게 만들 수 있는 것처럼, 그렇게 제가 여러분 앞에 제시할 동의어들의 열을 여러분이 자세히 살펴본다면, 여러분은—제가 희망하는 바로는—그것들 모두가 공통으로 지니는 특징적 특질들을 볼 수 있을 것입니다. 그리고 이것들이 윤리학의 특징적 특질들입니다.

이제 "윤리학은 좋은 것(善)에 관한 탐구이다"라고 말하는 대신에, 저는 윤리학은 가치 있는 것에 관한 탐구, 또는 진짜 중요한 것에 관한 탐구라고 말할 수 있었을 것입니다. 또는 윤리학은 삶의 의미에 관한 탐구, 또는 삶을 살 가치가 있는 것으로 만드는 것에 대한 탐구, 또는 올바른 삶의 방식에 관한 탐구라고 말할 수 있었을 것입니다. 저는 여러분이 이 모든 문구들을 바라본다면 여러분은 윤리학이 관여하는 것이 무엇인가에 관해 대충의 관념을 얻을 것이라고 믿습니다.

이제 이 모든 표현들에서 우리 눈에 띄는 첫 번째 것은, 그것들 각각이 실제로는 매우 다른 두 가지 뜻으로 사용된다는 것입니다. 저는 그 두 가지 뜻을 한편으로는 사소한 또는 상대적인 뜻이라 부르겠고, 다른 한편으로는 윤리적인 또는 절대적인 뜻이라고 부르겠습니다.

예를 들어, 제가 이것은 **좋은** 의자라고 말한다면, 이것은 그 의자가 미리 결정된 어떤 목적에 도움이 된다는 것을 뜻합니다 ; 그리고 여기서 '좋다'라는 낱말은 이 목적이 사전에 고정되어 있었던 한에서만 의미를 지닙니다. 사실상, 상대적인 뜻에서 '좋다'라는 낱말은 단순히 어떤 미리 결정된 표준에 부응함을 의미합니다. 가령 우리가 이 사람은 좋은 피아니스트라고 말할 때, 우리는 그가 어떤 정도의 어려움을 지닌 작품들을 어떤 정도의 솜씨로 연주할 수 있다는 것을 뜻합니다. 그리고 비슷하게, 제가 감기 걸리지 않는 것이 **중요하다**고 제가 말한다면, 제가 의미하는 것은 감기 걸리는 것이 제

생활에서 어떤 기술 가능한 장애들을 생기게 한다는 것이고, 또 이것이 올바른 도로(道路)라고 제가 말한다면, 제가 의미하는 것은 그것이 어떤 목적에 상대적으로 올바른 도로라는 것입니다. 이런 방식으로 사용되면, 이 표현들은 어떤 난점이나 깊은 문제들을 제시하지 않습니다.

그러나 이것은 윤리학이 그 표현들을 사용하는 방식이 아닙니다. 제가 테니스를 칠 수 있고, 여러분 중 한 사람이 제가 경기하는 것을 보고, "이런, 당신은 테니스를 꽤 못 치는군요"라고 말한다고 합시다. 그런데 제가, "압니다, 저는 못 칩니다, 그러나 더 잘 치고 싶지 않아요"라고 대답한다고 합시다. 그 사람이 말할 수 있는 것은 "아, 그럼 됐습니다"라고 하는 것이 전부일 것입니다. 그러나 제가 여러분 중 한 사람에게 터무니없는 거짓말을 했고, 그가 제게 다가와서 "당신은 짐승같이 행동하고 있어"라고 말했는데, 제가 "나는 내가 나쁘게 행동하고 있다는 것을 알지만, 더 좋게 행동하고 싶지 않다"라고 말한다고 합시다. 그 경우 그가 "아, 그럼 됐습니다"라고 말할 수 있을까요? 틀림없이 아닙니다; 그는 "아니, 당신은 더 잘 행동하고자 **해야 한다**"라고 말할 것입니다. 여기서 당신은 절대적 가치 판단을 하고 있습니다. 이에 반해서 첫 번째 예는 상대적 판단의 예였습니다.

이 차이의 본질은 명백히 이러하다고 보입니다. 즉 모든 상대적 가치 판단은 사실들의 단순한 진술이며, 따라서 그것은 가치 판단의 모든 외관을 상실하는 그런 형식으로 표현될 수 있다는 것입니다. "이것이 그랜체스터(Granchester)로 가는 올바른 길이다"라고 말하는 대신에, "당신이 최단 시간 내에 그랜체스터에 도착하고자 한다면, 이것이 당신이 가야 하는 올바른 길이다"라고 말해도 똑같이 좋을 수 있을 것입니다; "이 사람은 좋은 경주자이다"는 단순히, 그는 몇 마일을 몇 분 내에 달릴 수 있다, 등등을 뜻합니다.

이제 제가 주장하고 싶은 것은, 모든 상대적 가치 판단들이 단지 사실들의 진술임이 입증될 수 있지만, 어떤 사실 진술도 결코 절대적 가치의 진술이거나 절대적 가치를 함축할 수 없다는 것입니다. 이를 설명해 보겠습니다: 여러분 중 한 사람이 모든 것을 아는 인물이고, 따라서 그는 세상에 있는 모든 무생물체나 생물체의 모든 운동을 알며, 또 이 세상에 살았던 모든 인간들의 마음의 상태도 다 안다고 합시다. 그리고 이 사람이 자기가 아는 모든 것을 하나의 큰 책에다 써 놓는다고 합시다. 그러면 이 책은 세계에 관한 기술 전부를 포함할 것입니다. 그런데 제가 말하고자 하는 것은, 이 책은 우리가 **윤리적** 판단이라고 부르거나 또는 그런 판단을 논리적으로 함축할 어떤 것도 포함하지 않으리라는 것입니다. 그것은 물론 모든 상대적 가치 판단들과 모든 참된 과학적 명제들을, 그리고 사실상, 만들어질 수 있는 모든 참인 명제들을 포함할 것입니다. 그러나 기술된 모든 사실들은, 말하자면, 같은 수준에 있습니다. 그리고 같은 식으로, 모든 명제들은 같은 수준에 있습니다. 어떤 절대적인 뜻에서 숭고하거나, 중요하거나, 사소한 명제들은 존재하지 않습니다. 이제 아마도 여러분 중 일부는 그 점에 동의하면서 다음과 같은 햄릿의 말을 상기할 것입니다: "아무것도 좋거나 나쁘지 않지만, 생각이 그것을 그렇게 만든다."[4] 그러나 이것도 오해로 이끌 수 있을 것입니다. 햄릿의 말은, 좋고 나쁨이 비록 우리 외부 세계의 성질들은 아니지만, 우리의 마음의 상태에 속하는 속성들이라는 것을 함축한다고 보입니다. 그러나 제가 뜻하는 것은 이렇습니다. 즉 마음의 상태는, 우리가 그것으로 의미하는 것이 우리가 기술할 수 있는 하나의 사실인 한, 어떤 윤리적 뜻으로도 좋거나 나쁘지 않다는 것입니다. 예를 들어, 세상일이 기록된 우리의 책에서 우리가 어떤 살인이 물리적이고 심리적인 점들에서 완전히 자세하게 기술된 것을 읽는다면, 이 사실들의 단순한 기술은 우리가 **윤리적 명제**라고 부를 수 있을 터인 어떤 것도 포함하지 않을 것입니다. 그 살인은 다

---

4 (옮긴이주) 〈햄릿〉 2막 2장. (비트겐슈타인의 인용은 원문과 정확히 일치하지는 않는다.)

른 어떤 사건, 예컨대 돌의 낙하와 정확히 같은 수준에 있게 될 것입니다. 물론 이러한 기술을 읽는 것은 우리에게 고통이나 분노 또는 다른 어떤 감정을 야기할 수 있을 것입니다. 또는 우리는 이 살인에 대해 다른 사람들이 들었을 때 그 살인으로 인해 그들 속에 야기되는 고통이나 분노에 관해 읽을 수 있을 것입니다. 그러나 단순히 사실들, 사실들, 사실들만이 존재하고, 윤리는 존재하지 않을 것입니다.

그리고 이제 저는, 윤리학이라는 그런 학문이 존재한다면 그것은 실제로 무엇이어야 할 것인가를 제가 심사숙고한다면, 이러한 결과는 저에게 아주 명백해 보인다고 말하지 않을 수 없습니다. 우리가 생각하거나 말할 수 있을 어떤 것도 그 것(윤리학)일 수 없으리라는 것은 저에게는 명백해 보입니다. 우리는 본래적으로 숭고하고 다른 모든 주제 위에 있을 수 있을 그런 주제를 가진 과학책을 쓸 수 없습니다. 저는 저의 느낌을 다음과 같은 은유로 기술할 수 있을 뿐입니다. 즉 만일 어떤 사람이 실제로 윤리에 관한 책인 윤리학책을 쓸 수 있다면, 이 책은 세상에 있는 다른 모든 책들을 폭음을 내면서 파괴할 것이라고 말입니다.

우리가 과학에서 사용하는 바와 같이 사용되는 우리의 말들은 의미와 뜻, 즉 **자연적** 의미와 뜻을 포함하고 전달할 수 있을 뿐인 그릇들입니다. 윤리는, 만일 그것이 어떤 것이라면, 초자연적입니다. 그리고 우리의 말들은 오직 사실들만을 표현할 것입니다. 제가 하나의 찻잔에 일 갤런의 물을 쏟아부어도, 그 찻잔은 한 잔의 찻잔 가득할 만큼의 물만을 담을 것처럼 말입니다.

저는 말하기를, 사실들과 명제들에 관한 한, 오직 상대적 가치와 상대적 좋음, 옳음 등만이 있다고 했습니다. 계속해 나가기 전에, 이것을 좀 명백한 예에 의해서 설명해 보겠습니다. 올바른 도로는 자의적으로 미리 정해진 목표로 인도하는 도로입니다. 그리고 그러한 미리 정해진 목적지와 별도로 올바른 도로에 관해서 이야기하는 것에 아무런 뜻도 없다는 것은 우리 모두에게 아주 분명합니다. 이제, "절대적으로 올바른 그 도로"라는 표현으로 우리가 무엇을 의미할 수 있는지를 봅시다. 저는 그것은 이런 도로일 것이라고 생각합니다. 즉 그것을 보면 **모든 사람이 논리적 필연성을 가지고 가야 할 도로, 또는 가지 않으면 부끄러워할 도로** 말입니다. 그리고 비슷하게, **절대적 좋음(善)**은, 그것이 기술될 수 있는 사태라면, 이런 것일 겁니다. 즉 모든 사람이 자신의 취향과 경향들과는 별개로, **필연적으로 성취할 것**, 또는 성취하지 않으면 죄책감을 느낄 것 말입니다. 그런데 저는 그와 같은 사태는 하나의 키메라, 즉 망상이라고 말하고 싶습니다. 어떤 사태도, 그 자체로는, 제가 절대적 심판관의 강제력이라고 부르고 싶은 것을 지니고 있지 않습니다.

그렇다면 저처럼 여전히 "절대적 선"이니 "절대적 가치"니 하는 그런 표현들을 사용하는 경향이 있는 우리 모두는 무엇을 마음에 두고 있으며, 무엇을 표현하려고 애쓰는 것인가요? 이제 제가 이것을 저 자신에게 분명히 하려고 노력할 때마다, 저는 제가 틀림없이 이러한 표현들을 쓸 경우들을 상기할 것인데, 그것은 자연스러운 일입니다. 그리고 그 경우 저는 예컨대 제가 여러분에게 쾌락의 심리학에 관해 강의를 해야 한다면 여러분이 처하게 될 상황에 있습니다. 그 경우 여러분이 할 일은 여러분이 언제나 쾌락을 느끼는 어떤 전형적인 상황을 상기하려고 노력하는 것일 겁니다. 왜냐하면 이런 상황을 염두에 두면, 제가 여러분에게 말할 모든 것이 구체적으로 되고 말하자면 제어할 수 있게 될 것이기 때문입니다.

어떤 사람은 아마도 날씨 좋은 여름날에 산책할 때의 감각을 자신의 전형적인 예로서 고를 것입니다. 이제, 제가 절대적 또는 윤리적 가치로 제가 의미하는 것에 제 마음을 집중하고자 한다면, 저는 이러한 상황에 처합니다. 그리고 거기서, 저의 경우에는, 하나의 특수한, 그러니까 어떤 뜻에서 저의 탁월한(*par excellence*) 경험의 관념이 저에게 떠오르는 일이 언제나 일어납니다. 그리고 이것이 제가 지금 여러분에게 이야기할 적에 이 경험을 저의 최우선적인 예로 사용하려는 이유입니다. (제가 앞에서 말했다시피, 이것은 전적으로 개인적인 문제입니다 ; 다른 사람들은 다른 예들을 더 마음에 와닿는 것으로 볼 것입니다.) 가능하다면 저는 여러분이 같거나 비슷한 경험들을 상기하게 하여, 우리가 우리의 탐구를 위한 공통적인 기반을 가질 수 있도록 이 경험을 기술할 것입니다.

제가 믿기에는, 그 경험을 기술하는 최선의 방법은 이렇게 말하는 것입니다 : "내가 그 경험을 할 때, 나는 세계의 존재에 대해 경탄한다." 그리고 그 경우 저는 "어떤 것이 존재한다는 것은 얼마나 특별한가", 또는 "세계가 존재한다는 것은 얼마나 특별한가"와 같은 그런 문구를 곧잘 사용합니다. 저는 저도 알고 여러분도 잘 알고 있을 터인 다른 한 경험을 곧 언급하겠습니다. 그것은 바로, **절대적으로** 안전하다는 느낌이라고 일컬어질 수 있는 경험입니다. 제가 뜻하는 것은, 우리들이 "나는 안전해 ; 무엇이 일어나건, 아무것도 나를 해칠 수는 없어"라고 말하고 싶을 때의 그 마음의 상태입니다.

이제 저는 이 경험들을 고찰해 보겠습니다. 왜냐하면, 제가 믿기에는, 그것들은 우리가 분명히 하고자 애쓰는 바로 그 특징들을 내보이기 때문입니다. 그리고 거기서 제가 말해야 할 첫 번째 것은, 이러한 경험들에 우리가 부여하는 언어적 표현은 무의미하다는 것입니다! 제가 "나는 세계의 존재에 대해 경탄한다"라고 말한다면, 저는 언어를 오용하고 있습니다.

이 점을 설명해 보겠습니다 : 제가 어떤 것이 사실임에 대해 경탄한다고 말하는 것은 완전히 훌륭하고 명료한 뜻을 지니고 있습니다. 우리 모두는 제가 이전에 본 적이 있는 어떤 개보다도 더 큰 개의 크기에 대해 제가 경탄한다고 말하는 것이 무엇을 뜻하는지 이해합니다. 또는 특별하다는 낱말의 평범한 뜻에서, 특별한 어떤 것에 대해서나 경탄한다고 말하는 것이 무엇을 뜻하는지 이해합니다. 그러한 모든 경우에, 저는 사실이 **아니라고** 제가 상상할 수 있을 그런 어떤 것이 사실임에 대해 경탄하는 것입니다. 제가 이 개의 크기에 대해 경탄하는 것은, 다른 크기의 개, 즉 저의 경탄의 대상이 되지 않을 일상적 크기의 개를 제가 상상할 수 있을 것이기 때문입니다. "나는 이러이러한 것이 사실임에 대해 경탄한다"라고 말하는 것은, 제가 그것이 사실이 아니라고 상상할 수 있는 경우에만 뜻을 지닙니다. 이런 뜻에서 우리들은, 이를테면, 우리들이 오랫동안 방문한 적이 없고 그동안 헐렸을 것이라고 상상해 온 어떤 집을 볼 때 그 집의 존재에 대해 경탄할 수 있습니다. 그러나 제가 세계의 존재에 대해 경탄한다고 말하는 것은 무의미한데, 왜냐하면 저는 세계가 존재하지 않는 것을 상상할 수 없기 때문입니다. 물론 저는 저를 둘러싸고 있는 세계가 그 있는 바대로 있음에 대해 경탄할 수 있을 것입니다. 예를 들어, 만일 제가 파란 하늘을 바라보는 동안 이런 경험을 한다면, 저는 하늘에 구름이 낀 경우와 대조적으로 하늘이 파란 것에 대해 경탄할 수 있을 것입니다. 그러나 그것은 제가 뜻하는 것이 아닙니다. 저는 하늘이 어떠하게 있건 간에 좌우간 있음에 경탄하고 있는 것입니다. 혹자는 제가 경탄하고 있는 것이 하나의 동어반복, 즉 하늘이 파랗거나 파랗지 않음에 대해서라고 말하고 싶을지 모르겠습니다. 그러나 그렇다면 동어반복에 대해 경탄하고 있다고 말하는 그것이 바로 무의미한 것입니다. 이제 제가 언급한 다른 경험들, 즉 절대적 안전성의 경험에 대해서도 같은 것이 적용됩니다. 우리 모두는 일상생활에서 안전하다는 것이 무엇을 의미하는지 압니다. 저는 제 방에서, 제가 버스에 치일 수 없을 때, 안전합니다. 만일 제가 백일해를 앓았었고, 따라서 다시 그 병에 걸릴 수 없다면, 저는 안전합니다. 안전하다는 것은 본질적으로, 어떤 일들이 저에게 일어나는 것이 물리적으로 불가능하다는 것을 의미하며, 따라서 **무엇이 일어나건** 제가 안전하다고 말하는 것은 무의미합니다. 다른 예가 "존재"나 "경탄"이란 낱말의 오용이었던 것처럼, 이것은 다시 "안전하다"란 낱말의 오용인 것입니다.

이제 저는 여러분에게 이 점을 각인시키고 싶습니다. 즉 우리 언어에 대한 어떤 특징적인 오용이 **모든** 윤리적 표현들과 종교적 표현들에 퍼져 있다는 것입니다. 이 모든 표현들은 일견 그저 **비유들**인 것처럼 **보입니다**. 가령 우리가 옳다는 낱말을 윤리적인 뜻으로 사용하고 있을 때, 비록 우리가 뜻하는 것이 그 낱말의 사소한 뜻에서는 옳지 않지만, 그것은 비슷한 어떤 것으로는 보입니다. 그리고 우리가 "이 사람은 좋은 친구이다"라고 말할 때, 비록 그 '좋은'이라는 낱말이 "이 사람은 좋은 축구선수이다"라고 하는 문장에서 그 낱말이 의미하는 것을 의미하지는 않지만, 어떤 유사점은 있다고 보입니다. 그리고 우리가 "이 사람의 삶은 가치 있었습니다"라고 말할 때, 우리가 뜻하는 것이 우리가 어떤 가치 있는 보석류에 대해 말할 때와 같은 뜻은 아니지만, 어떤 종류의 유사성은 있어 보입니다. 이제 이런 뜻에서 모든 종교적 용어들은 비유들로 사용되거나 우화(寓話)적으로 사용되는 것으로 보입니다. 왜냐하면 우리가 신(神)에 대해, 그는 모든 것을 본다고 말할 때, 그리고 우리가 무릎 꿇고 그에게 기도할 때, 우리의 모든 용어와 행위들은 그를 우리가 그의 은총을 얻으려 애쓰는, 위대한 힘을 지닌 한 인간으로서 나타내는 하나의 커다랗고 정교한 우화의 부분들이라고 보이기 때문입니다.

그러나 이 우화는 또한 제가 좀 전에 언급한 경험들을 기술하기도 합니다. 왜냐하면 그것들 가운데 첫 번째 경험은, 제가 믿기에는, 신이 세계를 창조했다고 사람들이 말할 때 사람들이 언급하고 있는 바로 그것이고, 또 절대적 안전성의 경험은, 우리는 신의 손안에서 안전함을 느낀다고 하는 말로 기술되어 왔기 때문입니다. 같은 종류의 세 번째 경험은 죄책감을 느낀다고 하는 것인데, 이것도 신은 우리의 행위를 인가하지 않는다고 하는 문구로 기술되었습니다. 그러니까 윤리적 언어와 종교적 언어에서 우리는 끊임없이 비유들을 사용하고 있다고 보입니다. 그러나 비유는 **어떤 것**에 관한 비유이어야 합니다. 그리고 제가 어떤 사실을 하나의 비유로 기술할 수 있다면, 저는 또한 그 비유를 버리고 사실들을 비유 없이 기술할 수 있어야 합니다. 자, 그런데 우리의 경우에 우리가 비유를 버리고 그 배후에 있는 사실들을 단순히 진술하려고 시도하자마자, 우리는 그러한 사실들이 없다는 것을 발견합니다. 그리하여 처음에 하나의 비유라고 보인 것은 이제 단순한 무의미라고 보입니다. 그런데 제가 여러분에게 언급한 세 경험(저는 다른 경험들을 덧붙일 수 있었을 겁니다)은 그것들을 경험한 적이 있는 사람들에게는, 예컨대 저에게는, 어떤 뜻에서 본래적인, 절대적인 가치를 지니는 것으로 보입니다. 그러나 제가 그것들이 경험들이라고 말할 때, 틀림없이 그것들은 사실들입니다; 그것들은 어떤 때 어떤 곳에서 일어났고, 어떤 일정한 시간 동안 지속했고, 따라서 기술될 수 있습니다. 그리고 따라서 제가 몇 분 전에 말한 것으로부터 보면, 저는 그것들이 절대적 가치를 지닌다고 말하는 것이 무의미하다는 것을 인정해야 합니다. 저는 다음과 같이 말함으로써 저의 논점을 더욱더 예리하게 만들고자 합니다: "경험이, 사실이, 초자연적인 가치를 지니는 것처럼 보인다는 것은 역설이다."

이제 제가 이 역설에 대처하고 싶어질 때 취하는 한 가지 길이 있습니다. 먼저, 세계의 존재에 대해 경탄한다고 하는 우리의 첫 번째 경험을 다시 고려해 보고, 그것을 조금 다른 방식으로 기술해 보겠습니다. 우리 모두는 일상생활에서 무엇이 기적이라고 일컬어질 것인가를 알고 있습니다. 그것은 명백히, 그와 같은 것을 우리가 아직 한 번도 본 적이 없는 단순히 그런 사건입니다. 이제 그러한 사건이 일어났다고 합시다. 여러분 중 한 사람이 갑자기 머리가 자라 사자의 머리가 되고 포효하기 시작하는 경우를 들어 봅시다. 확실히 그것은 제가 상상할 수 있는 한, 비상한 일일 것입니다. 그런데 우리가 놀라움에서 벗어났을 때는 언제나, 저는 의사를 데려와서 그 경우를 과학적으로 탐구하도록 할 것을 제안할 터이고, 또 그를 해치는 것이 아니라면 저는 그의 생체를 해부하도록 할 것입니다. 그러면 그 기적은 어떻게 되었을까요? 왜냐하면 우리가 그것을 이런 식으로 바라볼 때, 기적적인 모든 것이 사라져 버린 것은 분명하기 때문입니다; 우리가 이 '기적'이란 용어로 의미하는 것이 단지, 하나의 사실이 과학으로 아직 설명되지 않았다, 다시 말해서, 우리가 지금까지 이 사실을 과학적 체계 내의 다른 사실들과 조화롭게 배치하는 데 실패했다는 것이 아니라면 말입니다. 이것은 "기적이 없다는 것을 과학이 증명했다"라고 말하는 것이 어처구니없다는 것을 보여 줍니다. 진실은, 사실을 바라보는 과학적 방식은 그것을 기적으로 바라보는 방식이 아니라는 것입니다. 왜냐하면 어떤 사실을 여러분이 상상하건, 그것은 그 자체로는 기적적이라는 용어의 절대적인 뜻에서 기적적이지 않기 때문입니다. 왜냐하면 이제 우리는 우리가 "기적"이라는 낱말을 상대적인 뜻과 절대적인 뜻에서 사용해 왔다는 것을 알기 때문입니다. 그리고 저는 이제 세계의 존재에 대해 경탄하는 경험을, 그것은 세계를 하나의 기적으로 보는 경험이다, 이렇게 말함으로써 기술할 것입니다.

이제 저는 세계의 존재라는 기적에 대해 올바른 언어 표현은, 비록 언어 내의 어떠한 명제도 아니지만, 언어 자체의 존재라고 말하고 싶은 기분이 듭니다. 그러나 그렇다면 이 기적을 어떤 때는 알아차리고 어떤 때는 알아차리지 못한다는 것은 무엇을 의미하는가요? 왜냐하면 제가 말한 것, 즉 제가 기적적인 것의 표현을 언어에 의한 표현으로부터 언어의 존재에 의한 표현으로 전환함으로써 말한 것은 다시, 우리는 우리가 표현하기를 원하는 것을 표현할 수 없으며, 절대적으로 기적적인 것에 관해 우리가 **말하는** 것은 무의미하다는 것이 전부이기 때문입니다. 이제 여러분 중 많은 사람에게는 이 모든 것에 대한 대답이 완전히 분명해 보일 것입니다. 여러분은 이렇게 말할 것입니다: 자, 어떤 경험들이 우리가 절대적 또는 윤리적 가치와 중요성이라고 부르는 성질을 자신들에게 부여하도록 끊임없이 우리를 유혹한다면, 이것이 보여 주는 것은 단순히, 이런 말로 우리는 무의미를 의미하지 않는다는 것, 우리가 어떤 경험이 절대적 가치를 지닌다고 하는 말로 뜻하는 것은 어쨌든 다른 사실들과 같은 그저 하나의 사실이라는 것, 그리고 그것의 귀착점은 결국 우리가 우리의 윤리적 표현들과 종교적 표현들로 의미하는 것에 대한 올바른 논리적 분석을 발견하는 데 아직 성공하지 못했다는 것이다.

그런데 이런 주장이 저에 반대해서 강력히 제기될 때, 저는 마치 전광석화처럼 즉시 명료하게 봅니다—제가 생각할 수 있는 어떤 기술도 제가 절대적 가치로 의미하는 것을 기술하기에 좋지 않다는 것뿐만 아니라, 어떤 사람이 혹시 제안할 수 있을지 모르는 모든 유의미한 기술을 그것의 유의미성을 이유로 처음부터 제가 물리치리라는 것을 말입니다. 즉, 저는 이제 이 무의미한 표현들은 제가 아직 올바른 표현들을 발견하지 못했었기 때문이 아니라, 그것들의 무의미성이 바로 그것들의 본질이었기 때문에 무의미했다는 것을 봅니다. 왜냐하면 제가 그것들을 가지고 하기를 원한 것은 그저 세계를 넘어서는 것, 즉 유의미한 언어를 넘어서는 것이 전부였기 때문입니다. 저의 모든 경향은, 그리고 제가 믿기로는 윤리나 종교에 관해 쓰거나 말하려고 시도해 본 적이 있는 모든 사람의 경향은, 언어의 한계들로 달려가 부딪치는 것이었습니다. 우리의 새장 벽으로 이렇게 달려가 부딪치는 것은 완전히, 절대적으로 희망 없는 일입니다. 윤리학이 삶의 궁극적 의미, 절대적 선, 절대적 가치에 관해 무엇인가를 말하려는 욕망으로부터 발생하는 한, 윤리학은 과학일 수 없습니다. 윤리학이 말하는 것은 어떤 뜻에서도 우리의 지식을 늘리지 않습니다. 그러나 그것은 인간 정신 속의 한 경향에 대한 기록입니다. 저는 개인적으로 그러한 정신을 깊이 존경하지 않을 수 없으며, 죽어도 그것을 비웃지 않을 것입니다.

루트비히 비트겐슈타인

3
프레이저의 《황금 가지》에 관한 소견들[1]

I

우리들은 오류에서 시작해서 그것을 진리로 옮겨야 한다.

즉, 우리들은 오류의 원천을 밝혀내어야 한다. 그렇지 않으면 진리를 듣는 것은 우리에게 아무 소용이 없다. 다른 어떤 것이 진리의 자리를 차지하

---

1 (옮긴이주) 비트겐슈타인은 주술과 종교에 관한 프레이저(James G. Fraser, 1854~1941)의 인류학적 연구서인 《황금 가지》(*The Golden Bough*)에 큰 관심을 보였고, 그 책에 대해 나름의 소견들을 남겨 놓았다. I부는 비트겐슈타인이 1931년에 《황금 가지》 12권 전집 중 1권을 읽고 남긴 소견들이며, II부의 소견들은 1936년 말 또는 그 이후에 한 권으로 된 《황금 가지》 축약판을 읽고 쓴 것들이다. 비트겐슈타인의 이 소견들은 1967년 러시 리스에 의해 《종합》(*Synthese*)지 17권 pp.233~253에 처음 공개된 이후 몇 가지 판본이 존재하는데, 이 번역이 대본으로 삼은 *PO*판이 원 텍스트의 소견들을 가능한 한 광범위하고 충실하게 포함하고 있다. 이하의 각주에서 인용된 《황금 가지》의 번역은 (해당 부분의 번역이 있을 경우) 이용대의 번역(한겨레신문사, 2003)을 따랐다. 인용 면수는 '영어 축약판 면수(영어 전집판 권수, 면수; 이용대 번역본 면수)'의 형태로 표시했다. 따로 표시가 없는 한, 모든 각주는 *PO*판의 것이고 그 대부분은 원래 러시 리스의 것이다.

고 있다면, 진리는 밀고 들어갈 수 없다.

어떤 사람에게 진리를 납득시키기 위해 진리를 진술하는 것은 충분하지 않다. 오히려 우리들은 오류로부터 진리로의 길을 발견해야 한다.

나는 되풀이해서 의심의 물속으로 잠수해야 한다.

인간의 주술적이고 종교적인 직관들에 대한 프레이저의 묘사는 불만족스럽다; 그것은 이 직관들을 **오류**로 보이게 만든다.

《고백》의 매 페이지에서 아우구스티누스가 하느님을 부를 때, 그는 그러니까 오류에 빠져 있었는가?

그러나 이렇게 말하는 사람도 있을 수 있다. 즉 그는 오류에 빠져 있지 않았더라도, 전혀 다른 직관들을 표현하는 종교를 가진 불교의 성자는—또는 그 누구이건 간에—오류에 빠져 있었다고 말이다. 그러나 그들 중 **누구도**, 그가 이론을 수립한 경우를 제외한다면, 오류에 빠져 있지 않았다.

관례—가령 사제 왕의 살해—를 설명하고자 하는 그 관념만으로도 이미 나에게는 잘못된 것으로 보인다. 프레이저가 하는 일은, 자신과 매우 비슷하게 생각하는 사람들에게 그러한 살해를 그럴듯하게 만드는 것이 전부이다. 이 모든 관례가 결국은 말하자면 어리석은 짓들로서 묘사된다는 것은 매우 기이하다.

그러나 사람들이 그 모든 것을 순전한 어리석음에서 한다는 것은 결코 그럴듯하지 않을 것이다.

예를 들어, 왕이 그의 전성기에 죽임을 당해야 하는 이유는, 미개인들의 직관에 따르면 그렇게 하지 않으면 그의 영혼이 신선하게 유지되지 않을 것이기 때문이라고 프레이저가 우리에게 설명할 때, 우리들은 단지 이렇게 말할 수 있다. 즉 저 관례와 이 직관이 함께하는 곳에서, 그 관례는 그 직관으로부터 발원하는 것이 아니라, 그것들이 그저 둘 다 거기에 있을 뿐이라고 말이다.

어떤 사람이 어떤 관례가 의지한 오류를 인식한 후에 그 관례를 포기하는 일이 과연 있을 수 있고, 또 오늘날 종종 일어나곤 한다. 그러나 이런 경우는, 그 사람의 행위 방식을 단념하게 하려고 그 사람에게 그의 오류를 주목하게 만드는 것으로 충분한 바로 그런 곳에서만 성립한다. 그러나 이는 어떤 민족의 종교적 관례들에서는 사실이 아니며, **그렇기 때문에 오류는 문제가 아닌 것이다**.[2]

프레이저는, 예를 들어 비를 불러낸다고 하는 주문은 조만간 확실히 효력이 있는 것으로 나타나기 때문에, 주술에서 오류를 발견하는 것은 매우 어렵다고—그리고 그런 까닭에 그것은 그처럼 오래 지속되었다고—말한다.[3] 그러나 그렇다면, 어차피 비는 조만간 온다고 하는 생각을 사람들이 더 일찍 하지 않는다는 것이야말로 기이하다.

---

2 프레이저, 《황금 가지》, p.264 (iii, 422; pp.287~288): "그러나 반성과 연구의 결과, 우리는 대부분 우리 것이라고 여겨온 많은 것이 우리 선조들에게 빚진 것이며, 그들의 오류는 고의적인 방종이나 정신 착란의 표현이 아니라 단지 가설일 뿐이라는 것을 납득하게 되었다. 그 가설은, 제기된 당시에는 그런 식으로 정당화할 수 있었지만, 더 충분한 경험이 쌓이면서 타당치 않은 것으로 판명된 것들이다. 오직 가설의 연속적인 실험과 허위의 배제를 통해서만 궁극적으로 진리를 도출할 수 있는 것이다. 결국 우리가 진리라고 부르는 것도 단지 가장 잘 들어맞는 가설에 지나지 않는다. 따라서 더 미개한 시대, 더 미개한 인류의 견해와 관습을 검토할 때, 우리는 그들의 오류를 진리 추구의 길에서 불가피하게 저지른 실수로 관대하게 바라보고, 우리 자신에게도 언젠가는 필요하게 될 사면의 은전을 베풀어주는 것이 좋을 것이다. '선조들이 들어 마땅한 변호의 입장으로(cum excusatione itaque veteres audiendi sunt).'"
3 《황금 가지》, p.59 (i, 242; p.118): "바람이나 비를 부르고 적의 죽음을 기원하는 의식을 치르고 나면 항상 의도한 결과가 조만간에 뒤따라 발생했다. 원시인들이 그런 사태를 의식의 직접적인 결과로, 그 영험의 가장 훌륭한 증거로 간주하는 것은 충분히 있을 수 있는 일이다."

나는 설명의 기도(企圖) 자체가 이미 잘못되었다고 믿는데, 왜냐하면 우리들은 우리들이 **아는** 것을 단지 올바르게 정돈해야 할 뿐 아무것도 덧붙여서는 안 되기 때문에, 그리고 설명을 통해 얻고자 애쓰는 만족은 그 결과 저절로 생기기 때문이다.

그리고 여기서 설명은 우리를 만족시키는 것이 전혀 아니다. 프레이저가 우리에게 네미(Nemi) 숲의 왕에 관한 전설을 이야기하면서 시작할 때, 그는 여기서 뭔가 기이하고 무서운 것이 일어난다는 걸 자기가 느끼며 또 우리가 느끼게 하겠다는 투로 이야기한다. 그러나 "왜 이것이 일어나는가?" 하는 물음은 본래, '왜냐하면 그것은 무서우니까'로 대답된다. 즉 이 과정에서 우리에게 무서운, 웅대한, 끔찍한, 비극적인 등등 결코 사소하고 의미 없지 않은 것으로 나타나는 것, **그것이** 이 과정에 생명을 불어넣은 것이다.

우리들은 여기서 단지 **기술**하고, 인간 삶이란 그런 거다, 라고 말할 수 있을 뿐이다.

기술된 것이 우리에게 주는 인상과 비교해 볼 때, 설명은 너무 불확실하다.

모든 설명은 실로 하나의 가설이다.

그러나 가령 사랑 때문에 불안해하고 있는 사람에게, 가설적인 설명은 거의 도움이 되지 않을 것이다. —그 설명은 그를 진정시키지 않을 것이다.

모두가 앞으로 밀고 나가려 하고 그래서 출구에서 쐐기처럼 끼어서는 밖으로 나올 수 없는 사고의 혼잡.

네미의 사제 왕에 대한 저 이야기와 "죽음의 위엄"이란 낱말이 함께 놓이면, 그 둘은 하나임이 보인다.

사제 왕의 삶은 저 낱말로 무엇이 뜻해져 있는가를 제시한다.

죽음의 위엄에 사로잡혀 있는 사람은 이것을 그와 같은 삶으로 표현할 수 있다.—물론 이것은 또한 설명이 아니라, 하나의 상징을 다른 하나의 상징으로 대체하는 것이다. 또는: 하나의 제의(祭儀)를 다른 하나의 제의로 대체하는 것이다.

종교적 상징의 근저에는 어떤 **견해**도 놓여 있지 않다.

그리고 오류는 오직 견해에만 해당한다.

우리들은 이렇게 말했으면 한다: 이러이러한 일이 벌어졌다; 웃을 수 있다면, 웃어라.

사제 왕의 종교적 행위나 종교적 삶은 오늘날의 모든 진정한 종교적 행위와—가령 죄의 고백과—다른 종류의 것이 아니다. 이것도 또한 "**설명**"될 수 있으면서 설명될 수 없다.

저주 형상을 만들어 불태우기. 사랑하는 사람의 그림에 입 맞추기. 이것은 그 그림이 묘사하는 대상에 대해 특정한 효과가 있으리라는 믿음에 기초하고 있는 것이 **물론** 아니다. 그것은 만족을 목적으로 하고 있으며 또한 만족을 얻는다. 또는 차라리, 그것은 전혀 아무것도 **목적으로** 하지 않는다; 우리는 그냥 그렇게 행위하며, 그다음 만족을 느낀다.

우리들은 또한 사랑하는 사람의 이름에도 입을 맞출 수 있을 터인데, 여기서 이름의 대리 역할은 분명할 것이다.

외견상 자신의 적을 죽이기 위해 적의 그림을 찌르는 그 동일한 미개인이, 자신의 목재 오두막을 실제로 짓고 자신의 화살을 솜씨 있게 깎아 만드는데, 이는 저주 형상을 만드는 것이 아니다.

어떤 사람에게 이쪽으로 오라고 눈짓하는 것처럼, 생명 없는 어떤 대상에게 이쪽으로 오라고 눈짓할 수 있다고 하는 관념. 여기서 그 원리는 인격화의 원리이다.

그리고 주술은 언제나 상징체계와 언어의 관념에 의거하고 있다.

소망의 묘사는, 명약관화하게도, 소망 충족의 묘사이다.
그러나 주술은 소망을 묘사한다; 그것은 소망을 표출한다.

목욕으로서의 세례. —오류는 주술이 과학적으로 해석될 때 비로소 발생한다.
어린아이를 입양하는 과정에서 어머니가 그 아이를 자신의 치마 속으로부터 끌어낸다면,[4] 그녀는 그 아이를 낳았다고 믿는 것이며 여기에 **오류가** 있다고 믿는 것은 미친 짓이다.

---

4 《황금 가지》, p.15 (i, 74): "…… 불가리아에서 그리고 보스니아 투르크인들 가운데에서…… 여성은 자기가 양자로 삼으려는 소년을 취하여 그를 자신의 옷 속에 밀어 넣거나 잡아당겨 통과시킨다; 그 이후 소년은 그녀의 진짜 아들로 간주되고 그의 양부모의 전 재산을 상속받는다."

사물들과 과정들에 관한 잘못된, 너무 단순한 표상에 기초하는 일 처리들은 주술적 일 처리와 구별되어야 한다. 가령 사람들이, 병은 신체의 한 부분으로부터 다른 한 부분으로 이동한다거나 병을 다른 곳으로 돌리는 예방책들을 강구한다고, 마치 병이 액체이거나 열의 상태인 것처럼 말할 때. 그 경우 사람들은 말하자면 잘못된, 즉 적절하지 않은 그림을 그린다.

프레이저에게서 정신적 삶은 얼마나 협소한가! 그런 까닭에, 그의 시대의 영국적 삶과는 다른 삶을 파악한다는 것이 얼마나 불가능한 일이었는가!
프레이저는 근본적으로 우리 시대의 영국 교구 목사—그 전적인 어리석음과 지루함을 지닌—가 아닌 어떠한 사제도 상상할 수 없었다.

사람에게 자기 이름이 왜 신성할 수 없다는 말인가. 그것은 어쨌든 한편으로는 그에게 주어지는 가장 중요한 도구이고, 다른 한편으로는 출생 시그에게 걸쳐지는 장신구와 같은 것이다.

프레이저의 설명들이 얼마나 우리를 오도하는가는—내가 믿는 바로는—원시적 관례들이 매우 잘 고안될 수 있을 것이며 만일 그것들이 어디에선가 실제로 발견될 수 없다면 그건 하나의 우연임이 틀림없을 것이라고 하는 점으로부터 드러난다. 즉, 이 관례들을 정돈하는 원칙은 프레이저가 설명하는 것보다 훨씬 더 일반적이고 우리 자신의 마음속에 현존하고 있는 것이어서, 우리는 그 모든 가능성들을 스스로 생각해 낼 수 있을 것이다.—가령 한 부족의 왕이 아무에게도 보이지 않도록 보호되는 것을 우리는 잘 상상할 수 있지만, 그러나 그 부족의 모든 남자가 그를 보아야 하는 것도 역시 우리는 잘 상상할 수 있다. 후자는 그렇다면 다소 우연적인 그 어떤 방식으로 일어나야 할 필요가 없다; 오히려 그는 사람들에게 **보여질** 것이다. 아마 누구도 그를 만져서는 안 되지만, 아마 누구나 그를 만지지 **않으면 안 될** 것이다. 슈베르트가 죽은 다음 그의 동생이 슈베르트의 악보들을 작은 토막들로 나누고 그가 총애하던 학생들에게 그러한 토막들로 된 몇몇 소절들을 준 것을 생각해 보라. 경애심의 표시로서 이 행위는 악보들을 건드리지 않고 아무에게도 접근하지 않게 보존하는 다른 행위와 꼭 마찬가지로 우리에게는 이해 가능하다. 그리고 슈베르트의 동생이 그 악보들을 불태웠다면, 그것도 역시 경애심의 표시로서 이해될 수 있을 것이다.

우연적인 것(미온적인 것)과 대조적으로 제의(祭儀)적인 것(뜨겁거나 찬 것)이 경애심을 특징짓는다.

실로, 프레이저의 설명들은, 만일 그것들이 결국 우리 자신 안에 있는 어떤 경향에 호소하지 않는다면, 도대체가 설명이 아닐 것이다.

먹는 일과 마시는 일은 미개인들에게만이 아니라 우리에게도 위험들과 연결되어 있다; 이것들로부터 자신을 지키려는 것보다 더 자연스러운 것은 아무것도 없다; 그리고 이제 우리는 그러한 방어 조처들을 생각해 낼 수 있을 것이다. —그러나 어떤 원칙에 따라 우리는 그것들을 고안하는가? 명백히, 모든 위험은 그 형태상 사람 눈에 즉시 띄는 몇몇 매우 단순한 위험들로 환원될 수 있다고 하는 것에 따라서. 그러니까 우리 가운데 배우지 못한 사람들이, 병은 머리에서 가슴 등으로 이동한다고 우리에게 말할 때 따르는 그 동일한 원칙에 따라서. 이 단순한 그림들에서 인격화는 당연히 큰 역할을 하는데, 왜냐하면 사람들(그러니까 혼백들)이 사람에게 위험할 수 있다는 것은 누구에게나 잘 알려져 있기 때문이다.

사람처럼 보이는 사람의 그림자나 그의 거울상이 · 비 · 뇌우 · 달의 바뀜 · 해가 바뀜 · 동물들 서로 간의 그리고 동물과 사람 간의 유사성과 차이 · 죽음과 탄생과 성생활이란 현상들이, 간단히 말해서 인간이 해마다 주위에서 지각하는 모든 것이, 대단히 다양한 방식으로 서로 연결되어 있으면서 그의 사고(그의 철학)에서 그리고 관례들에서 어떤 역할을 할 것이라는 것은 자명하거나, 우리가 현실적으로 알고 흥미를 느끼는 바로 그것이다.

깨어나는 인간 정신에 불이나 불과 태양의 유사성이 어떻게 인상을 주지 않을 수 있었겠는가. 그러나 아마도 "인간 정신이 그것을 자신에게 설명할 수 없었기 때문"(우리 시대의 어리석은 미신)은 아니다—왜냐하면 "설명"으로 인해 그것이 덜 인상적으로 되는가?

세상에서 가장 무미건조한 것을 낭독함으로써 건조한다고 하는 "이상한 나라의 앨리스"에서의 주술.[5]

병을 주술적으로 치료할 적에, 사람은 병에게 환자를 떠나도록 **명령한다**.

그와 같은 주술적 치료를 기술한 다음에 사람들은 언제나 다음과 같이 말했으면 한다: 병이 **그것을** 이해하지 못한다면, **어떻게** 우리들이 병에게 그렇게 말해야 하는지 나는 모른다.

사실들에 대한 정의(正義)만큼 어려운 것은 아무것도 없다.

내 말 뜻은, 정확히 불이 모든 사람에게 어떤 인상을 주어야 한다는 것이 아니다. 불이 다른 모든 각각의 현상보다 더 많은 인상을 주는 것은 아니고, 하나의 현상은 이 사람에게, 다른 하나의 현상은 저 사람에게 인상을 준다. 왜냐하면 어떠한 현상도 그 자체로 특히 비밀스럽지는 않지만, 모든 현상이 각각 우리에게 그러할 수는 있으며, 사람에게 어떤 한 현상이 의미 있게 된다는 것이 바로 깨어나는 인간 정신에 특징적인 것이기 때문이다. 인간은

---

5 루이스 캐럴, 《이상한 나라의 앨리스》, 3장. 유고 TS 110에서는 이 단락과 다음 두 단락이 본 번역서의 **44쪽** 마지막 단락 다음에 배치되어 있다.

제의적 동물이라고 거의 말할 수 있을 것이다. 그것은 물론 부분적으로는 거짓이고 부분적으로는 무의미하지만, 그러나 거기에는 옳은 어떤 것이 있기도 하다.

즉, 인류학에 관한 책은 다음과 같이 시작될 수 있을 것이다 : 세상 사람들의 삶과 행동을 고찰한다면, 우리들은 그들이 음식물 섭취 등등과 같이 동물적이라고 불리는 행위들 외에 제의적 행위들이라고 불릴 수 있는 독특한 성격을 지닌 행위들도 수행하는 것을 본다.

그러나 이제 **이러한** 행위들의 특징으로서, 그것들은 사물들의 물리학에 관한 잘못된 직관들로부터 나올 터인 그러한 행위들이라고 말하는 것은 헛소리이다. (프레이저가 주술은 본질적으로 잘못된 물리학 내지 잘못된 의술, 기술 등이라고 말할 때 그는 그렇게 말하고 있다.)

오히려, 제의적 행위의 특징은 전혀 어떤 견해, 의견(그것이 옳건 그르건 간에)이 아니다 ; 비록 하나의 의견―하나의 믿음―자체는 제의적일 수 있고, 제의에 포함될 수 있기는 하지만 말이다.

인간이 자신의 공상에 즐거워한다는 것을 우리들이 자명하게 여긴다면, 우리들은 이 공상이 회화적 그림이나 조형적 모형과는 같지가 않고, 낱말들과 그림들이란 이질적 구성 요소들로 이루어진 복잡한 구성물임을 유념해야 한다. 그러면 우리들은 문자 기호와 음성 기호들을 가지고 일 처리하는 것을 사건들의 "심상들(즉 표상 그림들)"을 가지고 일 처리하는 것과 더는 대립시키지 않을 것이다.

우리는 전체 언어를 갈아 일구어야 한다.

프레이저 : "이러한 관습들이 살해된 자의 유령에 대한 공포에 의해 지시

된다는 것은 확실해 보인다……."⁶ 그러나 프레이저는 대체 왜 "유령"이라는 낱말을 사용하는가? 그러니까 그가 이 미신을 매우 잘 이해하고 있는 것은, 그가 이 미신을 자신에게 익숙한 미신적 낱말을 가지고 우리에게 설명하기 때문이다. 또는 차라리, 이로부터 그는 미개인들의 저 행위 방식을 옹호하는 어떤 것이 우리 안에도 있다는 것을 볼 수도 있었을 것이다. ─나는 신들이라고 불릴 수 있는 인간적─초인적 존재가 그 어디엔가 존재한다고 믿지 않는데, 그런 내가 "나는 신들의 분노를 두려워한다"라고 말한다면, 그것은 내가 그로써 어떤 것을 뜻할 수 있다거나 저 믿음과 필연적으로 결합되어 있지 않은 어떤 감정을 표현할 수 있다는 것을 보여 준다.

프레이저는 미개인이 오류로 인하여 죽는다고 믿을 수 있었을 것이다. 초등학교 교재에는 아틸라(Attilla)⁷가 위대한 출정(出征)들을 감행한 것은 그가 천둥 신의 검을 소유하고 있다고 믿었기 때문이라고 씌어 있다.

프레이저는 그의 대부분의 미개인들보다 훨씬 더 미개하다. 왜냐하면 이들은 정신적 문제의 이해에서 20세기의 한 영국인만큼 멀리 떨어져 있지 않을 것이기 때문이다. 원시적 관례들에 대한 그의 설명들은 이 관례들 자체의 뜻보다도 훨씬 더 조야하다.

역사적 설명, 즉 하나의 발전 가설로서의 설명은 자료에 대한 단지 **한 가지** 방식의 요약─자료의 개요─이다. 자료들을 그것들 서로의 관계에서 보고 하나의 일반적 그림 속에 총괄하는 일은 그것을 시간적 발전에 관한 하나의 가설의 형태에 담지 않고도 똑같이 가능하다.

---

6 프레이저,《황금 가지》, p.212〔iii, 166〕.
7 (옮긴이주) 로마를 위협한 훈족의 왕(재위 434~453).

자신의 신들을 다른 민족의 신들과 동일시하기. 우리들은 그 이름들이 같은 의미를 지닌다고 확신한다.

프레이저의 사실 모음에 대해서 우리들은 "그리고 그렇게 그 일단의 무리는 비밀스러운 법칙을 예시(豫示)한다"[8]라고 말했으면 한다. 그런데 이 법칙, 이 관념을 나는 하나의 발전 가설에 의해서 묘사할 수 있거나, 식물의 도식과 유사하게 종교 의식의 도식에 의해서도 묘사할 수 있거나, 사실 자료를 "일목요연한" 묘사로 단지 무리 지음에 의해서도 묘사할 수 있다.

일목요연한 묘사란 개념은 우리에게 근본적인 의미가 있다. 그것은 우리의 묘사 형식을, 우리가 사물들을 보는 방식을 지칭한다. (외견상 우리 시대에 전형적인, 일종의 '세계관'. 슈펭글러.)[9]

이 일목요연한 묘사가 상호이해를 성사시키며, 이 후자는 바로 우리가 "연관들을 본다"는 데 존립한다. 그런 까닭에 중간 고리들의 발견의 중요성.[10]

그러나 가설적 중간 고리는 이 경우 사실들의 유사점, 연관에 주의를 기울이는 것 외에 아무것도 하지 말아야 한다. 우리들이 타원을 점차 원으로 이행시킴으로써 원의 형태와 타원과의 내적 관계를 도해하듯이; 그러나 타원이 사실로, 역사적으로, 원에서 생겨났다고 주장하기 위해서가 아니라(발전

---

8 (옮긴이주) "Und so deutet das Chor auf ein geheimes Gesetz." 괴테의 시 〈식물의 탈바꿈〉 (Metamorphose der Pflanze)의 한 구절.
9 (옮긴이주) 《철학적 탐구》 §122 참조.
10 (옮긴이주) 같은 곳 참조.

가설), 단지 어떤 형식적 연관에 대해 우리의 눈을 예민하게 하기 위해서 하듯이 말이다.

그러나 나는 또한 발전 가설을 형식적 연관의 비유적 표현에 다름 아닌 것으로 볼 수도 있다.

* * *

나는 이렇게 말했으면 한다: 이 사람들의 견해들을 기술하기 위해 프레이저가 "유령"이나 "망령"과 같이 그와 우리에게 매우 친숙한 낱말을 준비해 가지고 있다는 것보다 저 미개인들과 우리의 근친성을 더 잘 보여 주는 것은 아무것도 없다.

(이것은 그가 가령, 미개인들은 적을 한 명 때려죽였을 때 그들의 머리가 떨어진다고 상상한다고 기술한 경우와는 조금 다르다. 여기서 **우리의 기술**은 어떠한 미신적인 것이나 주술적인 것도 지니고 있지 않을 것이다.)

그렇다, 이 기묘함은 단지 "유령"과 "망령"이란 표현들에만 관계되지 않는다. 그리고 우리가 "영혼", "정신"이란 낱말을 우리 자신의 교양 있는 어휘로 꼽는다는 것에 대해서는 야단법석을 떠는 일이 너무나 적다. 그것에 비하면, 우리의 영혼이 먹고 마신다고 우리가 믿지 않는다는 것은 하찮은 것이다.

우리의 언어에는 전적인 신화가 간직되어 있다.

죽음의 축출 또는 죽음의 살해; 그러나 다른 한편으로 죽음은 해골로서, 그러니까 어떤 뜻에서는 그 자체가 죽은 것으로서 묘사된다. "죽음처럼 죽은". '어떤 것도 죽음처럼 죽지 않았다; 어떤 것도 아름다움 자체처럼 아름답지 않다!' 여기서 우리들이 실재를 생각할 때 떠올리는 그림은, 아름다움, 죽음 등은 순수한(농축된) 실체들인 반면 아름다운 대상 속에서는 그것들이 혼합물로서 존재한다는 것이다. ―그리고 여기서 나는 '대상'과 '복합체'에 관한 나 자신의 고찰들을 인식하지 않는가?

오래된 제의(祭儀)들 속에서 우리는 극도로 발전된 몸짓 언어의 사용을 본다.

그리고 내가 프레이저를 읽을 때, 나는 도처에서 다음과 같이 말했으면 한다: 이 모든 과정들, 이러한 의미 변환들을 우리는 아직도 우리의 낱말 언어에서 가지고 있다. 마지막 볏단 속에 숨겨진 것이 '곡식 늑대(Cornwolf)'라고 불린다면, 그러나 또한 이 볏단 자체와 그것을 묶는 사람도 역시 그렇게 불린다면, 이 속에서 우리는 우리에게 잘 알려진 언어적 과정을 인식한다.[11]

* * *

나는 내가 지구의 한 존재를 내 영혼을 위한 거주지로 택하는 선택의 여지를 가지고 있었으며 나의 정신이 이 볼품없는 피조물을 자신의 자리로, 자신의 전망 지점으로 택했다는 상상을 할 수 있을 것이다. 아마도, 멋진 자리를 차지하는 예외는 그의 편이 아니었을 테니까 말이다. 그러기 위해서는 물론 정신은 매우 자신감에 차 있어야 할 것이다.

---

11 프레이저, 《황금 가지》, p.449(vii, 273; pp.535~536) 참조: "곡식 늑대에 대한 믿음이 특히 두드러지는 메클렌부르크 여러 지방에서는 마지막 곡식 속에 늑대가 앉아 있다는 이유로 모두 그것을 베고 싶어 하지 않는다. …… 마지막 남은 곡식다발 자체를 보통 '늑대'라고 부르며 그것을 베는 사람…… 자신을 늑대라고 부르기도 하는데,……"

혹자는 "모든 전망에서 매력을 찾을 수 있다"라고 말할 수 있을 터이지만, 그것은 잘못이다. 모든 전망은 그것을 의미심장하게 보는(그러나 이는 그것을 실제와 다르게 본다는 뜻은 아니다) 사람에게는 의미심장하다고 말하는 것은 옳다. 실로, 이런 뜻에서 모든 전망은 똑같이 의미심장하다.

그렇다, 나에 대한 다른 모든 사람의 경멸조차도 나의 장소에서 본 세계의 본질적이고 의미심장한 한 부분으로서, 내가 나 자신의 것으로 만들어야 한다는 것은 중요하다.

인간에게 자신을 숲의 한 나무로 태어나게 하는 선택권이 주어져 있다면, 그러면 가장 멋지거나 가장 높은 나무를 고를 사람들, 가장 작은 나무를 택할 사람들, 그리고 평균적이거나 평균보다 못한 나무를 택할 사람들—그것도, 속물근성에서가 아니라 다른 사람이 가장 높은 나무를 택한 바로 그 이유 또는 그런 종류의 이유에서 택할 사람들이—존재할 것이다. 우리가 우리의 삶에 대해 지니는 느낌이 세계 내에서 자신의 입각지를 택할 수 있었던 그런 존재의 느낌과 비교될 수 있다는 것이, 내가 믿기에는, 우리가 우리의 출생 이전에 우리의 신체들을 택했다는 신화—또는 믿음—의 근저에 놓여 있다.

* * *

나는 (프레이저와는 반대로) 원시적 인간의 특징은 **의견들**에 근거하여 행위하지 않는 것이라고 믿는다.

나는 무수히 많은 비슷한 예들 중에서 아프리카의 비의 왕에 대해서 읽는데, 우기가 오면 사람들은 이 비의 왕에게 비를 빈다고 한다.[12] 그러나 이는 분명, 그들은 본래 그가 비가 오게 할 수 있다고 생각하지 않았다는 것을 뜻한다. 그렇지 않다면 그들은 땅이 '말라붙은 불모의 사막'이 되는 건기에 비가 오게 했을 것이다. 왜냐하면 사람들이 일찍이 어리석음으로 인해 비의 왕이라는 이러한 직책을 정했다고 가정해도, 그들은 3월에 비가 시작된다는 경험을 이미 이전에 했고, 그렇다면 그들은 비의 왕으로 하여금 비가 내리지 않는 나머지 기간에 역할을 하게 했을 거라는 것이 확실하게 분명하기 때문이다. 또는 그렇게 또한: 사람들은 태양이 떠오르는 아침 무렵에는 낮이 되는 제의들을 거행하지만, 밤에는 그런 제의들을 거행하지 않고, 단순히 등불을 켠다.[13]

〔내가 어떤 것에 격분해 있을 때, 나는 때때로 내 지팡이로 땅을 두들겨 패거나 나무를 두들겨 팬다. 그러나 그렇다고 내가 땅이 책임이 있다거나 그렇게 두들겨 패는 것이 뭔가 도움이 될 수 있다고 믿는 것은 아니다. "나는 화를 터뜨리는 것이다." 그리고 모든 제의들은 이런 종류이다. 이런 행위들을 우리는 본능-행위들이라고 부를 수 있다. ―그리고 가령 나나 나의 선조들이 이전에는 땅을 두들겨 패는 것이 뭔가 도움이 된다고 믿었다는 역사적 설명은 속임수이다. 왜냐하면 그것은 아무것도 설명하지 못하는 쓸데없는 가정이기 때문이다. 그 행위와 징벌 행위의 유사점은 중요하지만, 이러한 유사점 이상이 확언될 수는 없다.

---

12 《황금 가지》, p.107 〔ii, 2; p.139〕: "그들이 유일하게 왕으로 인정하는 사람들은 마타 코두(Mata Kodu), 곧 '비의 왕'이다. 사람들은 비의 왕에게 적절한 시기에, 곧 우기에 비를 내리는 능력이 있다고 믿어왔다. 강우가 시작되기 전인 3월 말까지 이 지역은 메마른 불모의 사막이며, 그 때문에 사람들의 주요 재산목록인 가축들이 풀이 없어 죽는다. 그래서 3월 말이 다가오면 집집마다 가장들이 비의 왕에게 가서 암소를 한 마리씩 바치고, 사람들의 눈썹과 메마른 풀밭에 하늘의 복된 물이 떨어져 내리게 해달라고 빈다."
13 《황금 가지》, pp.78~79 〔i, 312ff〕.

그와 같은 현상이 나 자신이 소유하는 본능과 언젠가 연결되면, 바로 이것이 바라던 설명이다 ; 즉 이 특수한 난점을 해결하는 설명이다. 그리고 이제 나의 본능의 역사에 관한 더 이상의 연구는 다른 궤도들 위에서 움직인다.

어떤 인간 종족들로 하여금 참나무를 숭배하게 한 어떤 사소한 이유도, 즉 전혀 어떤 이유도 존재할 수 없었다. 단지, 그들과 참나무가 삶의 공동체 내에서 결합되었다는 것, 그러니까 선택으로 인해서가 아니라 벼룩과 개처럼 서로 함께 발생했다는 것뿐이다. (벼룩들이 제의를 발전시킨다면, 그것은 개와 관계될 것이다.)

이러한 제의들에 유인(誘因)을 준 것은 그들(참나무와 인간)의 결합이 아니라 어떤 뜻에서는 그들의 분리라고 말할 수 있을 것이다. 왜냐하면 지성의 각성은 근원적인 **지반**으로부터의 분리와 함께 일어나기 때문이다. (선택의 발생.)

(깨어나는 정신의 형태가 숭배이다.))

II

〔168쪽.[14] 민중은 지배자가 이러한 힘들을 가지고 있다고 믿지만 지배자는 자기가 그런 힘들을 갖고 있지 않다는 것을 매우 잘 안다는 것은, 또는

---

14 《황금 가지》, p.168 〔iii, 1 ; p.198〕: "고대 사회의 어떤 단계에서는 왕이나 사제를 종종 초자연적능력을 지닌 자나 신의 화신으로 여긴다. 그리고 이런 믿음에 따라 자연의 운행도 어느 정도 그의 지배를 받는 것으로 생각했을 뿐 아니라, ……."

지배자가 천치이거나 바보일 경우에만 그것을 알지 못한다는 것은, 당연히 사실이 아니다. 오히려 그의 힘의 개념은 그 힘이 경험―그와 민중의 경험―과 일치할 수 있도록 당연히 그렇게 자리매김이 되어 있다. 그때 그 어떤 위선이 하나의 역할을 한다는 것은 그것이 일반적으로 사람들이 행하는 대부분의 것에 가깝게 놓여 있는 한에서만 참이다.

169쪽.[15] 우리의 (또는 어쨌든 내가 사는) 사회에서 어떤 사람이 너무 많이 웃는다면, 나는 반쯤 부지불식간에 내 두 입술을 눌러 닫는다. 마치 내가 그로써 그의 입술을 닫게 만들 수 있다고 믿는 듯이 말이다.

170쪽.[16] 여기서 난센스는, 이 민족들은 현상들에 대해 단지 기이한 해석을 소유하고 있을 뿐인데, 프레이저는 이들이 마치 자연 과정에 대해 완전히 잘못된 (실로 미친) 표상을 지닌 것처럼 그렇게 묘사한다는 것이다. 즉 그들의 자연 지식은, 그들이 그것을 적어 놓는다면, 우리의 것과 **근본적으로** 구별되지 않는다. 단지 그들의 **주술**만이 다르다.

171쪽.[17] "……그 의도가 왕의 위엄에 이바지하려는 것이 아닌 금제와 의례들의 그물망……." 이는 참이기도 하고 거짓이기도 하다. 물론 그 인물 보

---

15 《황금 가지》, p.169 〔iii, 3f; pp.199~200〕: "옛날에 그는 매일 아침 몇 시간 동안 왕관을 머리에 쓴 채 손·발·머리·눈 등 몸의 어느 부분도 까딱하지 않고 동상처럼 가만히 옥좌에 앉아 있어야 했다. 이렇게 함으로써 자기 제국의 평화와 안녕을 보전할 수 있다고 여긴 것이다."
16 《황금 가지》, p.170 〔iii, 5; p.201〕: "그에게는 비를 내리거나 그치게 하는 능력이 있다고 하며, 내륙에서 부는 건조한 열풍인 하르마탄(Harmattan)을 비롯하여 모든 바람이 그의 지배를 받는다."
17 《황금 가지》, p.171 〔iii, 8; p.203〕: "이런 종류의 왕은 의례적인 예법, 곧 무수한 금제와 의례의 그물망에 갇혀서 산다. 이러한 금제와 의례의 의도는 왕의 위엄을 보태거나 안락을 더하기 위한 것이 아니라, 왕으로 하여금 자연의 조화를 깨뜨려 자신과 인민과 전 우주를 공통의 파국에 몰아넣을 수도 있는 행동을 삼가게 하려는 것이다. 이런 규정들은 왕에게 안락을 주기는커녕 행동 전체를 속박하고 자유를 말살함으로써, 종종 삶 자체가 그에게 무거운 짐이 되고 슬픔이 되게 만든다."

호의 위엄이 아니라, 아마도―말하자면―그의 속에 있는 신성(神性)의 자연적 성스러움.〕

과학에는 진보가 존재하지만 주술에는 존재하지 않는다는 것으로 주술과 과학 간의 차이가 표현될 수 있다는 것은 매우 단순하게 들린다. 주술은 그것 자체 속에 아무런 발전 방향도 없다.

〔179쪽.[18] 영혼에 몸과 동일한 다수성(多數性)이 주어져 있다는 생각에는 근대의 희석된 이론에서보다 얼마나 더 많은 진리가 들어있는가.

프레이저는 우리가 거기서 플라톤과 쇼펜하우어의 교설(敎說)을 면전에 두고 있다는 것을 알아차리지 못한다.

우리는 천진난만한(유치한)―다만 천진난만함의 매력은 지니지 않는―모든 이론을 오늘날의 철학에서 다시 발견한다.〕

614쪽.[19] 가장 눈에 띄는 것은 이 모든 제의의 유사점 외에 상이점이라고 나에게는 보인다. 여기저기서 되풀이해서 출현하는 것은 공통적 특징들을 지닌 얼굴들의 다양성이다. 그리고 우리들이 하고 싶어 하는 것은, 그 공통적 구성 요소들을 연결하는 선들을 긋는 것이다. 그 경우에 고찰의 한 부분은 아직도 결여되어 있는데, 그것은 이 그림을 우리 자신의 느낌들과 사고들에 연결하는 부분이다. 이 부분이 그 고찰에 깊이를 준다.

---

18 《황금 가지》, p.179 〔iii, 28〕: "말레이인들은 인간 영혼을 그것이 거주하는 육신을 소유하는 사람에 대응하는……작은 사람으로 생각한다……."
19 《황금 가지》, 17장: 유럽의 불 축제.

이 모든 관례들에서 물론 우리들은 관념 연합과 **비슷한** 그리고 그것과 근친적인 어떤 것을 본다. 우리들은 관례들의 연합에 관해 이야기할 수 있을 것이다.

618쪽.[20] 왜 불 축제가 그러한 후광으로 둘러싸여 있어야 할까, 그 이유를 말해 주는 것은 아무것도 없다. 얼마나 이상한가, 그리고 그것은 "하늘로부터 온 것처럼 보였다"는 본래 무슨 뜻인가? 어느 하늘로부터? 아니다, 불이 그렇게 간주된다는 것은 전혀 자명하지 않다―그러나 그것은 바로 그렇게 간주된다.

여기서 비로소 그 가설은 문제의 일에 깊이를 주는 것처럼 보인다. 그리고 우리들은 지크프리트(Siegfried)와 브륀힐데(Brunhilde)의 이상한 관계에 대한 새로운 "니벨룽의 노래"[21]에서의 설명을 상기할 수 있다. 즉 지크프리트가 브륀힐데를 이전에 언젠가 이미 본 적이 있는 것처럼 보인다는 것 말이다. 이제 이 관례에 깊이를 주는 것은 그것과 인간을 불태워 죽이는 것[22]과의 연관이라는 것이 분명하다. 그 어떤 축제에서 사람들이 (말타기 놀이

---

20 《황금 가지》, p.618 〔x, 148; p.807〕: "강력한 마찰에 힘입어 불꽃이 이는 즉시 사람들은 오래된 자작나무에서 자라는, 불에 아주 잘 타는 들버섯 종류를 갖다 댔다. 이 불은 하늘에서 직접 끌어온 것으로 간주했으며, 다양한 영험을 인정받았다……."

21 (옮긴이주) 게르만 민족의 영웅 설화를 다룬 중세의 장편 서사시.

22 《황금 가지》, p.618 〔x, 148; p.808〕: "…… 제전의 주재자 역할을 하는 사람이 계란으로 구운 커다란 케이크를 내오는데, 이 케이크는 가장자리를 둥근 부채 모양으로 만들었으며, '암 보낙 베알틴(am bonnach beal-tine)', 곧 '벨테인 케이크'라고 불렀다. 이 케이크를 여러 조각으로 잘라서, 장중한 형식을 갖추어 참석자에게 나누어주었다. 그 중 특별한 조각을 차지하는 사람을 '카일레악 베알틴(cailleach beal-tine)', 곧 '벨테인 카를린(carline)'이라고 불렀는데, 이는 심한 비난의 뜻을 담은 명칭이었다. 그가 누구인지 알려지자마자 일행 중 몇 사람이 그를 붙잡아서 불 속에 처넣는 시늉을 했다.…… 그리고 제전의 기억이 아직 생생하게 살아 있는 동안 사람들은 짐짓 카일레악 베알틴이 죽은 것처럼 이야기했다."

에서처럼) 서로의 위에 타는 풍습이 있다면, 우리는 거기서 말 위에 사람이 타는 것을 상기시키는 하나의 운반 형식 외에 아무것도 보지 못할 것이다; 그러나 가령 노예들을 말타기 위한 짐승으로 이용하는 풍습, 그리고 그렇게 말을 타고서 어떤 축제들을 벌이는 풍습이 많은 민족들 가운데 있었다는 것을 우리가 안다면, 우리는 지금 우리 시대의 무해한 관례에서 더 깊고 덜 무해한 어떤 것을 보게 될 것이다. 문제는 이것이다: 이러한—말하자면—무지몽매는 100년 전에 행해진 벨테인(Beltane) 불 축제의 관례에 원래 부수되는가, 아니면 그것의 발생에 대한 가설이 입증될 그때에만 부수되는가 하는 것이다. 내가 믿기에는, 우리에게 무지몽매한 느낌을 불러일으키는 것은 명백히 근대적 관례 자체의 내적 본성이며, 인간 제물에 관해 우리에게 잘 알려진 사실들은 단지 우리가 그 관례를 바라보아야 할 방향을 가리킬 뿐이다. 내가 관례의 내적인 본성에 관해 이야기할 때, 나는 그것이 행해지는, 그리고 그와 같은 축제에 관한 보고에는 포함되어 있지 않은 모든 환경들을 뜻한다. 왜냐하면 그것들은 축제를 특징짓는 특정한 행위들 속에 있다기보다는, 예컨대 그 축제에 참가하는 사람들의 종류, 그들의 나머지 행위 방식, 즉 그들의 성격과 그들이 평소에 하는 놀이들의 종류를 기술함으로써 기술될, 축제의 정신이라고 불릴 수 있는 것 속에 있기 때문이다. 그리고 그렇다면 우리들은 그 무지몽매가 이 사람들의 성격 자체에 있다는 것을 보게 될 것이다.

619쪽.[23] 여기서 어떤 것이 제비뽑기에서 마지막으로 남은 것같이 보이

---

[23] 《황금 가지》, p.619〔x, 150〕: "……그들은 케이크를 크기와 모양에서 가능한 한 서로 비슷하게, 동석한 사람 수만큼 많은 부분들로 나눈다. 그들은 이 부분들 가운데 하나를 그것이 완전히 검게 될 때까지 온통 숯으로 칠한다. 그들은 그 케이크의 모든 조각을 보닛 모자 속에 집어넣는다. 모든 사람이 각각 눈을 가린 채 한 부분을 끄집어 낸다. 보닛 모자를 잡고 있는 사람에게는 마지막 조각이 주어진다. 검은 조각을 꺼내는 사람은 누구든지 바알(Baal) 신에게 희생되어야 할 것으로 **바쳐진** 인물이다.……"

게 된다. 그리고 이러한 양상을 통해 그것은 갑자기 깊이를 획득한다. 단추 모양들이 있는 케이크가 어떤 특정한 경우에 가령 단추 제작자의 생일날 그의 영예를 기리기 위해 원래 만들어졌는데 그다음 그 관례가 그 지역에 유지되었다는 것을 우리가 경험하게 된다면, 이 관례는 사실상 모든 "깊이"를 상실하게 될 것이다; 그 깊이가 그 관례의 현재 형태 자체 속에 놓여 있지 않다면 말이다. 그러나 그 같은 경우에 우리들은 종종, "이 관례는 **명백히** 대단히 오래되었다"라고 말한다. 우리들은 그것을 어디서 아는가? 그것은 단지 우리들이 그런 종류의 오랜 관례들에 관한 역사적 증거를 가지고 있기 때문인가? 또는 그것은 또 다른 근거, 내성(內省)에 의해 얻어지는 근거가 있는가? 그러나 비록 그 관례의 선사(先史)적 원천과 무지몽매한 관례로부터의 유래가 역사적으로 증명되어 있다 하여도, 오늘날에는 그 관례에 무지몽매한 **어떤 것도 전혀** 없는 일이, 즉 선사적 공포 가운데 어떤 것도 그것에 남아 있지 않는 일이 가능하다. 오히려 그 관례는 오늘날 케이크 굽기와 단추 모양들로 치장하기에서 경쟁하는 어린아이들에 의해서나 겨우 행해진다. 그 경우 깊이는 말하자면 단지 저 유래에 관한 생각에 놓여 있다. 그러나 그 유래는 여전히 아주 불확실할 수 있고, 혹자는 "무엇 때문에 그렇게 불확실한 문제에 관해 걱정들을 하는가"하고 (뒤쪽을 바라보는 영리한 엘제 (Kluge Else)[24]처럼) 말하고 싶을 것이다. 그러나 그것은 그런 걱정들이 아니다. —무엇보다도, 그러한 관례가 대단히 오래되었다는 확신은 어디서 왔는가(무엇이 우리의 자료들인가, 무엇이 그것을 검증하는가)? 그러나 대체 우리는 확신을 지니고 있는가, 우리가 거기서 오류를 범하고 그 오류가 역사적으로 확인될 수는 없는가? 물론 그럴 수 있다, 그러나 그 경우 어쨌든 우리가 확신하는 어떤 것이 언제나 남는다. 그 경우 우리는 이렇게 말할 것이

24 그림(Grimm) 형제의 《어린이와 가정을 위한 옛날이야기》 34, 〈영리한 엘제〉.

다: "좋다, 이 한 경우에는 그 유래가 다를지 모르지만, 일반적으로 유래는 틀림없이 선사적인 것이다." 이에 대한 우리의 증거는 이 가정의 깊이를 포함해야 한다. 그리고 이 증거는 다시, 가설적이지 않은 심리학적인 것이다. 즉 만일 그 유래가 그렇게 일어났다면 이 관례에 있는 깊이는 그 유래에 놓여 있다고 내가 말한다면, 그 깊이는 그러한 유래에 관한 생각에 놓여 있거나, 아니면 그 깊이 자체는 단지 가설적이고 우리들은 단지 "만일 그것이 그렇게 일어났다면, 그것은 무지몽매하고 깊은 역사였다"라고 말할 수 있다. 나는 이렇게 말하고 싶다: 무지몽매와 깊이는 이 관례의 역사가 그런 사정을 지니고 있었다는 데 놓여 있지 않고—왜냐하면 아마도 사정은 전혀 그렇지 않았을 것이기 때문이다—또한 사정이 아마도 또는 확률적으로 그렇다는 데 놓여 있지도 않고, 나에게 그것을 가정할 근거를 주는 것에 놓여 있다. 실로 인간 제물에서 깊이와 무지몽매는 도대체 어디서 오는가? 우리에게 그 인상을 주는 것은 단지 희생의 고난인가? 똑같은 정도의 고난과 연결되어 있는 온갖 종류의 질병들은 그럼에도 불구하고 이러한 인상을 불러일으키지 않는다. 아니다, 이 깊이와 무지몽매는 우리가 단지 외적 행위들의 역사만을 경험하면 저절로 이해되는 것이 아니라, 우리가 그것을 우리 내부에서의 경험에서 다시 들여오는 것이다.

제비뽑기가 케이크로 행해진다고 하는 사실은 또한 (키스에 의한 배신과 거의 같은) 뭔가 특히 끔찍한 것을 지니고 있다. 그리고 그것이 우리에게 특히 끔찍한 느낌을 불러일으킨다고 하는 것은 그러한 관례들의 연구를 위해 다시 본질적인 의미를 지닌다.

내가 그러한 관례를 보고 그것에 관해서 들을 때, 나는 마치 변변찮은 일로 다른 사람과 엄격하게 말하는 어떤 사람의 목소리 톤과 얼굴로부터, 이 사람은 기회가 있으면 무시무시할 수 있음을 알아차리는 것과 같다. 내가 여기서 얻는 인상은 매우 깊고 특별히 심각할 수 있다.

행위 방식의 주위 환경.

예컨대 벨테인 축제의 근원에 관한 가정들의 근저에는 어쨌든 어떤 확신
이 놓여 있다. 그것은, 그러한 축제들은 어떤 한 사람에 의해서, 말하자면
되는 대로 만들어지지 않았고, 오히려 보존되기 위해서는 무한히 많은 더
넓은 토대가 필요하다는 것이다. 내가 축제를 하나 만들어 내고자 한다면,
그것은 아주 조만간 사멸하게 되거나, 사람들의 일반적 성향에 상응하는 방
식으로 수정될 것이다.

그러나 벨테인 축제가 언제나 현재의 (또는 최근의) 형태로 거행되었다
고 가정하는 것을 막는 것은 무엇인가? 혹자는 이렇게 말했으면 한다: 그렇
게 만들어져 있기에는 그것은 너무나 뜻이 없다. 이는 내가 어떤 폐허를 보
고, 아무도 이런 상태의 절단되고 불규칙한 돌무더기를 짓지는 않을 테니
까, 이것은 일찍이 하나의 집이었음이 틀림없다고 말하는 것과 같지 않은
가? 그리고 당신은 어디서 그것을 아느냐고 하는 질문을 받으면, 나는 단
지, 사람들에 대한 나의 경험이 나에게 그것을 가르쳐 준다고 말할 수 있을
뿐이다. 실로 사람들이 실제로 폐허를 짓는 곳에서조차, 그들은 붕괴된 집
들에서 그 형태들을 취한다.

그것은 또한 이렇게도 말해질 수 있을 것이다: 벨테인 축제 이야기를 가
지고 우리에게 깊은 인상을 주고자 한 사람은 어쨌든 그 축제의 유래에 관
한 가설을 표명할 필요는 없고, 단지 (그러한 가설로 이르는) 자료만을 제시
하면 되고 아무것도 덧붙여 말할 필요가 없다. 이제 혹자는 아마도 다음과
같이 말하고 싶을 것이다: "물론이다, 왜냐하면 듣는 사람, 읽는 사람이 스
스로 결론을 내릴 것이기 때문에!" 그러나 그가 이러한 결론을 명시적으로

내려야 하는가? 그러니까, 도대체 결론을 내려야 하는가? 그리고 대체 어떤 종류의 결론을? 이것 또는 저것이 **그럴듯하다**는 것?! 그리고 그가 그 결론을 스스로 내릴 수 있다면, 어떻게 그 결론이 그에게 깊은 인상을 준단 말인가? 그에게 깊은 인상을 주는 것은 어쨌든 그가 주지 않은 것이어야 한다! 그에게 처음으로 깊은 인상을 준 것은 그러니까 (그에 의해서 또는 다른 사람에 의해서) 표명된 그 가설인가, 아니면 이미 그 가설을 위한 자료인가? 그러나 여기서 나는 다음과 같이 똑같이 잘 물을 수 있지 않을까: 어떤 사람이 죽임을 당하는 것을 내가 본다면─그때 단순히 내가 보는 것이 나에게 깊은 인상을 주는가, 아니면 여기서 어떤 사람이 살해된다는 가설이 비로소 나에게 깊은 인상을 주는가?

그러나 그 인상을 불러오는 것은 단순히 벨테인 축제의 가능한 유래에 관한 생각이 아니라, 이러한 생각의 엄청난 개연성이라고 일컬어지는 것이다. 자료로부터 조달된 것으로서 말이다.

벨테인 축제가 우리에게 전해진 바대로는, 그것은 실로 하나의 연극이고 어린아이들이 강도 놀이를 할 때와 비슷하다. 그러나 그럼에도 불구하고 그렇지 않다. 왜냐하면 제물을 구출하는 편이 이기는 것으로 각본이 짜여 있다고 하더라도, 일어나는 것에는 단순한 연극 공연에는 없는 기질의 추가가 여전히 더 있기 때문이다. ─그러나 비록 아주 냉정한 연기만이 중요하다 하더라도, 우리는 어쨌든 불안하게 자문할 것이다: 이러한 연기는 뭘까, 그것의 뜻은 무엇인가?! 그리고 모든 해석을 도외시한다면, 그렇다면 그것은 그것의 독특한 뜻 없음으로 인해 우리를 불안하게 할 수 있을 것이다. (이는 그와 같은 불안의 이유가 어떤 종류일 수 있는가를 보여 준다.) 이제 가령 다음과 같은 하나의 무해한 해석이 주어졌다고 하자. 즉 제비뽑기는 단순히, 그로써 불 속에 던져진다고 하는 유쾌하지 않은 일로 어떤 사람을 위협할 수 있는 만족을 얻기 위해서 행해진다고 하는 것이다. 그러면 벨테인 축제는 그 동아리 가운데 한 사람이 어떤 잔혹한 것들을 견뎌야 하고 그것들은 그것들대로 어떤 욕구를 만족시키는 저 오락들 중의 하나와 훨씬 더 비슷해진다. 그리고 벨테인 축제가 기분에서나 행위에서 그러한 일상적 강도놀이 등으로부터 일탈하지 않는다면, 벨테인 축제는 그와 같은 설명을 통해 모든 비밀스러운 점을 실제로도 상실할 것이다.

마찬가지로, 어떤 날들에는 아이들이 허수아비를 불태운다는 것은, 비록 거기에 대해 아무런 설명이 주어지지 않을지라도, 우리를 불안하게 할 수 있을 것이다. 이상하다, 아이들이 **사람**을 불태우는 축제를 벌이다니! 나는 이렇게 말하고 싶다: 수수께끼보다 해결이 더 불안하게 하지는 않는다.

그러나 나에게 깊은 인상을 주는 것이 실제로 단지 (또는 어쨌든 부분적으로는) 생각일 뿐이어서는 왜 안 된단 말인가? 도대체 표상들은 두렵지 않은가? 단추 모양을 단 케이크가 일찍이 죽음의 제물을 제비뽑기하는 데 쓰였다는 생각을 할 적에 나에게 소름 끼치는 기분이 들지 않을 수 있는가? 그 **생각**은 뭔가 두려운 것이 있지 않은가?—그렇다, 그러나 저 이야기들은 내가 그 이야기들에서 보는 것을 증거를 통해 얻으며, 또한 그것과는 직접 연결되어 있지 않다고 보이는 그런 증거를 통해서도 얻는다. 즉 인간과 그의 과거에 관한 생각을 통해서, 내가 나에게서 그리고 다른 사람들에게서 보는, 보고 들은, 그 모든 이상한 것을 통해서도 얻는다.

〔640쪽.[25] 이것은 매우 잘 생각될 수 있다—그리고 그 이유로서는 가령, 그렇지 않으면 수호성인들이 서로 마주하여 당기리라는 것, 오직 한 사람만이 문제의 일을 지도할 수 있으리라는 것이 진술될 것이다. 그러나 이것도

---

25 《황금 가지》, p.640〔x, 275, 279 참조): "정화(淨火)를 만들어도 되거나 만들어야 하는 부류의 인물들에게는 다양한 규칙들이 또한 정해졌다. 롤러를 돌리는 밧줄을 당기는 두 인물은 언제나 형제이거나 적어도 같은 세례명을 지니고 있어야 한다고 때때로 말해졌다……."

역시 본능의 추가적 확장일 뿐이다.

이 모든 상이한 관례들이 보여 주는 것은, 여기서 중요한 것은 하나의 다른 하나로부터의 유래가 아니라 공통적인 정신이라는 것이다. 그리고 이 모든 제의들은 우리들 자신에 의해 발명(고안)될 수 있을 것이다. 그리고 그것들을 발명하는 정신이 바로 그것들의 공통적인 정신일 것이다.

641쪽.[26] 병과 더러움의 연결. "병에서 깨끗하게 나았다."

병이 씻어 낼 수 있는 더러움이라는 것은 병에 관한 하나의 단순한, 어린애 같은 이론을 제공하는 것이다.

'유치한 성(性) 이론들'이 있는 것처럼, 도대체가 유치한 이론들이 있다. 이는 그러나 어린아이가 하는 모든 것이 그것의 근거로서의 어떤 유치한 이론으로부터 나온다는 것을 뜻하지는 않는다.

올바르고 흥미 있는 것은, '이것은 그것으로부터 나왔다'라고 말하는 것이 아니라 '그것은 그렇게 나올 수 있을 것이다'라고 말하는 것이다.

643쪽.[27] 불이 정화를 위해 사용되었다는 것은 분명하다. 그러나 사유하

---

26 《황금 가지》, p.640~641(x, 289 참조): "······ 집안의 화로에 정화(淨火) 불이 재점화되자마자, 물이 가득한 주전자를 그 위에 올려놓았고, 이렇게 가열된 물은 페스트에 감염된 사람들이나 역병에 오염된 가축들에게 뿌려졌다."
27 《황금 가지》, p.643(x, 330f.): "······ 베스터마르크(Westermarck) 박사는 정화 이론을 혼자서 강력하게 주장해 왔다······ 그러나 그 경우는 태양 이론을 논의 없이 물리치는 것을 정당화할 만큼 그렇게 분명하지는 않다."

는 인간들이 정화 의식들을 그것들이 원래는 단지 정화 의식으로 생각되었을 터인 곳에서도 나중에 태양과 연관시켰다고 하는 것보다 더 그럴듯할 수 있는 것은 아무것도 없다. 한 인간에게 한 생각(불-정화)이 부지중에 떠오르고 한 인간에게 다른 한 생각(불-태양)이 떠오른다면, 한 인간에게 그 두 생각이 떠오를 것이라는 것보다 더 그럴듯할 수 있는 것이 무엇인가. 언제나 하나의 이론을 가졌으면 하는 학자들!!!

때려 부숨, 찢어발김 등과 달리 불은 **완전히** 파괴한다는 점이 사람들 눈에 띄었음이 틀림없다.

비록 우리들이 정화와 태양이란 생각의 이러한 연결에 관해 아무것도 알지 못한다고 하더라도, 우리들은 그러한 생각이 어디에선가 등장하게 되었을 것이라고 가정할 수 있을 것이다.

680쪽.[28] "영혼-돌". 여기서 우리들은 그러한 가설이 어떻게 작동하는지를 본다.

681쪽.[29] 이것은 여기에 미신이 아니라 진리가 밑바닥에 놓여 있다는 것을 암시할 것이다. (물론 모순의 정신에 빠지는 것은 어리석은 학자에게는 쉽다.) 그러나 완전히 털이 깎인 몸이 어떤 뜻에서 우리의 자존심을 상실하

---

28 《황금 가지》, p.680〔xi, 156〕: "…… 뉴브리튼에는…… 비밀 협회가 하나 있다. 거기에 입회할 적에 모든 사람은 각각 인간의 또는 동물의 모습을 한 돌을 하나 받는데, 그다음부터 그의 영혼은 그 돌과 어느 정도 밀착되어 있다고 믿어진다……."
29 《황금 가지》, p.680~681〔xi, 158〕: "…… 마녀들과 마법사들의 유해한 능력들은 그들의 머리카락에 있고 그들이 그 머리카락을 유지하는 한 그 이단자들에게는 아무것도 어떤 인상을 줄 수 없을 것으로 생각되곤 하였다. 따라서 프랑스에서는 마법에 걸린 사람들을 고문 기술자에게 넘기기 전에 그들의 온몸을 면도하는 것이 통례적이었다."

게 유인하는 일이 아주 잘 있을 수 있다(카라마조프가의 형제들). 우리 눈에 우리를 품위 없고 우습게 보이게 만드는 사지 절단이 우리를 지킬 모든 의지를 우리에게서 빼앗아 갈 수 있다는 것은 전혀 의심의 여지가 없다. 때때로 우리가—또는 어쨌든 많은 사람(나를 포함하여)이—우리의 신체적 또는 미학적 열등성 때문에 얼마나 당황하게 되는가?)

4
철학[1]

이른바 "큰 타자 원고"(Big Typescript)(유고 목록번호 213)의 §§ 86~93

86

철학의 난점, 제 과학의 지적 난점이 아니라 태도 변경의 난점.

의지의 저항들이 극복되어야 한다.

내가 종종 말해 왔다시피, 철학은 내가 어떤 것도 단념하도록 인도하지 않는다; 왜냐하면 나는 어떤 것을 말하기를 피하는 게 아니라, 어떤 낱말

---

1 (옮긴이주) 이 글은 비트겐슈타인이 1933년에 작성하고 또 그 후 처음부터 3분의 2 정도를 수정한 768쪽 분량의 방대한 타자 원고, 즉 현재 유고번호 TS 213인 이른바 "큰 타자 원고"(Big Typescript) 의 한 장으로서, 하이키 니만(Heikki Nyman)에 의해 정리되어 1989년에 《국제 철학 리뷰》(*Revue Internationale de Philosophie*)지 43권 pp.175~203에 처음 출판된 바 있다. "큰 타자 원고" 전체는 2005년에 영국 블랙웰 출판사에서 "큰 타자 원고: TS 213"(The Big Typescript: TS 213)이라는 제목의 독-영 대역 단행본으로 출간되었다. 본 번역(개정판)도 이형(異形) 등의 표기에서 이 단행본의 방식을 따랐다.

결합을 뜻이 없는 것으로서 포기하기 때문이다. 그러나 다른 뜻에서는 철학은 체념을 요구한다. 그러나 지성의 체념이 아니라 감정의 체념을 요구한다. 그리고 아마도 이것이 많은 이들에게 그것을 어렵게 만드는 것일 것이다. 어떤 표현을 사용하지 않는 것은, 눈물을 억제하거나 분노의[a] 폭발을 억제하는 것이 어려운 것처럼 어려울 수 있다.

|(톨스토이: 어떤 한 대상의 의미(중요성)는 그 보편적 이해 가능성에 놓여 있다.—이는 참이면서 거짓이다. 대상이 의미 있고 중요할 때,—그 대상을 이해하기 어렵게 만드는 것은, 난해한 것들을 이해하기 위해서는 그것들에 관해 그 어떤 특별한 가르침이 필요할 거라는 점이 아니라, 대상의 이해와 대부분의 사람들이 보려고 원하는 것 사이의 대립이다. 이것 때문에, 가장 명백한 것이 가장 이해하기 어렵게 될 수 있다. 지성의 어려움이 아니라 의지의 어려움이 극복되어야 한다.)|[2]

철학에서의 작업은—건축에서의 작업이 여러모로 그렇듯이—실은 오히려 자기 자신에 대한 작업[b]이다. 자기 자신의 파악에 대한 작업. 사물들을 어떻게 보느냐에 대한 작업. (그리고 그것들로부터 요구되는 것에 대한 작업.)[3]

대체로 말해서, 오래된 견해—가령 (위대한) 서양 철학자들의 견해—에 따르면[c] 두 가지 종류의[d] 문제가 학적인 뜻에서 존재한다: 본질적인, 위대한, 보편적인 문제들과 비본질적인, 말하자면 우연적인 문제들. 그에 반해

---

a 노여움의 b 하나의 작업 c 에서는 d 두 종류의
2 (옮긴이주) 《문화와 가치》 MS 112 221: 1931.11.22 참조.
3 (옮긴이주) 《문화와 가치》 MS 112 46: 1931.10.14 참조.

서 우리의 견해는, 학적인 뜻에서 위대한, 본질적인 문제는 없다는 것이다.[4]

87

철학은 우리의 언어 사용에서 오해를 일으킬 수 있는 유추들을 제시해 보인다.

문법은, 내가 그 낱말을 사용하는 바로는, 언어의[a] 사실적 취급을 기술하는 것일 뿐인가? 그래서 문법의 명제들은 본래 자연과학의 명제들처럼 파악될 수 있을 것인가?

그것은 사유(思惟)의 기술학(記述學)과 대조적으로, 말(言)의 기술학이라고 불릴 수 있을 것이다.

실로 체스놀이의 규칙들도 사람의 자연사로부터의 명제들로서 파악될 수 있을 것이다. (동물들의 놀이가 자연사 책들에 기술되는 것처럼 말이다.)

내가 철학적인 잘못을 교정하고, 그것이 늘 그렇게 표상되어 왔지만 그건 그렇지가 않다고 말한다면, 나는 언제나, 사람들이 그에 따라 생각해 왔으나 유추로서 인식되어 오지 않은 어떤 유추를 제시해 보여야 한다.[b]

언어 속에 수용된 잘못된 유추의 효과: 그것은 지속적인 투쟁과 불안을 (말하자면 지속적인 자극을) 의미한다. 그것은 마치 어떤 사물이 멀리서는 사람인 것처럼 보이는데(왜냐하면 그때 우리는 확실한 것을 지각하지 못하

---

a 언어들의 b 나는 언제나, 사람들이 따라 온 어떤 유추를 지적하고//지적해야 하고// 이 유추가 맞지 않음을 보인다.
4 (옮긴이주) 《문화와 가치》 MS 110 200: 1931.6.22 참조.

기 때문에), 가까이에서는 우리가 그것이 나무 그루터기임을 보는 것과 같다. 우리가 조금 물러서고 그 설명들을 놓쳐 버리자마자, **어떤 한 형태**가 우리에게 나타난다; 그런 연유로 우리가 더 가까이 주시하면, 우리는 다른 한 형태를 본다; 이제 우리가 다시 물러서면, 운운.

(문법적 불명료성의 열받게 하는 성격.)

철학을 한다는 것은, 잘못된 논증들을 퇴짜놓는 것이다.

철학자는 구원하는 말을 발견하려고 노력한다. 즉 지금까지[5] 늘 불명료하게 우리의 의식에 부담이 되어 온 것을 우리가 마침내 붙잡도록 허락하는 말을.
(그것은 마치 털 하나가 혀에 놓여 있는 것과 같다; 그것은 감지는 되지만, 집어낼[a]수가 없고, 그런 까닭에 털어 버릴 수가 없다.)

철학자는 문제된 일을 사람들이[b] 표현하고 무해하게 만들 수 있는 말을 우리에게 제공한다.

(우리의 말의 선택은 매우 중요하다. 왜냐하면 문제된 일의 관상(觀相)을 정확히 맞히는 것이 중요하기 때문이다. 왜냐하면 정확히 조준된 사고만이 올바른 궤도로 인도할 수 있기 때문이다. 차량이 올바로 계속 굴러갈 수 있기 위해서는, 차량은 궤도 위에 아주 정확히 놓여야 한다.)

---

a 잡아낼 b 내가
5 육필 선택지: 그때까지.

가장 중요한 과제의 하나는, 독자가 "그래, 나는 그것을 바로 그렇게 뜻했어"라고 말할 정도로, 모든 잘못된 사고 과정들을 특징적으로 표현하는 것이다. 모든 오류 각각의 관상을 본떠 그리는 것.

이 표현을 (실제로) 자기감정의 올바른 표현으로 타자가 인정할 경우에만[a] 우리는 또한 타자에게 잘못을 입증할 수 있다.

즉, 그가 그 표현을 그러한 것으로 인정할 경우에만, 그것은 올바른 표현이다. (정신분석.)

타자가 인정하는 것은, 내가 그에게 그의 사고의 원천으로서 제시하는 유추이다.

88

우리의 문법적 탐구들이 근본적이라는 느낌은 어디에서 오는가?

(우리는 가령 "이 물체의 비중은 얼마인가", "오늘 날씨는 계속 좋을 것인가", "누가[6] 바로 다음에 문 안으로 들어올 것인가" 등등과 같은 상이한 종류의 물음들에 관계한다. 그러나 우리의 물음들 가운데는 특별한 종류의 물음들이 존재한다. 여기서 우리는 다른 체험을 한다. 그 물음들은 다른 것들보다 더 근본적이라고 보인다. 그리고 이제 나는 말한다, 우리가 이러한 체

---

a 이것이 실제로 자기감정의 표현이라고 타자가 인정할 경우에만
6 타자 원고에는 원래 '그는'이라고 되어 있는데, 육필로 '누가'로 고쳐져 있다.

험을 한다면, 우리는 언어의 한계에 도달한 것이라고.)[7]

우리의 고찰은 어디에서 그 중요성을 얻는가? 우리의 고찰은 단지 모든 흥미 있는 것, 즉 모든 위대한 것과 중요한 것을 파괴하는 것으로만 보이는데 말이다. (말하자면 모든 건축물을 파괴하는 것으로 보이는데; 오직 돌 부스러기들과 폐허만을 남겨 놓으면서 말이다.)[8]

하나의 일람표를 한 방식 이상으로 사용할 수 있다는 것, 하나의 일람표를 한 일람표의 쓰임을 위한 안내서로서 생각해 낼 수 있다는 것, 하나의 화살표를 뾰족한 끝에서부터 꼬리 쪽으로 가리키는 방향 표시기로서 파악할 수 있다는 것, 하나의 본보기를 내가 여러 가지 방식으로 본보기로서 이용할 수 있다는 것에 우리를 주목하게 하는 고찰은 어디에서 그 중요성을 얻는가?

우리가 하는 일은 낱말들을 그것들의 형이상학적 사용으로부터 그것들의 올바른[9] 사용으로 다시 돌려보내는 것이다.[10]
(우리들은 같은 강물에 두 번 들어갈 수 없다고 말한 사람은 잘못된 어떤 것을 말하였다; 우리들은 같은 강물에 두 번 들어갈 수 있다.)
그리고 모든 철학적 난점들의 해결이 그렇다고 보인다. 그것들의[11] 대답들은, 올바르다면, 평범하고 통상적이어야[12] 한다. 그러나 그것들은 올바른

---

7 여백에 다음과 같이 적혀 있다: "해야 한다", "할 수 있다"에 속한다.
8 (옮긴이주)《철학적 탐구》§118 참조.
9 '올바른' 밑에는 물결선이 그어져 있고, 육필로 '정상적인'이 선택지로 제시되어 있다.
10 (옮긴이주)《철학적 탐구》§116 참조.
11 육필 선택지: 우리의.
12 육필 선택지: 통상적이고 사소해야.

정신으로 바라보아야 한다; 그러면 괜찮다.[13]

오래된 철학적 문제들은 어디에서 그것들의 의미를 얻었는가?[a]

예를 들어 동일률은 근본적인 의미가 있는 것처럼 보였다. 그러나 이 "원칙"은 무의미하다는 명제가 이러한 의미를 넘겨받았다.[14]

나는 물을 수 있을 것이다: 왜 나는 문법적 농담을 어떤 뜻에서 깊다고 느끼는가? (그리고 그것은 물론 철학적인 깊이이다.)

왜 우리는 문법의 탐구를 근본적이라고 느끼는가?

("근본적"이라는 낱말 역시, 그것이 좌우간 의미를 지니는 곳에서는, 메타-논리적이거나 철학적인 어떤 것을 의미할 수 없다.)[15]

문법의 탐구는 우리가 언어를 근본적이라고—가령 그것 자신의 기초라고—부를 수 있는 것과 같은 뜻에서 근본적이다.

우리의 문법적 탐구는 실로 문헌학자 등의 탐구와 구별된다; 우리의 관심사는, 예를 들면, 한 언어로부터 다른, 우리가 고안해 낸 언어들로의 번역이다. 일반적으로 우리의 관심사는 문헌학자는 전혀 고찰하지 않는 규칙들

---

a 얻는가

13 이 소견 뒤에는 다음과 같은 육필이 있다: 〔"순전한 무의미"〕.

14 (옮긴이주) '동일률' 즉 '동일성의 원칙'. 여기서 '원칙'과 '명제'는 독일어로 모두 똑같이 'Satz'이다.

15 괄호는 육필로 덧붙인 것이다.

이다. 그러므로 우리는 이 차이를 충분히 강조할 수 있다.

다른 한편으로, 우리는 문법의 본질적인 것을 (문헌학자는, 우연적인 것을) 취급한다고 말하는 것은 길을 잘못 드는 것이다.

"그러나 그것은 실로 외면적인 차이ª일 뿐이다." 내가 믿기에는, 다른 차이는 존재하지 않는다.

오히려 우리는 문헌학자가 문법이라고 부르는 것과는 다른 어떤 것을 문법이라고 부른다고 말할 수 있을 것이다. 그에게는 아무런 차이가 없는(현존하지 않는) 곳에서 우리는 말의 종류를 구별하니까 말이다.

문법의 중요성은 언어의 중요성이다.

예를 들어 '붉은'이란 낱말조차도, 그것이 가령 '파이프 대통 뚜껑'이란 낱말과 대조적으로 종종 그리고 중요한 것을 위해서 사용되는 한, 중요하다고 일컬어질 수 있을 것이다. 그리고 그렇다면 '붉은'이란 낱말의 문법은 중요하다. 왜냐하면 그것은 '붉은'이란 낱말의 의미를 기술하기 때문이다.

(철학이 할 수 있는 것은 우상들을 파괴하는 것이 전부이다. 그리고 그것은 새로운 우상을—가령 "우상의 부재" 중에—창조하지 않음을 뜻한다.)

ª 구별

89

철학의 방법: 문법적[a] 사실들의 일목요연한 묘사.
목표: 논증들의 투명성. 정의(正義).

어떤 사람이 배의 닻은 증기 기관에 의해 들어 올려진다고 들었다. 그는 배를 추진하는 증기 기관(그리고 그것에 따라 그것이 기선(汽船)이라고 불리는 기관)만을 생각하고는, 자기가 들은 것을 이해할 수가 없다. (아마도 그에게 그 난점은 나중에야 비로소 머리에 떠오르기도 할 것이다.) 이제 우리는 그에게 말한다: 아니, 그건 이 증기 기관이 아니다; 그것 말고도 뱃전에는 일련의 다른 증기 기관들이 더 있고, 그중 하나가 닻을 올리는 거다. — 그의 문제는 철학적인 문제였는가? 그가 배에 실린 다른 증기 기관들의 존재에 관해 들었었고, 단지 그것을 기억해 내야 했다면, 그것은 철학적인 문제였는가?—나는 그의 불명료성에 두 부분이 있다고 믿는다: 설명하는 사람이 그에게 사실로서 전달하는 것을 질문자는 하나의 가능성으로서 스스로 아주 잘 생각해 낼 수 있었을 것이며, 그의 물음을 불명료성의 단순한 인정이라는 형식 대신에 특정한 형식으로 제시할 수 있었을 것이다. 의심의 이 부분은 그가 스스로 제거할 수 있었을 터이나, 그와 반대로 반성적 사고는 그에게 사실들에 관해서는 가르쳐 줄 수 없었다. 또는: 진리를 알지 못했다는 것으로부터 유래하는 불안은 그의 개념들을 정돈하는 것으로는 그에게서 제거될 수 없었다.

다른 불안과 불명료성은 "여기서 뭔가가 맞지 않는다"란 말에 의해 특징지어지며, 그 해결은 다음(의 말)에 의해 특징지어진다: "아하 그래, 당신은

---

[a] 언어적

그 증기 기관을 뜻하지 않는구나"나―또 다른 경우에는―"…… 당신은 증기 기관으로 단지 피스톤 기관만을 뜻하지 않는구나."

철학의 작업은 특정한 목적을 위해 기억들을 수집하는 것이다.

철학적 물음은 특정한 사회의 체제에 대한 물음과 비슷하다. ―그리고 그것은 가령, 마치 어떤 사회가 명확히 성문화된 규칙들 없이 모였으나 그러한 것에 대한 욕구는 지니는 것과 같을 것이다; 실로, 그들은 자신들의 회합에서 어떤 규칙들을 엄수하는ᵃ 본능도 지닌다. 다만, 이것은 여기에 관해서는 아무것도 명료하게 진술된 게 없고 그 규칙들을 명료하게 드러나게 하는ᵇ 어떠한 장치도 준비되어 있지 않다는 점 때문에 어려워진다. 가령 그들은 사실상 그들 가운데 어떤 한 사람을 대통령으로 간주하지만, 그는 탁자의 윗자리에 앉지 않으며, 어떤 것으로도 식별되지 않으며, 그것이 협의를 어렵게 만든다. 그런 까닭에 우리가 와서 하나의 명료한 질서를 만들어 낸다: 우리는 대통령을 쉽게 식별할 수 있는 자리에 앉히며, 그의 비서는 그 곁에 있는 작은 탁자에 앉히고, 나머지 동등한 구성원들은 탁자의 양쪽에 2열로 앉히는 등등의 일을 한다.

철학에서 "예를 들어, 실체란 **무엇인가?**"라고 물을 때, 우리들은 어떤 규칙을 요구하고 있다. "실체"라는 낱말에 **적용되는**, 즉 그것에 따라 내가 놀이하려고 결심한 어떤 일반적 규칙을 말이다. ―나는 이렇게 말하고 싶다. 즉 "……은 무엇인가"라는 그 물음은 특수한―실천적―경우에 관계되지 않고, 우리는 그 물음을 우리의 책상 머리맡에서 묻는다고 말이다. 그저 동

ᵃ 준수하는 ᵇ 명백하게 만드는

일률의 경우를 상기해 보라, 그러면 당신은 철학적 난점을 처리할 적에 탐구의 대상(동일성)에 관한 새로운 진리들의 진술이 중요하지 않다는 것을 볼 수 있을 것이다.

난점은 단지[16], 규칙을 확정하는 것이 우리에게 무엇을 도와주느냐를 이해하는 데 놓여 있다. 우리가 그렇게 심하게[17] 불안해진 다음에, 어째서 그것이 우리를 진정시키는가 말이다. 우리를 진정시키는 것은 명백히, 우리를 언제나 불안하게 해 왔고, 그것을 가지고 우리가 아무것도 시작할 줄을 몰랐고, 그럼에도 불구하고 우리가 존경해야 한다고 믿었던 그런 구성물을 (체계적으로) 배제하는 어떤 체계를 우리가 본다는 것이다. 그러한 문법적 규칙의 확정은 이런 점에서 물리학에서 어떤 설명의 발견과—예를 들면 코페르니쿠스 체계의 발견과—같지 않은가? 하나의 유사성이 존재한다. — 철학적 불안과 그것의 해결에서 이상한 것은, 그것이 무거운 공을 떠받치고서 신음하고 있는, 그리고 어떤 사람이 그에게 "그걸 내려놓게나" 하고 말함으로써 구제해 주는, 고행자의 고뇌처럼 있다는 것이라고 보일지도 모른다. 다음과 같은 물음이 제기된다: 이 문장들이 당신을 불안하게 한다면, 당신이 그것들 가지고는 아무것도 시작할 줄을 모른다면, 왜 당신은 그것들을 이전에 이미 내려놓지 않았는가? 무엇이 거기서 당신을 방해했는가? 자, 내가 믿기에 그것은 그가 순응해야 한다고 믿은 (등등의) 그 잘못된 체계였다.[18]

(우리가 유일무이한 것으로 간주한 하나의 경우를 다른 비슷한 경우들과 나란히 둘 수 있을 때 등장하는 특별한 위안은, 하나의 낱말이 단지 하나의

---

16 육필 선택지: 이제.
17 육필 선택지: 깊이.
18 이 소견 끝에 다음이 육필로 덧붙여져 있다: 암탉과 분필로 그린 선.

의미(또는 단지 두 개의 의미)를 지니지 않고 상이한 다섯이나 여섯 개(의 의미들)로 쓰인다는 것을 우리가 보여 줄 때, 우리의 탐구에서 되풀이해서 나타난다.)

철학적 문제들은 특정한 낱말이나 특정한 수(數)를 맞춤으로써 열리는, 그래서 바로 이 낱말을 맞추기 전에는 어떠한 힘도 그 문을 열 수 없고, 맞추면 아무 어린아이라도 열 수 있는ᵃ 금고 자물쇠들과 비교될 수 있다.

일목요연한 묘사란 개념은 우리에게 근본적인 의미가 있다. 그것은 우리의 묘사 형식을, 우리가 사물들을 보는 방식을 지칭한다. (외견상 우리 시대에 전형적인, 일종의 '세계관'. 슈펭글러.)[19]

이 일목요연한 묘사가 이해를ᵇ 성사시키며, 이해란 다름 아니라 우리가 "연관들을 본다"는 데 있다. 그런 까닭에 **중간 고리들의 발견의**ᶜ 중요성.[20]

문법이 완전히 명백하게 된 문장은 완전히 논리적으로 분석되어 있다. 그것은 어떤 표현 방식으로건 간에 씌어 있거나 말해져 있을 것이다.

우리의 문법에는 무엇보다도 **일목요연성이** 결여되어 있다.[21]

철학은 언어의 실제적ᵈ 쓰임을ᵉ 어떤 방식으로도 침해해서는 안 된다; 철

---

a ……맞추면, 그 문을//그것을// 열기 위해 어떠한 종류의 애도 쓸 필요가 없는 b 상호이해를 c 중간 고리들의 d 사실적 e 철학은 실제로 말해진 것을
19 (옮긴이주)《철학적 탐구》§122 참조.
20 (옮긴이주) 같은 곳 참조.
21 (옮긴이주) 같은 곳 참조.

학은 그것을ᵃ 그러니까 결국 단지 기술할 수 있을 뿐이다.[22]

왜냐하면 철학은 그것에 근거를 댈 수도 없기 때문이다.[23]

철학은 모든 것을 있는 그대로 놓아둔다.

철학은 수학도 역시 있는 그대로(지금 있는 대로) 놓아둔다; 그리고 어떠한 수학적 발견도 철학을 진척시킬 수 없다.

"수리 논리학의 주된 문제"(램지[24])는 다른 모든 문제처럼 수학의 한 문제이다.[25]

(우리의 구조물에는 비유가 들어 있다; 그러나 우리는 또한 그것으로부터도 아무런 귀결들을 끌어낼 수 없다; 그것은 우리를 그것 자체 너머로 이끌어 주지 않고, 비유로서 머물러 있어야 한다. 우리는 그것으로부터 아무런 결론들을 끌어낼 수 없다. 우리가 문장을 그림—여기서 우리가 '그림'으로 이해하는 것은 이미 이전에ᵇ 우리 안에 확정되어 놓여 있어야 한다—과 비교할 때나 언어의 적용을 가령 곱하기 계산법의 적용과 비교할 때와 마찬가지로 말이다.

철학은 정녕 모든 것을 단지 내놓을 뿐이고 아무것도 설명하고 추론하지 않는다.[26])

---

a 쓰임을 b 사전에

22 (옮긴이주)《철학적 탐구》§124 참조.

23 (옮긴이주) 같은 곳 참조.

24 (옮긴이주) 램지(Frank P. Ramsey, 1903~1930): 영국 케임브리지의 수학자이자 철학자. C. K. 옥덴의 이름으로 번역된《논리-철학 논고》의 최초의 영어 번역에서 실질적인 역할을 했고 또《논고》에 대한 비판적 서평을 썼다. 논문집으로 *Foundations of Mathematics and Other Logical Essays*(1931)가 있다.

25 (옮긴이주)《철학적 탐구》§124 참조.

26 (옮긴이주)《철학적 탐구》§126 참조.

모든 것이 숨김없이 드러나 있으므로, 설명할 것이 아무것도 없기도 하다. 왜냐하면 혹시 숨겨져 있는 것은ᵃ 우리의 관심사가 아니기 때문이다.[27]

부정의 설명을 요구하는 물음에 대한 대답은 실제로, "도대체 당신은 그걸 이해하지 못하는가?"이다. 자, 당신이 그것을 이해한다면, 무엇이 아직도 설명할 것이 있는가? 거기서 아직도 설명이 무슨 할 일이 있는가?

설명이 무엇을 뜻하는지 우리는 알아야 한다. 논리학에서 이 낱말을 물리학으로부터 얻어진 뜻으로 사용하고자 하는 항구적 위험이 존재한다.

방법론이 측정에 관해 말할 때, 그것은 우리가 이러이러한 결과를 성취하기 위해서는 가령 어떤 재료로 자를 만들어야 가장 유리한지를 말하지 않는다; 비록 이것도 역시 측정의 방법에 속하기는 하지만 말이다. 오히려 이탐구는 단순히, 어떤 상황에서 우리가 길이, 전류의 세기 등등이 측정되었다고 말하는가 하는 데 관심이 있다. 그것은 우리가 이미 사용한, 그리고 익숙한 방법들을 일람표로 만듦으로써 "길이", "전류의 세기" 등의 말의 의미를 확정하고자 한다.)

철학에서 논제들을 수립하고자 한다면, 그것들에 관해서는 결코 토론이 이루어질 수 없을 것이다. 왜냐하면 그것들에 대해서는 모두가 동의할 것이기 때문이다.[28]

철학을 배운다는 것은 실제로 상기한다는 것이다. 우리는 우리가 말을 실

ᵃ 혹시 숨김없이 드러나 있지 않은 것은
27 (옮긴이주) 《철학적 탐구》 §126 참조.
28 (옮긴이주) 《철학적 탐구》 §128 참조.

제로 이러한 방식으로 사용해 왔다는 것을 상기한다.

철학적으로 가장 중요한 언어의[a] 측면들은 그것들의 단순성과 일상성으로 인하여 숨겨져 있다.
(그것은 언제나 (숨김없이) 우리들 눈앞에 있기 때문에, 우리들은 그것을 알아차릴 수 없다.)[29]

사람에게 자신의 탐구의 본래적인 기초들은 전혀 눈에 띄지 않는다. 이 점이 언젠가 그의 눈에 띄지[b] 않는다면 말이다. (프레이저 등등.)
그리고 그것이 뜻하는 바는, 가장 눈에 띄는 것(가장 강력한 것)이 그의 눈에 띄지 않는다는 것이다.[30]

(철학에 대한 가장 큰 장애물 중 하나는 새로운, 전대미문의[c] 해명들을 기대하는 것이다.)

철학은 또한 모든 새로운 발견과 발명에 앞서 가능한[d] 것이라고 일컬어질 수 있을 것이다.[31]

그것은 또한 내가 "문장"이란 변항에 대해 아무런 설명도 줄 수 없다는 것과 관계있음이 틀림없다. 이 논리적 개념, 이 변항이 "실재" 또는 "세계"라는 개념과 같은 등급이어야 한다는 것은 분명하다.

---

a 사물들의 b 의식에 와 닿지 c 깊은 d 현존하는
29 (옮긴이주) 《철학적 탐구》 §129 참조.
30 (옮긴이주) 같은 곳 참조.
31 (옮긴이주) 《철학적 탐구》 §126 참조.

어떤 사람이 '삶의 문제'에 대한 해결을 발견했다고 믿고, 이제 모든 것은 아주 쉽다고 자신에게 말하고자 한다면, 그는 단지 다음과 같은 점을 기억하기만 하면 자신이 반박됨을 알 수 있을 것이다. 즉 이 '해결'이 발견되지 않은 시대가 있었다는 것; 그러나 그 시대에도 사람들은 살 수 있었음이 틀림없고, 그 시대에 비추어 보면 그 발견된 해결은 우연처럼ª 보인다는 것 말이다. 그리고 이는 논리학에서도 마찬가지이다. 만약 논리적(철학적) 문제들에 대한 하나의 '해결'이 존재한다면, 우리는 우리 자신에게 단지 다음과 같이 훈계해야 할 것이다. 즉 그것들은 실로 한때 해결되어 있지 않았다고 (그리고 또한 그때도 사람들은 살고 생각할 수 있었음이 틀림없다고) 말이다.ㅡㅡㅡ32

모든 숙고는 내가 이전 시기에 했던 것보다 훨씬 더 평범하게 행해질 수 있다. 그리고 그 때문에 또한 철학에서는 어떠한 새로운 낱말들도 적용될 필요가 없고, 오래된 낱말들이면 충분하다.ᵇ

(우리의 과제는 단지, 정의롭게 되는 것이다. 즉 우리는 단지 철학의 불의들을 제시해 보이고 해결해야 한다; 그러나 새로운 당파들ㅡ신조들ㅡ을 수립해서는 안 된다.)

(철학에서 과장하지 않기는 어렵다.)

(철학자가 혼돈의 핵심을 아직 발견하지 못한 한, 철학자는 과장한다, 말하자면 무력해서 외친다.)

---

a 우연같이 b 언어의 오래된, 통상적인 낱말들이면 충분하다.
32 (옮긴이주) 《문화와 가치》 MS 108 207: 1930.6.29 참조.

철학적 문제는 우리의 개념들에서의 무질서에 대한 하나의 의식이며, 그 것들을 정돈함으로써 제거될 수 있다.

철학적 문제는 언제나 다음과 같은 형식을 하고 있다 : "나는 단적으로 길을 모르겠다."

내가 철학에 종사하는 바로는, 어떤 불안들ᵃ이 사라지도록 표현을 형성하는 것이 철학의 전적인 과제이다. ((헤르츠.³³))

내가 옳다면, 다른 모든 문제들과 대조적으로 철학적 문제들은 실제로 남김없이 해결될 수 있어야 한다.

여기서 우리는 언어의 한계에 있다고 내가 말한다면, 그것은 언제나 마치 여기서 어떤 체념이 필요하기나 한 듯이 들린다.ᵇ 하지만 반대로, 완전한 만족이 생긴다. 왜냐하면 **아무런 물음도 남아 있지 않으므로.**

문제들은 본래적인 뜻에서 풀린다―물속의 한 조각 설탕같이 말이다.

| 자신들의 논증의 투명성에 대해 아무런 욕구도 없는 사람들은 철학을 위해서는 무익하다. |

ᵃ 문제들 ᵇ 보인다

33 (옮긴이주) 헤르츠(H. R. Hertz, 1857~1894): 독일의 물리학자. 그의 주저 《역학의 원리》에서 헤르츠는 힘의 본성에 관한 물음은 '힘'이란 개념을 사용하지 않고 뉴턴 물리학을 재기술함으로써 해소된다고 말한다. 그것은 '힘이란 무엇인가?'에 대한 직접적인 대답을 주는 것은 아니지만, "우리의 마음은, 더 이상 당혹스러워하지 않은 채, 불합리한 물음들을 제기하는 것을 그만둘 것이다"(서문)라고 말한다. 비트겐슈타인은 이러한 헤르츠의 방책을 철학적 혼란들에 대한 해결책의 완전한 모델로 간주했다.

90

철학.
언어 사용의 명료화. 언어의 덫들.

철학이 그처럼 복잡한 구조ª인 것은 어째서인가? 그것이 당신이 주장하는 바처럼 궁극적인 것, 모든 경험으로부터 독립적인 것이라면, 그것은 전적으로 단순해야 마땅할 것이다. ─철학은 우리의 사유에서의 매듭들을 푼다 ; 그런 까닭에 그것의 결과는 단순해야 하지만, 그것의 활동은 그것이 푸는 매듭들만큼 복잡해야 한다.[34]

리히텐베르크[35] : "우리의 전(全) 철학은 언어 사용의 교정(矯正)이다 ; 그러니까, 철학의, 그것도 가장 일반적 철학의 교정이다."

(철학의 능력[36]은 문법의 사실로부터 강력하고 영속적인 인상을 받아들이는 능력[37]에 있다.[38])[39]

왜 문법적 문제들은 그렇게 단단하고 외견상 근절하기 어려운가─왜냐하면 그것들은 가장 오래된 사유 습관들과, 즉 우리의 언어 자체 속에 각인

---

a 구성
34 (옮긴이주) 《쪽지》 §452 참조.
35 (옮긴이주) 리히텐베르크(Georg Christoph Lichtenberg, 1742~1799): 독일의 물리학자이자 문화예술 비평가이자 사상가.
36 육필 선택지(밑줄이 잔물결 모양으로 그어져 있음): 재능.
37 육필 선택지(아무 밑줄 없음): 감수성.
38 육필 선택지(밑줄이 잔물결 모양으로 그어져 있음): 놓여 있다.
39 여백에 다음과 같은 육필이 있다: '농담', '깊이'를 위해.

된 가장 오래된 그림들과 연관되어 있기 때문이다. ((리히텐베르크.))

  |철학을 가르치는 것은 만일 학생이 강과 산맥들ª의 행로와 연관에 관해 다수의 잘못된 그리고 잘못 단순화된ᵇ 표상들을 지니고 온다면 지리학에서의 가르침이 가질 어마어마한 난점과 동일한 난점을 가지고 있다. |

  |사람들은 철학적인, 즉 문법적인 혼란들 속에 깊이 파묻혀 있다. 그리고 그것들로부터 그들을 해방하는 것은, 그들이 붙잡혀 있는 엄청나게 잡다한 연결들로부터 그들을 벗어나게 하는 것을 전제한다. 말하자면 그들의 언어 전체가 재편성되어야 한다. —그러나 이 언어는 실로 사람들이 **그렇게** 생각하는 경향을 지녔기—그리고 지니고 있기—때문에 그렇게 된ᶜ 것이다. 그런 까닭에 그러한 벗어남은 그 언어에 대한 본능적 불만ᵈ 속에 사는 사람들에게서만 가능하다. 이 언어를 자신들의 본래적 표현으로서 창조한 그 무리들 속에서 전적인 본능에 따라 살고 있는 사람들에게서는 가능하지 않다. |

  언어는 모든 사람들에 대해 같은 덫들을 준비해 놓고 있다; 잘 보존된ᵉ 미로들의 어마어마한 그물을. 그리고 그래서 우리는 말하자면 한 사람씩 같은 길들을 가는 것을 보며, 그가 지금 어디에서 길을 꺾을지, 어디에서 분기점을 알아채지 못하고 곧바로 계속 갈지 등등을 이미 안다. 그러니까 나는 잘못된 길들이 분기하는 모든 장소에다 그 위험한 지점들을 극복하게 도와주는 표지판들을 세워야 할 것이다.[40]

---

a 강줄기들과 산맥들 b 그리고 너무 단순한 c 생긴 d 반항 e 통행 가능한 (* 원고에는 이 말이 'gangbarer'가 아니라 'ganzbarer'로 잘못 적혀 있다.)
40 (옮긴이주)《문화와 가치》MS 112 231: 1931.11.22 참조.

철학이란 본래 아무런 진보도 하지 못한다고, 그리스인들이 몰두하였던 문제들이 아직도 우리를 사로잡고 있다고 하는 소견을 우리들은 되풀이해서 듣는다. 그러나 그렇게 말하는 이들은 왜 그게 그래야 하는지ª 그 까닭을 이해하지는 못한다. 그러나 그 까닭이란, 우리의 언어가 동일하게 남아 있으며 우리를 언제나 되풀이해서 동일한 문제로 유인한다는 것이다. '먹다'와 '마시다'처럼 기능하는 것으로 보이는 '있다(sein)'란 동사가 존재하는 한 '동일한', '참된', '거짓된', '가능한'이란 형용사들이 존재하는 한, 시간의 흐름과 공간의 팽창에 관한 이야기가 있는 한 (기타 등등), 인간들은 똑같은 수수께끼 같은 난점들에 되풀이해서 부딪힐 것이며, 어떠한 설명으로도 떼어버릴 수 없는 것으로 보이는 무엇인가를 계속 응시하게 될 것이다.

그리고 이것은 더욱이 초험적인 것ᵇ에 대한 갈망을 만족시킨다. 왜냐하면 "인간 지성의 한계"를 본다고 믿음으로써 사람들은 자연히, 그것을 넘어서서 볼 수 있다고 믿기 때문이다.⁴¹

나는 다음과 같은 글을 읽는다: "…… 철학자들은 '실재'의 의미에 플라톤이 도달한 것보다 더 가까이 접근해 있지 않다……." 얼마나 이상한 상황인가. 플라톤이 도대체 그렇게 멀리 도달할 수 있었다는 것은 얼마나 놀라운가! 또는, 우리가 그리 멀리 나아갈 수가 없었다는 것은! 그건 플라톤이 그렇게 명민하였기 때문인가?⁴²

논리적 고찰들에서 우리가 되풀이해서 처하게 되는 갈등은 서로 다음과 같은 계약을 체결한 두 인물 간의 갈등과 같다. 즉 그 계약의 최종적 작성은

---

a 그러한지 b 초-현세적인 것
41 (옮긴이주) 《문화와 가치》 MS 111 133: 1931.8.24 참조.
42 (옮긴이주) 같은 곳 참조.

쉽게 오해될 수 있는 말로 기록된 반면 이 작성된 표현들에 대한 주석들은 모든 것을 오해의 여지가 없는 방식으로 설명하고 있다. 그런데 그 두 인물 중 하나는 기억력이 짧아 그 주석들을 되풀이해서 잊어버리고, 계약의 규정들을 오해하며 계속해서 난점들에 빠져 든다.ᵃ 다른 한 사람은 계약에 있는 주석들을 늘 새로이 상기시키고 난점을 제거한다.

하나의 낱말이 실제로 두 개의 아주 다른 의미를 지닐 수 있다ᵇ는 것을 믿는 것(또는 깨닫는 것)이 어린아이들에게 얼마나 어려운가를 기억하라.

철학의 목표는 언어가 어떻든 끝나는 곳에 울타리를 세우는 것이다.

철학의 결과들은 지성이 언어의 한계로ᶜ 달려가 들이받을 적에 얻은 그 어떤 뻔한 무의미와 혹들의 발견이다. 그 혹들은 그 발견의 가치를 우리에게 인식시켜ᵈ 준다.⁴³

우리의 탐구는 어떤 종류의 것인가? 나는 내가 예들로 인용하는 경우들의 개연성을 탐구하고 있는가? 아니면 그것들의 사실성을? 아니다, 나는 단지 가능한 것을 인용할 뿐이며, 그러니까 문법적인 예들을 주고 있는 것이다.

철학은 명제들 속에서가 아니라 언어 속에서 간직된다.

법칙들은 그것들이 위반될 때만ᵉ 관심을 획득하듯이, 어떤 문법적 규칙들은 철학자들이 그것들을 위반했으면 할 때 비로소 관심을 획득한다.

---

a 난점들에 든다 b 지니고 있다 c 끝으로 d 이해시켜 e 그것들을 위반하는 경향이 있을 때만
43 (옮긴이주) 《철학적 탐구》 §119 참조.

미개인들은 성문 규칙들이 없는, 규칙 목록들이 없는 놀이들(또는 어쨌든 우리가 그렇게 부르는 것)을 갖고 있다. 이제, 이 사람들이 사는 나라들을 여행하고 그들의 놀이에 대한 규칙 목록들을 작성하는 조사자의 활동을 생각해 보자. 그것이 철학자가 하는 일에 대한 완전한 유사물이다. ((그러나 왜 나는 다음과 같이 말하지 않는가: "미개인들은 성문화된 문법이 없는, ……언어들(또는 어쨌든 우리가 그렇게 부르는 것)을 갖고 있다.")) [44]

91

철학적 문제들은 실천적 삶 속에서는 우리에게 (가령 자연학의 문제들이 일어나는 것처럼) 전혀 일어나지 않고, 오히려 우리가 우리의 문장들을 형성할 적에 실천적 목적에 의해서가 아니라 언어에서의 어떤 유추(類推)들에 의해 이끌릴 때 비로소 일어난다.

세계의 본질에 속하는 것을 언어는 표현할 수 없다. 그런 까닭에 그것은 만물이 유전(流轉)한다고 말할 수 없다. 언어는 우리가 다르게도 표상할 수 있을 터인 것만을 말할 수 있다.

만물이 유전한다는 것은 언어와 실재의 접촉이 지니는 본질에 놓여 있음이 틀림없다. 또는 더 잘 표현하자면: 만물이 유전한다는 것은 언어의 본질에 놓여 있음이 틀림없다. 그리고 우리 이 점을 기억하자. 즉 통상적인 삶에서 그것은 우리 눈에 띄지 않는다―우리의 시야의 불분명한 가장자리들이 우리 눈에 띄지 않는 것처럼 말이다("왜냐하면 우리는 거기에 그만큼 익숙해져 있기 때문이다"라고 어떤 사람들은 말할 것이다). 어떻게, 어떤 경우

---

44 타자 원고에는 마지막 괄호가 빠져 있다.

에, 우리는 도대체 그것에 주목하게 된다고 믿는가? 그것은 우리가 시간의 문법에 어긋나게 문장들을 형성하고자 할 경우가 아닌가?

"만물은 유전한다"라고 어떤 사람이 말할 때, 우리는 본래적인 것, 본래적인 실재를 포착하는 것을 방해받았다고 느낀다. 스크린 위에서 일어나는 일은 바로 그것이 하나의 과정이기 때문에 우리에게서 미끄러져 달아난다. 그러나 우리는 그럼에도 어떤 것을 기술한다; 그런데 그것은 다른 과정인가? 그 기술은 여하튼 바로 스크린 위의 영상과 명백히 연관되어 있다. 우리의 무력감의 바닥에는 잘못된 그림이 놓여 있음이 틀림없다. 왜냐하면 우리가 기술하고자 할 수 있는 것을 우리는 기술할 수 있기 때문이다.

이 잘못된 그림이란, 우리가 영상을 파악할 시간이 없을 정도로 빨리 지나가는 필름 띠란 그림이 아닌가?

왜냐하면 이 경우 우리는 영상을 뒤쫓는 경향이 있을 터이기 때문이다. 그러나 실로 과정의 경과에는 그것과 유사한 어떤 것도 존재하지 않는다.

현상이 우리에게서 미끄러져 달아난다는 느낌, 현상이 부단히 흐른다고 하는 느낌을 우리가 통상적 삶 속에서는 결코 느끼지 않고, 우리가 철학을 할 때 비로소 느낀다는 것은 주목할 만하다. 그것은 여기서 문제 되는 것이 우리 언어의 잘못된 사용으로 인해 우리에게 암시되는 사고(思考)임을 시사하고 있다.

왜냐하면 그 느낌은, 현재가 과거 속으로 사라지는데 우리는 그것을 방해할 수도 없다고 하는 것이기 때문이다. 그리고 여기서 우리는 명백히, 끊임없이 우리 곁을 지나가는, 그리고 우리가 저지할 수 없는 따라고 하는 그림을 이용하고 있다. 그러나 물론 그 그림이 오용되어 있다는 것은 똑같이 분명하다. "시간"으로 변화의 가능성을 뜻한다면, 우리들은 "시간이 흐른다"라고 말할 수 없다.

우리가 주위를 둘러볼 때, 공간 속에서 주위를 둘러볼 때, 우리 자신의 신체를 느낄 때 등등에서 우리의 이목을 끄는 것이 아무것도 없다는 것은, 우리에게 바로 이 사물들이 얼마나 자연스러운가 하는 것을 보여 준다. 우리가 공간을 원근법적으로 본다는 것, 또는 시각 상이 가장자리 쪽으로 가면 그 어떤 뜻에서 불명료하다는 것을 우리는 지각하지 않는다. 그것은 결코 우리 눈에 띄지 않으며 띌 수도 없다. 왜냐하면 그것은 지각의 유일한 방식이기 때문이다. 우리는 그것에 관해 숙고하지 않으며, 그것에 관해 숙고하는 것은 불가능하다. 왜냐하면 우리의 세계의 형식에 대해서는 어떠한 대립도 존재하지 않기 때문이다.

우리의 표상들이 아니라 오직 사물들에만 실재를 부여하는 사람들이 표상의 세계에서 그처럼 자명하게 움직이고, 거기서부터 벗어나기를 결코 동경하지 않는다는 것은 주목할 만하다고 나는 말하고 싶었다.

즉, 주어진 것은 어쨌든 얼마나 자명한가. 만약 그것이 비스듬한 각도에서 찍힌 작은 사진이라면 괴이하기 짝이 없을 것이다.

이 자명한 것, 즉 삶은 우연적인, 부차적인 어떤 것이라고들 한다; 그에 반해서 내가 보통은 결코 고심하지 않는 것은 본래적이라고들 하고!

즉, 우리들이 그 너머로는 갈 수가 없고, 가려고 원하지도 않는 것은 세계가 아니리라.

세계를 언어로 한계 짓고 부각하려는 시도가 되풀이해서 존재한다—그러나 그런 시도는 가능하지 않다. 세계의 자명성은, 언어가 오직 세계를 의미하고 또 오직 세계만을 의미할 수 있다는 바로 그 점에서 표현된다.

왜냐하면 언어는 그것의 의미 방식을 그것의 의미로부터, 세계로부터 비로소 얻으므로, 이 세계를 묘사하지 않는 언어는 생각될 수 없기 때문이다.

철학의 이론들과 분쟁들에서 우리는 우리가 일상적 삶으로부터 그 의미들을 잘 알고 있는 말들이 초–물리적인 뜻으로 적용된 것을 발견한다.

철학자들이 어떤 낱말을 사용하며 그것의 의미를 탐구할 때, 우리들은 언제나 이렇게 자문해 보아야 한다: 대체 이 낱말은 그것이 창조된[a] 언어에서 실제로 늘 그렇게 사용되는가?

그러면 우리는 대부분, 그게 그렇지가 않다는 것, 그리고 그 낱말이 그것의 정상적 문법에 반하여[b] 사용된다는 것을 발견한다. ("앎", "존재", "사물".)[45]

(철학자들은 종종, 연필을 가지고 종이 위에다 임의의[46] 선을 그어 대고 난 다음[c] "이것은 뭐예요?" 하고 어른들에게 묻는 작은 어린아이들 같다.[47] —일은 이렇게 일어났다: 어른이 아이에게 무엇인가를 자주 그려 보이고는, "이것은 사람이야", "이것은 집이야" 하는 따위를 말하였다. 그런데 이제 그 아이도 역시 선을 긋고는 묻는다: 그럼 이것은 뭐예요?)[48]

---

a 그것을 창조한 b 어긋나게 c 그어 대고는
45 (옮긴이주) 《철학적 탐구》 §116 참조.
46 육필 선택지: 그 어떤.
47 육필 선택지: 〈철학자들〉은 종종 작은 어린아이들처럼 군다.
48 (옮긴이주) 《문화와 가치》 MS 112 114: 1931.10.27 참조.

철학에서의 방법
조용한 진보의 가능성

본래적인 발견은, 내가 원할 때 내가 철학하는 것을 그만둘 수 있게 해
주는 것이다.

철학을 조용히 쉽게 해 주는 것, 그래서 철학이 더는 **자기 자신**을 문제로
삼는 물음들에 의해서 채찍질 당하지 않도록[a] 하는 것이다.

그 대신 이제는 예들을 통해 어떤 하나의 방법이 제시된다; 그리고 이러
한 예들의 열은 중단될 수 있다.[49]

그러나 더 올바르게는 이러할 것이다: 하나의 문제가 아니라, 문제들이
해결된다(불안들이[b] 제거된다).[50]

철학에서의 불안은 철학자들이 철학을 요컨대 (유한한) 가로줄 무늬 대
신에 (무한한) 세로줄 무늬로 나뉘어 있다고 잘못 간주하기 때문에, 잘못 보
기 때문에 온다. 이렇게 도치된 파악이 **가장 큰** 난점을 만든다. 그들은 그러
니까 말하자면 무한한 줄무늬를 파악하려 하고, 이 일이[c] 토막토막 가능하
지 않다고 불평한다. 하나의 토막이라는 것으로 하나의 무한한 세로줄 무늬
를 이해한다면, 물론 가능하지 않다. 그러나 하나의 가로줄 무늬를 온전한,
명확한 토막으로서[d] 이해한다면, 가능하다. —그러나 그 경우 실로 우리는

---

a 않고 있도록 b 난점들이 c 그 일이 d 가로 줄무늬를 토막으로서
49 (옮긴이주)《철학적 탐구》§133 참조
50 (옮긴이주) 같은 곳 참조.

다시 우리의 작업을 결코 끝내지 못한다! 물론ª 못한다, 왜냐하면 그 일은 실로 끝이 없기 때문이다.[51]

(소란스러운 억측들과 설명들 대신 우리는 언어적 사실들의 조용한 확인을 원한다.ᵇ)[52]

우리는 전체 언어를 갈아 일구어야 한다.

(철학적 탐구를 해야 할[53] 때, 대부분의 사람들은 서랍 속의 대상을 극도로 신경질적으로 찾는 사람처럼 그 일을 행한다. 그는 종이들을 서랍 밖으로 내던진다—찾는 것이 그 속에 있을지 모른다—성급하고 부정확하게 나머지 종이들을 넘긴다. 몇몇 종이들을 다시 서랍 속으로 되던진다, 그것들을 다른 것들과 뒤섞어 놓는다, 등등. 그때 우리들이 그에게 해 줄 수 있는 말은 단지 다음과 같다: 멈추시오, 당신이 그렇게 찾는다면, 나는 당신이 찾는 것을 도울 수 없소. 우선 당신은 아주 차분하게 체계적으로 하나씩 하나씩 검사를 시작해야 하오. 그러면 나도 당신과 함께 찾고 그 방법에서도 당신을 따를 용의가 있소.)

---

a 확실히 b 언어적 사실들에 관한 조용한 진술들을/음미를//확언들을// 하고자 한다.
51 (옮긴이주) 《쪽지》(*Zettel*) §447 참조. 그곳에서는 마지막 문장 앞에 '—'가 그어져 있는데(이는 마지막 문장이 그 앞 문장에 대한 대응임을 나타낸다), 여기서도 그렇게 이해하는 것이 좋을 것이다.
52 (옮긴이주) 《쪽지》 §447 참조.
53 원고가 불분명하다; '하고자 할'로 읽을 수도 있다.

93

우리의 언어 형식들에 들어 있는 신화들. ((파울 에른스트.[54]))

오래된 제의(祭儀)들 속에서 우리는 극도로 발전된 몸짓 언어의 쓰임을 본다.

그리고 내가 프레이저(Frazer)를 읽을 때, 나는 도처에서 다음과 같이 말했으면 한다: 이 모든 과정들, 이러한 의미 변환들을 우리는 아직도 우리의 낱말 언어에서 가지고 있다. 마지막 볏단 속에 숨겨진 것이 '곡식 늑대(Cornwolf)'라고 불린다면, 그러나 또한 이 볏단 자체와 그것을 묶는 사람도 역시 그렇게 불린다면, 이 속에서 우리는 우리에게 잘 알려진 언어적 과정을 인식한다.[55]

사람이 자기의 죄를 올려놓으면 그것과 함께 황야로 달려나가는 속죄양, ─철학적인 오류들을 야기하는 그림들과 비슷한 하나의 잘못된 그림.

나는 이렇게 말했으면 한다: 이 사람들의 견해들을 기술하기 위해 프레이저가 "유령"이나 "망령"과 같이 그와 우리에게 매우 친숙한 낱말을 준비해 가지고 있다는 것보다 저 미개인들과 우리의 근친성을 더 잘 보여 주는 것은 아무것도 없다.

(이것은 그가 가령, 미개인들은 적을 한 명 때려죽였을 때 그들의 머리가

---

54 (옮긴이주) 파울 에른스트(Paul Ernst, 1866~1933): 독일의 작가이자 비평가. 비트겐슈타인의 제자 러시 리스에 따르면, 비트겐슈타인은 "우리 언어에 있는 신화"라는 표현을 에른스트가 그림형제의 동화집에 쓴 서문에서 취했다고 말했다고 한다. G. Hallet, *A Companion to Wittgenstein's 'Philosophical Investigations'*(Ithaca, 1977), p.763 참조.
55 (옮긴이주) 앞의 "프레이저의 《황금 가지》에 관한 소견들" 참조

떨어진다고 상상했다ᵃ고 기술한 경우와는 조금 다르다. 여기서 우리의 기술은 어떠한 미신적인 것이나 주술적인 것도 지니고 있지 않을 것이다.)

그렇다, 이 기묘함은 단지 "유령"과 "망령"이란 표현들에만 관계되지 않는다. 그리고 우리가 "영혼", "정신"이란 낱말을 우리 자신의 교양 있는 어휘로 꼽는다는 것에 대해서는 야단법석을 떠는 일이 너무나 적다. 그것에 비하면, 우리의 영혼이 먹고 마신다고 우리가 믿지 않는다는 것은 하찮은 것이다.[56]

우리의 언어 속에는 전적인 신화가 간직되어 있다.[57]

죽음의 축출 또는 죽음의 살해 ; 그러나 다른 한편으로 죽음은 해골로서, 그러니까 어떤 뜻에서는 그 자체가 죽은 것으로서 묘사된다. "죽음처럼 죽은". '어떤 것도 죽음처럼 죽지 않았다 ; 어떤 것도 아름다움 자체처럼 아름답지 않다!' 여기서 우리들이 실재를 생각할 때 따르고 있는 그림은, 아름다움, 죽음 등은 순수한(농축된) 실체들ᵇ인 반면 아름다운 대상 속에서는 그것들이 혼합물로서 존재한다는 것이다. ―그리고 여기서 나는 '대상'과 '복합체'에 관한 나 자신의 고찰들을 인식하지 않는가? (플라톤.)[58]

우리 언어의 원초적 형식들 : 명사, 형용사, 동사가 보여 주는 단순한 그림의 형식으로 우리 언어는 모든 것을 몰아넣으려고 애쓴다.

---

a 상상한다 b 실체
56 옮긴이주) 같은 곳 참조.
57(옮긴이주) 같은 곳 참조.
58 (옮긴이주) 같은 곳 참조.

영혼을 우리의 머릿속에 있는 하나의 **사물**, 하나의 **물체**로 상상하는 한, 이 가설은 위험하지 **않다**. 위험은 우리의 모형들의 불완전성과 조야함에 있는 게 아니라 그것들의 불명료성(뚜렷하지 않음)에 있다.

위험은, 오래된 모형이 충분하지 않다는 것을 우리가 알아채지만, 그러나 이제 그것을 바꾸지는 않고 말하자면 단지 승화시킬 때 시작된다. 사고가 내 머릿속에 있다고 내가 말하는 한, 모든 것은 정상이다 ; 사고가 내 머릿속이 아니라 내 정신 속에 있다고 우리가 말하면 위험해진다.

5
"사적 경험"과 "감각 자료"에 관한
강의를 위한 노트[1]

(우리가 철학을 할 때,) 두려움의 경험은 깜짝 놀람의 경험 배후에 있는 무정형의 경험인 것으로 보인다.

내가 말하고 싶은 것은, "두려움"이라는 낱말이 두려움을 표현하는 경험

---

1 (옮긴이주) 비트겐슈타인은 1935~1936년 동안 "사적 경험"과 "감각 자료"에 관한 강의를 했는데, 이 노트는 그 강의와 관련하여 1934년 말 또는 1935년 초부터 1936년 3월까지 작성된 것으로 여겨지고 있다. 현재 유고 번호 MSS 148, 149, 151로 이루어져 있는 이 노트의 일부는 러시 리스에 의해 1968년에 《철학 리뷰》(*The Philosophical Review*)지 77권 pp.275~320에 공개된 바 있다. 본 번역은 *Philosophical Occasions*에 실린 텍스트에 의거했는데, 여기에는 이 노트들 가운데 이 강의 내용과 분리될 수 있는 수리철학에 관한 긴 두 논의를 제외한 거의 모든 부분이 수록되었다. 노트들은 주로 영어로 쓰였고 독일어로 쓰인 것들이 일부 있으나 이 번역에서 그것들을 구별하여 밝히지는 않았다. 그리고 영어의 'you'는 '여러분'이 아니라 '당신'으로 번역했는데, 이는 비트겐슈타인이 독일어로 쓴 부분에서는 (그의 다른 많은 글들에서와 마찬가지로) 'Du'라고 단수형으로 표현하고 있기 때문이다. 즉 이 글은 강의 노트이자 동시에 비트겐슈타인의 그때그때의 새로운 사유의 기록이기도 한 것이다.

과 동행하는 어떤 것을 표시한다고 말하는 것은 사람을 오도할 수 있다는 것이다.

여기에 다시, 무엇이 일어나는가를 보려고 우리가 실제로 노력할 때 우리가 말하는 것과 우리가 (언어의 고삐를 풀어놓으면서) 그것에 관해 생각할 때 우리가 말하는 것 사이의 차이라는 기묘한 경우가 존재한다.

"멍한" 눈초리, 꿈꾸는 듯한 목소리, —이것은 진정한 내적 감정을 전달하기 위한 단지 수단일 뿐인 것처럼 보인다.

"그러므로 다른 어떤 것이 존재해야 한다"는, 어떤 표현 양식을 사용하려는 결의를 표현하고 있지 않다면, 아무것도 뜻하지 않는다.

음악이 당신에게 주는 느낌을 음악을 듣기로부터 분리하려고 당신이 애쓰고 있다고 상상해 보라.

"오랜 옛날에—", "오래전 일이다—"라고 말하고 뜻하라, 그리고 이제 이 말들 대신에 더 많은 음절을 지닌 새로운 낱말들을 집어넣고 그 낱말들에 같은 의미를 집어넣으려고 할 수 있는지 시도해 보라. 계사 대신에 매우 긴 낱말, 이를테면 "칼라마주(Kalamazoo)"를 집어넣어 보라.

Puella, Poeta.[2] a에 '부착된' "남성적인' 그리고 '여성적인' 느낌."

---

2 'Puella', 'Poeta': 각각 '소녀', '시인'을 뜻하는 라틴어 여성 명사와 남성 명사.

내가 기술할 수 있을 어떠한 사건에도, 거기에 이르는 두 개의 (또는 그 이상의) 길이 있지 않은가?

우리는 '이 몸짓을 하는 것이 다는 아니다'라고 말한다. 첫 번째 대답은, 우리는 이 몸짓을 하기라는 **경험**에 관해 이야기하고 있다는 것이다. 두 번째는, 상이한 경험들이 같은 몸짓으로써 기술될 수 있다는 것은 참이지만, 그러나 하나는 순수한 것이고 다른 것들은 ……에 있다고 하는 뜻에서는 아니라는 것이다.

한 번은 어떤 소리의 특수한 음색을 듣고ª 다른 한 번은 그저 그 소리 자체만을 듣는다는 것은 어떤 것인가?

"나는 이 인상을 '파랗다'고 부른다".

'Poeta' 등에서의 정확한 경험이 도대체 어떻게 기술될 수 있는가?

철학적 문제는 이것이다 : "이 문제에서ᵇ 나를 곤혹스럽게 하는 것은 무엇인가?"

이름들을 주는 것은 사물들에 꼬리표를 다는 것이다 ; 그러나 어떻게 인상들에 꼬리표를 다는가?

눈(Auge)과 숲(Wald).³

ª 알아차리고 ᵇ 이 문제에 관해
3 (옮긴이주) PO에서는 '숲'이 '세계(Welt)'로 되어 있으나, 여기서는 시디롬 유고를 따랐다. 이렇게 해야 다음의 "남성적 α와 여성적 α"와 연결될 수 있을 것이다.

남성적 *a*와 여성적 *a*.[4]

특수한[a] 경험에 관해서 어떤 것들이 말해질 수 있을 뿐만 아니라, 기술될 수 없는 어떤 것이, 더구나 가장 본질적인 것이, 존재하는 것처럼 보인다.

우리들은 여기서, 특수한 인상이 명명된다고 말한다. 그런데 여기에는 뭔가 이상하고 문제성 있는 것이 있다. 왜냐하면 그것은 마치, 인상은 명명되기에는 너무나 에테르적인 어떤 것이라는 듯하기 때문이다. (어떤 여자의 부(富)와 결혼하다.)

당신은 종잡을 수 없는 인상을 받는다고 말한다. 나는 당신이 말하는 것을 의심하지 않는다. 그러나 나는 당신이 그것으로 뭔가를 말했는지를 묻고 있다. 즉 무엇 때문에 당신은 이 말을 했는가, 그리고 어떤 놀이에서?

그건 마치, 당신 내부에서 정확히 무엇이 일어나는지 당신이 나에게 말할 수는 없지만, 그래도 그것에 관해 일반적인 어떤 것을 당신이 나에게 말할 수 있다는 것과 같다. 예를 들면, 더 이상 기술될 수 없는 어떤 인상을 당신이 받는다고 말함으로써.

말하자면: 그것에 관해 어떤 것이 더 **있다**, 단지 당신은 그것을 **말할 수 없을** 뿐이다; 당신은 단지 일반적인 진술을 할 수 있을 뿐이다.
우리를 엉망으로 만들어 놓는 것은 이러한 표현 형식[b]이다.

___

a 일정한 b 관념
4 (옮긴이주) 유고에는 이 문장 앞에 커다란 A(그러므로 남성적?)와 그 45도 오른쪽 아래에 그보다 작은 (그러므로 여성적?) A가 씌어 있다. (그러나 독일어에서 'Auge'는 중성, 'Wald'는 남성이다.)

"몸짓뿐만 아니라, 내가 기술할 수 없는 특수한 느낌이 존재한다." 이 말 대신에 당신은 이렇게 말할 수 있었을 것이다: "나는 당신에게 어떤 느낌을 지적하고자 애쓰고 있다"—이것은 나의 정보가 어떻게 사용되도록 뜻해졌는가를 보여 주는 하나의 문법적 소견일 것이다. 이것은 마치 내가 다음과 같이 말하는 것과 거의 비슷하다: "나는 이것을 'A'라고 부른다. 그리고 나는 당신에게 **색깔**을 지적하고 있지, 모양을 지적하고 있지 않다."

어떻게 우리들은 모양이 아니라 색깔을 지적할 수 있는가? 또는 치아가 아니라 치아의 느낌을 지적할 수 있는가? 등등.

우리들은 무엇을 "어떤 사람에게 느낌을 기술하기"라고 부르는가?

"모양에는 신경 쓰지 말고, —색깔을 바라보라!"

"당신이 ……을 기억한다고 말했을 때, 과거성의 느낌이 존재했는가?" '나는 하나도 모르겠다.'

어떻게 우리들은 수를 가리키고, 수에 주의를 끌고, 수를 **의미**하는가?

어떻게 나는 어떤 맛을 "레몬 맛"이라고 부르는가? 그 맛을 느끼면서 "나는 이 맛을 ……라고 부른다"라고 하는 말을 함으로써인가?

그리고 보통의 언어에서 사용될 수 있는 보통의 이름을 주지 않고서 내가 나 **자신의** 맛 경험에 이름을 줄 수 있는가?—"나는 내 느낌에 어떤 이름을 준다, 그 밖의 누구도 그 이름이 무엇을 의미하는지 알 수 없다."

한 노예가 나에게 어떤 것을 상기시켜야 하는데, 그가 나에게 무엇을 상기시켜야 하는지를 모를 수 있다.

나는 어떤 맛을 생각나게 하는 데 도움이 되는 낱말을 내 일기장에다 적어 놓는다.[5]

"나는 그 이름을 그 인상을 위해 직접 사용하지, 그 밖의 누군가가 그것을 이해할 수 있는 그런 식으로 사용하지 않는다."

자기 자신에게서 어떤 것을 사기. 어떤 것을 산다고 하는 공정(工程)들을 거치기.

내 오른손이 내 왼손에게 팔기.

느낌들—(사고(思考)들.) 전이(轉移).

어떤 색깔을 명명하는 한 가지 좋은 방식은, 상응하는 색깔의 잉크로 그 이름을 쓰는 것일 것이다.

'나는 그 느낌을 명명한다.'—이 일을 당신이 어떻게 하는지, 그 이름[a]을 당신이 어떻게 이용하는지, 나는 정말 모르겠다.

"나는 내가 바로 지금 지닌[b] 그 느낌에 이름을 주고 있다."—당신이 무엇을 하고 있는지 나는 정말 모르겠다.

---

a 낱말 b 지니고 있는
5 원문에는 이 다음 두 쪽 반에 걸쳐 대략적인 도표들과 소묘들이 있는데, 그것들은 여기서 생략되었다.

혹자는 이렇게 말할 수 있을 것이다 : "우리의 느낌에 관해 이야기하는 것이 도대체 무슨 소용이 있는가. 이해될 수 있는 것만을 실제로 말하는 언어를 고안하자." 가령 내가 "나는 과거성의 느낌을 지니고 있다"라고 말해서는 안 된다 : 그러나……

"이 고통을 나는 '치통'이라고 부른다. 그런데 그것이 무엇을 의미하는지를 나는 그에게 결코 이해시킬 수 없다."

우리는 말하자면 다른 인물에 의해 보이지 않는 고통을 가리키고 명명할 수 있다는 인상을 받고 있다.

도대체 이 고통[a]이 이 이름의 의미라는 것은 무엇을 뜻하는가?

또는, 고통이 이름의 소지자라는 것은?

우리를 당혹스럽게 하는 것은 '고통'이란 실사(實詞)이다. 이 실사는 착각을 산출하는 것으로 보인다. 만일 우리가 신음을 내면서 고통스러운 지점을 붙잡음으로써 고통을 표현한다면 일은 어떻게 보일까?

또는 우리가 어떤 한 지점을 가리키면서 '고통'이란 낱말을 발화한다는 것.

"그러나 요점은, 우리는 고통이 실제로 존재할 때 '고통'이라고 말해야 한다는 것이다." 그러나 고통이 실제로 있는지 나는 어떻게 알 수 있는가? 내가 느끼는 것이 실제로 고통인지를? 또는 내가 실제로 느낌을 지니고 있는지를?―

---

[a] 느낌

다음을 한번 생각해 보는 것이 매우 유익하다 : "나는 고통이 없었지만, 있는 척했다", 이것을 나는 어떻게 몸짓들의 언어로 표현할 것인가?

"분명, 그가 신음하는 것으로는 충분하지 않다 ; 나는 그가 신음을 내는데 고통을 지니지 않은 상태를 기술할 수 있어야 한다."

"그는 고통이 있고, 고통이 있다고 말하고, '고통'이라고 말하면서 그는 자신의 고통을 뜻한다." 어떻게 그는 '고통' 또는 '치통'이란 낱말로 자신의 고통을 뜻하는가?

"그는 '나는 초록색을 본다'라고 말하고, 그가 보는 색깔을 뜻한다."—나중에 "당신은 '초록색'으로 무엇을 뜻했는가?"라고 질문을 받으면, 그는 그색깔을 가리키면서 "나는 이 색깔을 뜻했다"라고 대답할 수 있을 것이다.

"나 자신의 경우에, 나는 내가 '나는 고통이 있다'라고 말할 때 이 발화가어떤 것에 의해 동반된다는 것을 안다 ;—그러나 그것은 다른 사람 속에 있는 어떤 것에 의해서도 역시 동반되는가?"
그의 발화가 나의 고통에 의해서 동반될 필요가 없는 만큼은, 나는 그것이 어떤 것에 의해서도 동반되지 않는다고 말해도 된다.

"나는 내가 '치통'으로 무엇을 뜻하는지 안다 ; 그러나 다른 사람은 그것을알 수 없다."

부정(否定)으로서 : "제기랄 그는……."

"……라면 나는 벼락 맞을 것이다"란 표현만을 부정으로서 아는ᵃ 어떤 부족의 철학.

……라고 아무리 말해 봤자다(On a beau dire……).

"우리들은 결코 한 물체 전체를 볼 수는 없고, 언제나 단지 그것의 일부 표면을 볼 수 있을 뿐이다."⁶

"우리들은 다른 사람이 고통이 있는지를 진짜 확실하게 알고 싶어 하지 않을까?"

과거성의 느낌. "몸짓 등과 결합된 경험들은 과거성의 경험이 아니다, 왜냐하면 그것들은 과거성의 느낌 없이도 존재할 수 있을 것이기 때문이다." ―"그러나, 다른 한편으로, 몸짓과 결합된 경험들 없이도 그것이 저 과거성의 경험일까?"―왜 우리는 본질적인ᵇ 부분은 이들 경험 이외의 부분이라고 말해야 하는가? 그 경험은 만일 내가 몸짓들 등을 기술했다면 적어도 부분적으로 기술되지 않는가?

이렇게도 말할 수 있다: "오래전 일이다―"라고 하는 말은 때로 내 속에서 특수한 느낌을 불러일으킨다. 때로는 그렇지 않다. 그러나 그 말이 그 느낌을 불러일으킨다면, 그 말은, 그 말의 어조는, 그 특징적 경험의 일부이다.

다른 사람들에게 말하는 것과 나 자신에게 말하는 것.

ᵃ 사용하는 ᵇ 특징적인
6 원고의 이 지점에는, 별도로 면수가 매겨진 **47**쪽 분량의 수리철학에 관한 노트들이 있다.

"내가 모종의 경험을 한다면, 나는 나에게 ……라는 표시를 준다."

"나는 나 자신에게 말하고 있다"라고 말할 때 우리들이 일반적으로 뜻하는 것은 단지, 자기가 말하고 있으며, 듣고 있는 유일한 인물이라는 것이다.

내가 붉은 어떤 것을 바라보고, 이것은 붉다고 혼잣말한다면, 나는 나 자신에게 정보를 주고 있는가? 나는 개인적인 정보를 나에게 전달하고 있는가? 철학하는 어떤 사람들은, 오직 나만이 내가 "붉은"이란 낱말로 실제로 의미하는 것을 알기 때문에, 이것이 개인적 경험을 전달하는 유일하게 진정한 경우라고 말하는 경향이 있다.

다른 인물에게 그가 지금 보는 색깔이 붉다고 알려 주는 것이 어떤 특별한 경우들 속에서만 뜻을 지니는가를 기억하라.

우리들은 자기 자신에게[7] "이것은 의자다. ─오, 정말?" 하고 말하지 않는다.

도대체 어떻게 나는 경험(가령, 고통)에 이름을 줄 수 있는가? 그건 마치 내가, 말하자면, 그것에 모자를 씌우려고 하는 것과 같지 않은가?

"우리들은 오직 간접적으로만 그것에 모자를 씌울 수 있다"라고 어떤 사람이 말했다고 가정하자. 그러면 나는 이렇게 물을 것이다 : 고통이 있는 인물에게 모자를 씌울 수 있다고 우리들이 생각해 본 적이 없었다면, 우리들

---

7 (옮긴이주) 'one's self'를 시디롬 유고를 따라 'oneself'로 고쳐 해석했다.

이 어떤 사람에 대해 그런 식으로 말하려는 생각에 도달했을 것이라고 당신은 믿는가? 그렇다, 고통에 오직 간접적으로 모자를 씌울 수 있으리라고 말하는 것은, 마치 그럼에도 불구하고 이제 사실상 문제 삼을 수 없는 어떤 직접적인 방법이 존재하고 있는 것처럼 보이게 만든다.

난점은, 우리가 한 인물은 다른 인물의 고통을 지닐 수 없다고 말할 때, 우리는 고통의 본성에 관해 어떤 것을 말했다고 느낀다는 것이다. 아마도 우리는 우리가 생리학적이거나 심지어 심리학적인 어떤 것을 말했다고 하지 않고, 메타–심리학적인, 형이상학적인 어떤 것을 말했다고 말하는 경향이 있을 것이다. 다른 현상들에 대한 고통의 인과적 연관들과 대조적으로, 고통의 본질, 본성에 관한 어떤 것을 말했다고 말이다.

가령 나에게는 마치, "나는 그의 고통을 느낀다"라고 말하는 것이 거짓이 아니라 무의미해 보이지만, 이는 고통, 인물 등의 본성 때문인 것처럼 보인다. 그러니까 마치 그 진술은 결국 어쨌든 사물들의 본성에 관한 진술인 것처럼 보인다.

우리는 그러니까 가령 우리의 표현 방식의 어떤 비대칭에 관해서 말하고, 이 비대칭을 사물들의 본질의 거울상으로서 파악한다.

인상들의 종잡을 수 없음. (고뇌). 어떤 것들은 아마 다른 것들보다 더 명백할 것이다. 보는 것은 어렴풋한 고통보다 더 명백하다; 그리고 후자는 막연한 공포, 동경 등보다 더 명백하다.

어떤 방식으로 이들 막연한 경험들은 '단순한' 경험들보다 전달하기가, 기술하기가, 덜 쉬운가?

어떤 방식으로 우리는 "이 경험은 기술하기가 어렵다"란 문구를 사용하는가?

그리고 어떤 경험들을 기술하는 것은 심지어 불가능하지 않은가?

이 경험은 기술할 수 없다고 말하는 것은 어떤 종류의 뜻이 있는가? 우리가 말했으면 하는 것은, 그것은 너무 복잡하다, 너무 미묘하다는 것이다.

"이 경험은 전달할 수 없다; 그러나 **나는** 그것을 알고 있다─왜냐하면 나는 그 경험을 하기 때문이다."

"경험이 존재하고, 경험의 기술이 존재한다. ─그런 까닭에 다른 사람이 나와 동일한 경험을 하느냐 여부는 상관없을 수가 없다; 그리고 그런 까닭에 내가 나 자신과 이야기할 때, 나의 경험은 중요할 수밖에 없다. 내가 이 경험을 알고 있다(반면에 다른 사람의 경험은 내가 직접 잘 알고 있지 못하다)는 것은 거기서 결정적인 역할을 함이 틀림없다."

다음과 같이 말할 수 있는가: "내가 다른 사람의 경험에 관해 말하는 것 속에서는, 그러한 경험(그 자체)은 역할을 하지 않는다. 그러나 내가 나의 경험에 관해 말하는 것 속에서는, 이 경험 자체가 역할을 한다."?
"나의 경험에 관해서는 나는 말하자면 그것이 있는 가운데 말한다."

마치 어떤 사람이 다음과 같이 말할 것처럼 말이다: "책상의 기술뿐 아니라, 책상도 존재한다."

"'치통'이란 낱말만 있지 않고, 치통 자체와 같은 그런 어떤 것도 있다.ᵃ"

─────────────

a ─ ─ ─ 치통도 있다.

가령 어떤 경험을 내가 기술할 수는 없지만, 그 경험을 하기는 하므로, 그런 까닭에 나는 그것을 그 어떤 다른 사람보다 더 정확히 **알고** 있을 수 있는 것처럼 보인다. 그러나 경험을 기술한다는 것을 뜻하지 않는다면, 그리고 경험을 한다는 것을 뜻하지 않는다면, 경험을 알고 있다는 것은 무엇을 뜻하는가?

우리가 전달할 수 없는 경험을 알고 **있음**이란 것이 존재하는가?

"나는 이 경험을 다른 그 누가 그것을 알고 있는 것보다 더 잘[a] 알고 있다"라고 말하는 것은 뜻이 있는가? 다른 사람이 나만큼 잘 알 수 있는 경험들과 그가 그렇게 잘 알 수 없는 경험들이 있는가? 이는 그가 이 동일한 복잡한 경험을 할 수 없다는 것을 뜻하는가?—그것은 다음을 뜻할 것이다: "그는 그 경험을 할 수 있지만, 우리는 그가 바로[b] 이 경험을 하고 있었다는 것을 알 수[c] 없다." 예를 들어 우리는 다음과 같이 말할 수 있을 것처럼 보인다: "어떤 뜻에서 우리는 그가 바로 이 단색(單色)의, 매끄러운, 붉은 표면을 보고 있다는 것을 알 수 있지만, 그가 정확히 이 **번쩍거림**을 보고 있다는 것을 알 수는 없다. 왜냐하면 그 번쩍거림의 정확한 시각 상은 기술될 수 없기 때문이다."

우리가 시각 상을 말보다는 채색 그림으로 더 정확하게 기술할 수 있는 경우도 실로 존재한다.

이것은 어떠한가: "도형은 치수들 없이보다는 치수들의 도움으로 더 정확히 기술될 수 있다."

---

a 더 정확히 b 정확히 c 결코 알 수

그러나 내가 하는 경험은 이 경험의 기술을 어떤 뜻에서 대체하는 것처럼 보인다. "그것은 그것 자신의 기술이다."

여기서 우리는 두 가지 것을, 즉 경험의 복합성과 그것의 원래의 색조ª라고 불릴 수 있을 것을 섞고 있지 않은가? 그것 자신의 고유한 자연 색.

원래의 경험 가운데 오직 일부만이 전달 과정에서 보존되고, 그것 가운데 다른 어떤 것은 상실된다고 하는 견해가 있다. 즉 바로 '그것의 음색' 또는 그것을 무엇이라고 불렀으면 하건 간에 말이다. 여기서 우리들에게는 마치, 오직 색깔 있는 소묘만이 전달될 수 있고 다른 사람은 그 속에 자신의 색깔을 끼워 넣는 것처럼 보인다. 그러나 이는 물론 (하나의) 착각이다.

그러나 우리는 실제로 이렇게 말할 수 없는가? 즉 우리가 우리의 기술(記述)을 통해 다른 사람 마음속에 어떤 그림을 산출해 냈지만, 우리는 이제 이 그림이 우리의 것과 정확히 같은 것인지는 알 수 없다고 말이다. 여기서, 다음과 같은 문장들에서 '같다'라는 낱말의 사용을 생각해 보자 : "이 원들은 외관상으로는 전적으로 같다."

통상적으로 우리는 우리의 시각 상을 가령 눈 속의 어떤 고통처럼 우리 속에 있는 어떤 것으로서 느끼지 않는데, 그러나 우리가 철학을 할 때는 이러한 그림에 따라서 사유하는 경향이 있다는 것이 또한 여기에 속한다.

'만일에–감각'. 이것과 '책상–감각'을 비교하라. '책상–감각은 어떠한 것

---

a 맛

일까?란 물음이 있는데, 그 대답은 책상의 그림이다. 어떤 뜻에서 만일에-감각이 책상-감각과 유사한가? 이 감각의 기술이 있는가, 그리고 우리는 무엇을 그것의 기술이라고 부르는가? 감각들을 몸짓들로 대신하는 것은 경험에 대해 가장 가까운 개략적 기술을 하는 것을 뜻한다.

예(例).

("나는 과거성의 특이한 느낌을 나의 손목에 지니고 있다.")

6)[8] "그가 이것을 뜻했는지 아니면 저것을 뜻했는지 우리는 결코 알 수 없을 것이다." C가 그 방에서의 훈련 이후 죽었다. 우리는 말한다 : 백일하에 드러났을 때, 아마 그는 B처럼 반응했을 것이다. 그러나 우리는 결코 알 수 없을 것이다.

α) 만일 그가 그의 무덤에서 일어난다면 이 문제는 결정된다고 우리는 말할 것이다 ; 그리고 그 경우 우리는 그를 가지고 실험을 한 것이다. 또는 그의 유령이 심령술사 회합에서 우리에게 나타나, 자기는 모종의 경험을 하고 있노라고 우리에게 말했다.

β) 우리는 어떠한 증거도 받아들이지 않는다. 그러나 만일 그가 5에서의 증거도 역시 받아들이지 않고, "그가 그 방에서 훈련받은 사람과 동일한 사람인지 우리는 확신할 수 없다"거나 "그는 동일한 사람이지만, 우리는 그가 훈련받은 과거의 시간에 그가 이처럼 행동했을지는 모른다"라고 (그와 같은 어떤 것을) 말한다면 어찌 될까?

---

8 이하 일련의 단편들은 아마도 1)-5)라고 번호 매겨진 일련의 단편들의 계속일 것이다. 그러나 그것들은 본 원고의 일부가 아니며, 비트겐슈타인이 쓴 글들 가운데 다른 어떤 곳에서 그 소재를 알아낼 수도 없다.

7) "P가 일어나면 언제나(일반적으로) Q가 일어난다. P는 이번에 일어나지 않았고, Q는 일어나지 않았다"라고 하는 표현에 대해 우리가 새로운 표기법을 도입한다. 우리는 그 표현 대신에 다음과 같이 말한다 : "P가 일어났더라면, Q가 일어났을 것이다." 예를 들어, "이러한 상황에서 화약이 건조하다면, 이만큼 센 불꽃이 그것을 폭파한다. 이번에 그것은 건조하지 않았고, 같은 상황에서 폭파하지 않았다." 그 대신 우리는 이렇게 말한다 : "이번에 화약이 건조했더라면, 그것은 폭발했을 것이다." 이 표기법의 주안점은, 이 명제의 형식을 다음과 같은 형식에 대단히 가깝게 만든다는 것이다 : "이번에 그 화약은 건조했고, 그래서 폭발했다." 내 말뜻은, 그 새로운 형식은 그것이 폭발하지 않았다는 사실을 강조하지 않고, 말하자면 그것이 이번에 폭발한다는 생생한 그림을 그린다는 것이다. 우리는 낱말 언어에서의 그 두 종류의 표기법에 대응하는, 그림 언어에서의 한 표현 형식을 상상할 수 있을 것이다. 두 번째 표기법은, 예를 들어 우리가 어떤 인물로 하여금 일어났을는지도 모르는 것을 생생하게 상상하게 하고, 그것이 일어나지 않았다는 것은 단지 사소하게 강조함으로써 그에게 쇼크를 주기 바란다면, 특히 적합할 것이다.

8) 어떤 사람은 우리에게 이렇게 말할지 모른다 : "그러나 당신은 두 번째 문장이 첫 번째 문장이 뜻하는 바로 그것을 뜻하고, 그 비슷한 어떤 것을, 또는 그것뿐만 아니라 다른 어떤 것을 또한 뜻하지 않는다고 확신하는가?" (무어.) 나는 말할 것이다 : 나는 그것이 바로 이것을 뜻하는 경우에 관해서 이야기하고 있으며, 내가 보기에 이것은 중요한 경우이다(이것을 당신은 당신이 말한 것으로써 인정하고 있다). 그러나 물론 나는 그것이 다른 방식으로 또한 사용되지 않는다고는 말하지 않으며, 그렇다면 나는 이 다른 경우들에 관해서는 따로 이야기해야 할 것이다.

9) 어떤 사람이 말한다 : "목소리를 낮추는 것은 때로는 당신이 말하는 것

이 그 나머지보다 덜 중요하다는 것을 뜻하고, 다른 경우에는 당신은 당신이 말하는 것에 특별한 주의를 끌기 원한다는 것을 보여 주기 위해서 당신의 목소리를 낮춘다."

우리는 우리의 예들이 이러이러한 표현이 지니는 실제 의미의 분석을 위한 준비들(니코[9])이 아니라, 그 예들을 제시하는 것이 저 "분석"을 결과로 낳는다는 것을 분명히 알아야 한다.

[10]이제 우리는 5)에서 "그가 …… 행동했을는지를 우리는 알 수 없다"라고 말하는 것이 뜻을 지닐 수 없다는 것을 보여 주었는가? 우리는 이 상황에서 이 문장을 말하는 것은[a] 그것이 다른 상황에서 지녔을지 모르는 그[b] 요점을 잃었다고 말할 것이지만, 이것이 우리가 그것에 또 하나의 요점을 줄 수 없다는 것을 뜻하지는 않는다.

10) 우리는 말한다: "이 불꽃이 저 혼합물을 점화하기에 충분했을는지를 우리는 알 수 없다; 왜냐하면 정확한 성분들을 가지고 있지 않거나, 그것들의 무게를 잴 저울을 가지고 있지 않거나 등등으로 해서, 우리는 정확한 혼합물을 재생할 수 없기 때문이다." 그러나 우리가 그 모든 상황을 재생할 수 있는데 어떤 사람이, "우리는 그것이 폭발했을는지 알 수 없다"라고 말했고, 왜냐고 질문을 받자, "왜냐하면 우리는 **이러한 상황**에서 그것이 **그때** 폭발했을는지를 알 수 없기 때문이다"라고 말했다고 하자. 이 대답은 우리의 머리를 어지럽게 만들 것이다. 우리는 그가 그 표현으로 우리와 같은 놀이를 하고 있지 않다고 느낄 것이다. "이건 말도 안 돼!"라고 우리는 말하고 싶어질 것이다. 그리고 이는 우리가, 어떤 추리들이, 어떤 행위들이, 이 표현과 어울리는지를 모르기 때문에 어찌할 바를 모른다는 것을 뜻한다. 게다가 우리

---

a 그 문장은 b 그것의
9 (옮긴이주) 니코(Jean Nicod, 1893~1931): 프랑스의 논리학자이자 철학자.
10 (옮긴이주) 시디롬 유고에는 이 문단 앞에 11이라 적혀 있다.

는, 그가 요점을 제거했다는 것을 알아차리지 못하고서, 그가 어떤 언어놀이들에서 사용되는 문장들과 유사한 하나의 문장을 만들어 냈다고 믿는다.

어떤 경우에 우리는 한 문장이 요점을 지니고 있다고 말하는가? 그것은 어떤 경우에 우리는 어떤 것을 하나의 언어놀이라고 부르는가를 묻는 것이 된다. 나는 단지 이렇게 대답할 수 있다: 언어놀이들의 가족을 바라보라, 그것이 당신에게 그 문제에 관해 보일 수 있는 것은 무엇이건 보여 줄 것이다.

12) (사적인 시각 표상.) B는 이를테면 밝은 붉은 빛을 들여다보았을 때 그에게 생기는 잔상(殘像)을 기술하도록 훈련받는다. 그는 빛을 들여다보고 난 다음 그의 눈을 감는다, 그리고 "당신은 무엇을 보는가?"라고 하는 질문을 받는다. 이 질문은 전에는 오직 그가 물리적 대상들을 바라볼 때만 그에게 제기되었다. 우리는 그가 자기가 눈을 감고 보는 것을 기술함으로써 반응한다고 가정한다. —그러나 정지! 훈련을 이렇게 기술하는 것은 잘못이라고 보인다; 왜냐하면 만일 내가 B의 훈련이 아니라 나 자신의 훈련을 기술해야 했다면 어찌 될까? 그 경우에도 나는 "나는 그 질문에 ……함으로써 반응한다"라고 말했을까, 오히려 "내가 내 눈을 닫았을 때, 나는 어떤 표상을 보았고, 그것을 기술했다"라고 하지 않고? "나는 어떤 표상을 보고, 그것을 기술한다"라고 내가 말한다면, 나는 이것을, 표상을 봄 없이 기술하는 경우와 대조적으로 말한다. (나는 거짓말을 했을 수도 안 했을 수도 있다.) 이제 B가 어떤 잔상을 기술하면, 우리는 물론 이 경우들도 구별할 수 있을 것이다. 그러나 우리는 거짓말함의 기제가 어떠한 역할을 하는 경우들을 지금 고려하고 싶지는 않다. 왜냐하면 당신이 "나는 내가 거짓말하고 있는지는 언제나 알지만, 다른 인물이 그러는지는 알지 못한다"라고 말한다면, 나는 다음과 같이 말하기 때문이다: 내가 고려하고 있는 경우에 나는 내가 거짓말하고 있지 않다는 것을, 또는 (진리 또는 비진리를 말함의 딜레마가 이 경우에는 나에게 알려져 있지 않기 때문에, 이렇게 말하기로 하자) 비진리

를 말하고 있지 않다는 것을 안다고 말해질 수 없다. "여기서 당신은 무엇을 보는가?"라고 내가 질문을 받을 때, 내가 언제나 나 자신에게 "이제 나는 진리를 말할 것인가, 아니면 다른 어떤 것을 말할 것인가?" 하고 묻지 않는다는 것을 기억하라. "그러나 분명 당신이 실제로 진리를 말한다면, 당신은 어떤 것을 보았으며, 당신이 보았다고 당신이 말한 것을 보았다"라고 당신이 말한다면, 나는 다음과 같이 대답한다: 내가 보고 있다고 내가 말하는 것을 내가 본다는 것을 나는 어떻게 아는가? 나는 내가 보는 색깔이 실제로 붉다는 데 대한 기준을 갖고 있거나 사용하는가?

13) 우리는 "나는 당신이 보는 것을 볼 수 없다"란 표현은 "우리가 바라보고 있는 대상에 상대적으로 다른 위치에 있기 때문에, 나는 당신이 보는 것을 볼 수 없다"나, "당신만큼 눈이 좋지 않기 때문에, ⋯⋯"나, "우리가 같은 대상을 바라보지만 B는 우리가 보지 못하는 어떤 것을 본다는 것을 ⋯⋯에서처럼 발견했기 때문에, ⋯⋯" 등등을 뜻한다고 설명함으로써 뜻이 주어졌다고 상상한다. "나는 당신의 잔상을 볼 수 없다"는 "내가 내 눈을 감는다면 나는 당신이 보는 것을 볼 수 없다"를 뜻하는 것으로—당신은 붉은 원을 보고, 나는 노란 원을 본다는 뜻으로—설명될 수 있을 것이다.

14) 물리적 대상들의, 모양들의, 색깔들의, 꿈들의, 치통의 동일성.

15) (우리가 보는 대상.) 물리적 대상과 그것의 외관. 표현 형식: 같은 물리적 대상에 대한 다른 전망들(views)은 보이는 다른 대상들이다. 우리는 "당신은 무엇을 보는가?" 하고 묻는다. 그리고 그는 "의자"라거나 "이것"(하면서 그 의자의 특수한 전망을 그린다)이라고 대답할 수 있다. 그래서 이제 우리는 다음과 같이 말하는 경향이 있다: 각 사람은 다른 대상을, 그리고 다른 어떤 인물도 보지 않는 대상을 본다, 왜냐하면 비록 그들이 같은 의자를 같은 지점에서 바라볼지라도, 그것은 그들에게 다르게 나타날 수 있고, 다른 사람의 마음의 눈앞에 있는 대상들을 내가 바라볼 수는 없기 때문이다.

16) (나는 그가 도대체 어떤 것을 보기는 하는지, 또는 단지 내가 어떤 것을 볼 때 내가 하는 것처럼 행동하는 것뿐인지, 알 수가 없다.) "본다"란 낱말(그리고 개인적 경험에 관계되는 모든 낱말)의 사용에는 의심할 바 없는 비대칭이 있다고 보인다. 이것은 다음과 같은 식으로 진술되는 경향이 있다[a]: "내가 어떤 것을 볼 때, 나는 내가 말하는 것을 듣거나 나의 나머지 행동을 관찰하거나 함이 없이, 그저 그것을 봄으로써 안다; 반면에 그가 본다는 것, 그리고 그가 **무엇을** 보는가는 나는 오직 그의 행동을 관찰함으로써만, 즉 간접적으로만 안다."

(a) "나는 내가 무엇을 보는지 안다, 왜냐하면 나는 그것을 보기 때문이다." 이 말에는 어떤 잘못이 있다. 그것을 안다는 것은 무엇을 뜻하는가?

(b) 나의 행동의 관찰이 내가 나는 본다고 말하는 이유가 아니라고 말하는 것은 참이다. 그러나 이것은 하나의 문법적 명제이다.

(c) 나는 단지 〔그가 본다는 것을 간접적으로〕 알 수 있다는 것은 불완전한 것으로 보인다. 그러나 이것은 단지 우리가 〔"본다"〕란 낱말을 사용하는 방식일 뿐이다. 우리가 원한다면[11] 그렇다면 우리는 〔그가 본다는 것을 나는 직접적으로 안다고 말〕할 수 있을까? 물론이다![12]

언어를 배우지 않은 인물은 자기가 빨강을 본다는 것은 알지만 그것을 표현할 수는 없다고 우리는 말해야 할까?[b]—또는 "그는 자기가 무엇을 보는지 알지만 그것을 표현할 수는 없다", 이렇게 우리는 말해야 할까?—그러니까, 그것을 보는 것 외에, 그는 또한 자기가 무엇을 보는지를 아는가?

---

a 진술될 수 있다 b 없는가?

11 (옮긴이주) 시디롬 유고에는 "원한다면(would)"이 아니라 "할 수 있다면(could)"이라고 되어 있다.

12 (옮긴이주) 대괄호 속의 말들은 시디롬 유고에는 줄표들과 점선들로만 표시되어 있는 부분을 *PO* 편집자가 추정해 넣은 것이다.

우리가 전적으로 다른 실험—이를테면 내가 어떤 사람을 바늘로 찌르고 그가 울부짖는지 않는지ª 관찰한다고 하는 이런 것—을 기술했다고 상상하라. 만일 피험자가 우리가 그를 찌를 때마다 이를테면 붉은 원을 본다면, 그렇다면 분명 그것은 우리의 흥미를 끌 것이다. 그리고 우리는 그가 울부짖었고 어떤 원을 본 경우와 그가 울부짖었고 원을 보지 않은 경우를 구별할 것이다.

이 경우는 아주 간단하고 그것에 관해서는 문제되는 것이 아무것도 없다고 보인다.ᵇ

"나는 나 자신에게 내가 빨강을 본다고 말한다, 나는 나 자신에게 내가 무엇을 보는가를 말한다"라고 내가 말한다면, 나 자신에게 말하고 난 뒤 이제 나는 내가 무엇을 보는지를 전보다 더 잘 아는 것처럼, 더 잘 알고 있는 것처럼 보인다. (이제 어떤 뜻에서 이것은 그러할 수 있다…….)

"그가 나에게 내가 무슨 색을 보았는지를 물었을 때, 나는 그가 알기 원한 것을 추측하고 그에게 말했다."

"B나 내가 나는 빨강을 본다고 말하면서 빨강을 보는 경우와 내가 이렇게 말하지만 빨강을 보고 있지 않은 경우를 구별하는 것은 충분하지 않다; 우리는 내가 빨강을 보고 '나는 빨강을 본다'라고 말하면서 내가 무엇을 보는지를 기술하려고 뜻하는ᶜ 경우들과 내가 이것을 뜻하지 않는 경우를 구별해야 한다."

---

a 소리를 내는지 않는지 b 그것에 관해서는 아무 문제도 없다 c 뜻한

내가 무엇을 보는지를 내가 말로 얘기하지 않고 어떤 견본을 가리킴으로써 말하는 경우를 고려하라. 나는 이제 내가 '그저 가리킴으로써 뜻한' 경우와 내가 **보고** 가리키는 경우를 여기서 다시 구별한다.

이제 내가 다음과 같이 물었다고 하자: "내가 본다는 것, 그리고 내가 빨강을 본다는 것을 나는 어떻게 아는가? 즉, 어떻게 나는 당신이 봄이라고 부르고 빨강을 봄이라고 부르는 것을 내가 행하는지 아는가?" 왜냐하면 우리는 '봄'과 '빨강'이라는 낱말들을 우리가 서로 하는 놀이에서 우리끼리 사용하기 때문이다.

당신은 '우리의 개인적 경험의 기술이려면, 우리가 말하는 것은 그저 우리의 반응이어서는 안 되고, **정당화되어야 한다**'라고 말하지 않는가? 그러나 그 정당화는 또 하나의 정당화가 필요한가?

우리가 놀이 2[13]를 하고 있고 B가 "빨강"이란 낱말을 외친다고 하자. 그런데 A가 B에게 다음과 같이 묻는다고 하자: "당신은 단지 '빨강'이라고 말하는가, 아니면 당신은 실제로 그것을 보는가?"

"분명히 두 현상이 있다: 하나는, 그저 말함이고, 다른 하나는, 봄과 그에 알맞게 말함이다." 대답: 확실히 우리는 이 두 경우에 관해 말하지만, 여기서 우리는 이 표현들이 어떻게 사용되는지, 또는, 다른 말로는, 그것들이 어떻게 가르쳐지는지를 보여야 할 것이다. 왜냐하면 우리가 그것들의 그림을 소유하고 있다는 단순한 사실은, 우리가 이 그림이 어떤 방식으로 사용되는가

---

13 (옮긴이주) 아마도 앞의 각주 8에서 언급된 단평들 중 2)번을 가리키거나 아니면 《갈색 책》의 언어놀이 2를 가리키는 듯하나, 정확히 어느 놀이를 가리키는지는 불명확하다.

를 기술해야 하는 까닭에―더 특별하게는, 우리가 실제의 사용과는 다른 사용을 가정하는 경향이 있는 까닭에―우리에게 도움이 되지 않기 때문이다.

그러므로 우리는 어떤 조건들하에서 우리가 다음과 같이 말하는가를 설명해야 한다 : "나는 '빨강'이라고 말하지만, 빨강을 보고 있지 않다", 또는 "나는 '빨강'이라고 말하고, 빨강을 보고 있다", 또는 "나는 '빨강'이라고 말했지만, 빨강을 보고 있지 않았다" 등등, 등등.

빨강이라고 말함의 뒤를 따라 종종 어떤 기분 좋은 사건이 일어났다고 상상하라. 우리는 어린아이가 그 사건을 즐기고 '초록' 대신에 '빨강'이라고 종종 말한다는 것을 발견했다. 우리는 이 반응을 어린아이와 또 하나의 언어놀이를 하기 위해 사용할 것이다. "너 속였어, 그건 빨강이야", 하고 우리는 말할 것이다. 이제 다시 우리는 어린아이의 그다음 반응들에 의존한다.

그러한 놀이들이 실제로 어린아이들과 더불어 행해진다 : 어떤 인물에게 비진리를 말하고, 실제로 일어난 것을 발견했을 때 그가 놀라는 것을 즐기기.

그러나 아이가 초록을 보았을 때는 아이로 하여금 '빨강'이라고 말하게 하고 빨강을 보았을 때는 '초록'이라고 말하게 하는, 그런데 동시에 이것이 우리가 '초록'이라고 말하는 그런 경우들에 아이가 우연히도 빨강을 보았기 때문에 발견되지 않는, 그런 어떤 종류의 도착(倒錯)을 우리는 어린아이에게서 상상할 수 없을까?

그러나 여기서 우리가 도착에 관해 이야기한다면, 우리는 또한 우리 모두가 도착되어 있다고 가정해도 될[a] 것이다. 왜냐하면 아이가 도착되어 있다는 것을 도대체 우리가, 또는 B가, 어떻게 발견할 수 있는가?

그 관념은, 아이는 (그리고 우리는) '도착된'이란 낱말이 사용되는 법을

---

a 가정할 수 있을

나중에 자기가 배우는 때를 발견하며, 그다음 그는 자기가 쭉 그런 식이었음을 기억한다는 것이다.

이러한 경우를 상상하라: 아이가 불빛들을 바라보고, 올바른 색깔의 이름을 자기 자신에게 방백(傍白)으로 말한 다음, 틀린 낱말을 크게 말한다. 그렇게 하는 동안 아이는 낄낄거린다. 이것은 속이기의 초보적 형태라고 말할 수 있을 것이다. 심지어, "이 아이는 거짓말쟁이가 되려고 한다"라고 말할 수도 있을 것이다. 그러나 만일 아이가 방백을 말한 것이 아니라 단지 도표 위에 있는 한 색깔을 자기가 가리키는 상상을 한 것이라면, ─이것도 역시 속임이었을까?

어린아이가 은행가의 지식이 없이 은행가처럼 속일 수 있는가?

"내가 '나는 빨강을 본다'라고 말했을 때, 나는 내가 그 전에 검정을 보았다는 것을 당신에게 단언할 수 있다."

"그는 우리에게 자신의 사적인 경험, 즉 그 이외에 아무도 그것에 관해 어떤 것도 알지 못하는 그런 경험을 이야기한다."

"오직 그만이 자기가 무엇을 보았는지 알 수 있을 것이므로, 그의 기억은 확실히 우리의 간접적인 기준들보다 더 가치가 있다."

그러나 어디 보자; ─ 철학의 밖에서 우리는 때때로 "물론 오직 그만이 자기가 어떻게 느끼는지를 안다"라고ª 말한다. 자, 그런데 그와 같은 진술을 우리는 어떻게 적용하는가? 대개 그것은 "나는 무엇을 해야 할지 모르겠다"

ª 또는 "나는 당신이 무엇을 느끼는지 알 수 없다"라고

와 같은 무력함의 표현이다. 그러나 이 무력함은 '개인적 경험의 사밀성(私密性)'이라는 어떤 불운한 형이상학적 사실 탓이 아니다. 그렇지 않다면 그 것은 끊임없이 우리의 속을 썩일 것이다. 우리의 표현은 다음과 비교할 수 있다 : "엎지른 물은 다시 담을 수 없다!"

또한 우리는 의사에게, "내가 고통이 있는지 없는지를 내가 모를 리가 없다"라고 말한다. 우리는 이 진술을 어떻게 사용하는가?

"좋다, 우리가 다른 어떤 사람에 대해서는 이런 식으로 이야기할 수 없다 해도, 나는 나 자신에 대해서는 내가 그때 빨강을 보았는지 또는 보지 않았 는지ª 확실하게 말할 수 있다. 내가 지금은 기억하지 못할지 모르지만, 그 때 나는 하나를 보았거나 다른 하나를ᵇ 보았다!" 이것은 "이 두 그림 중 하나 는 걸맞았음이 틀림없다"라고 말하는 것과 같다. 그리고 나의 대답은, 아마 그것들 중 어느 것도 걸맞지 않을 것이라는 게 아니라, 나는 이 경우에 '걸맞 음'이 무엇을 뜻하는가에 관해 아직 분명히 알지 못한다는 것이다.

자, 다음은 같은 경우인가, 다른 경우인가 : 한 맹인이 모든 것을 바로 우 리가 보는 것처럼 보지만, 맹인이 행동하는 것처럼 행동한다 ; 그리고 다른 한편으로, 그는 아무것도 보지 못하고 맹인이 행동하는 것처럼 행동한다. 첫눈에 우리는 이렇게 말할 것이다. 즉, 비록 우리 앞에 어느 경우가 주어 져 있는지 우리가 알 수 없다는 것은 인정하지만, 여기서 명백히 우리에게 는 두 개의 분명히 다른 경우가 주어져 있다고 말이다. 나는 다음과 같이 말 할 것이다 : 우리는 명백히, ……¹⁴라고, 이렇게 우리가ᶜ 기술할 수 있을 터

ª 다른 어떤 경험을 했는지 b 다른 것을 c 우리들이
14 (옮긴이주) '……'은 "우리에게는 두 개의 분명히 다른 경우가 주어져 있다"의 생략이다.

인 두 개의 다른 그림을 사용하고 있다. 그러나 우리는 그 두 놀이가 '같은 것이 되는' 그런 방식으로 그 그림들을 사용하고 있다.

그런데, ―그가 눈이 멀었다면 그는 자기가 눈이 멀었다는 것을 분명[a] 안다고 당신은 말하겠는가? 왜 당신은 이 진술에 대해서는 더 꺼림칙하게 느끼는가?

"분명 그는 자기가 빨강을 보았다는 것을 알았지만, 그렇게 말할 수 없었다!"―그것은 "분명 그는 우리가 '빨강'이라고 부르는 색깔을 자기가 보았다는 것을 깨달았다, 알았다"를 뜻하는가―아니면 당신은, 그것은 "그는 자기가 이 색깔을 보았다는 것을 알았다"를 뜻한다고 (붉은 반점을 가리키면서) 말하겠는가? 그러나 그가 그것을 안 동안, 그는 이 반점을 가리켰는가?

다음 표현들의 사용: "그는 자기가 무슨 색깔을 보고 있는지 안다", "나는 내가 무슨 색깔을 보았는지 안다", 등등.

"기억의 희미해짐"이란 이 표현은 뜻이 통하는가, 그리고 어떤 경우에 그러한가? 그리고 다른 한편으로, 우리가 사용하는 그림은 모든 경우에 아주 명료하지 않은가?

자신들이 말을 하고 말을 이해하기를 배운 시절에 대한 기억들을 보통 지니고 있는[b] 노인들의 경우:
 a) 그들은 이러이러한 것들이 일어났었다고 말하거나 그림으로 그리지

---

a 확실히 b 가지고 있는

만, 다른 기록들은 언제나 그들과 모순된다.

b) 기억들이 기록들과 일치한다. 오직 이런 경우에만 우리는 그들이 기억하고 있다고 말할 것이다.

그들이 자신들이 기억하고 있다고 말하는 장면들을 그림으로 그리고, 얼굴들이 어둡게 그려진다고 하자,—우리는 그들이 그 얼굴들이 그렇게 어두운 것을 보았다고 말할 것인가, 아니면 색깔이 그들의 기억 속에서 더 어두워졌다고 말할 것인가?

한 인물이 무슨 색깔을 보고 있는지 우리는 어떻게 아는가? 그가 가리키는 견본으로? 그리고 그 견본이 원본과 어떤 관계에 있다고 뜻해졌는지는 우리가 어떻게 아는가? 자, "우리는 결코 알지 못한다……"라고 말해야 하는가? 또는 우리는 이 "우리는 결코 알지 못한다"를 우리의 언어에서 잘라내고, 사실상 우리가 '안다'란 낱말을 사용하는 데 얼마나 익숙해져 있는가를 고찰하는 게 나은가?

어떤 사람이 다음과 같이 묻는다면 어떻게 될까: "빨강을 봄이라고 내가 부르는 것이 매번 **전적으로** 다른 경험이 아니라는 것을 나는 어떻게 아는가? 그리고 그것이 같거나 거의 같다고 생각하도록 내가 기만당하고 있지 않다는 것을 나는 어떻게 아는가?" 여기서 다시 "나는 알 수 없다"란 대답, 그리고 문제의 뒤이은 제거.

내가 어떤 색깔을 '빨강'이라고 부를 때 내가 기억을 이용한다는[a] 것은 도

---

[a] 기억의 도움을 받는다는

대체가 참인가?

우리가 언어를 배울 때 일어나는 것에 대한 기억을 사용하는 것은, 이 기억이 우리에게 본질적으로 사적인 어떤 것을 가르친다고 우리가 생각하지 않는 한, 괜찮다.

"막대를 우리가 어떻게 발견해 내든, 그것은 한 길이를 지니거나 다른 한 길이를 지닌다." 여기서 다시 (다음과 같은) 그림.

$$\text{I}\ \text{ı}$$

"그는 자기가 1번[15]을 배우는 동안 자기가 보는 것이 무엇인지를 말할 수 없지만, 그는 자기가 본 것을 나중에 우리에게 이야기할 것이다." 우리는 이 경우를 다음 경우와 혼동한다: "그의 재갈이 제거되었을 때, 그는 우리에게 자기가 본 것을 이야기할 것이다."

'자기가 보는 것을 어떤 사람에게 이야기한다는 것'은 무엇을 의미하는가? 또는 (아마도) '자기가 보는 것을 어떤 사람에게 보인다는 것'은?

'그는 자기가 본 것을 우리에게 이야기할 것이다'라고 우리가 말할 때, 우리는 그러면 우리는 그가 **실제로** 무엇을 보았는가를 ("적어도 그가 거짓말을 하고 있지 않다면") 직접적인 방식으로 알 것이라는 관념을 지니고 있다.

---

15 (옮긴이주) 아마도 앞의 각주 8에서 언급된 단평들 중 1)번을 가리키거나 아니면 《갈색 책》의 1번 언어놀이를 가리키는 듯하나, 분명하지는 않다.

"그는 자기가 보고 있는 것을 말하기에 우리보다 더 좋은 위치에 있다."
—그건 때와 형편에 달려 있다. —

"그는 자기가 본 것을 우리에게 이야기할 것이다"라고 우리가 말하면, 마치 그는 우리가 결코 가르친 적이 없는 언어를 사용할 것처럼 보인다.

마치 이제 우리는 우리가 이전에는 단지 외부에서 보아 왔던 어떤 것에 관해 하나의 **통찰**을 얻은 것처럼 보인다.

내부와 외부!

"우리의 훈련[a]은 '빨강'이란 낱말을 그의 것인 특수한 인상(사적인 인상, 그의 속에 있는 어떤 인상)과 연결한다(또는 연결하려고 꾀한다). 그러면 그는 이 인상을 말이란 매체를 통해—물론 간접적으로—전달한다."

직접적 전달과 간접적 전달이라는 우리의 관념은 어디에서 취해졌는가?

때때로 우리가 말했으면 하듯이, 우리가 다음과 같이 말한다면 어떻게 되는가: "우리는 이 간접적 방식의 전달이 실제로 성공하기를 희망할 수 있을 뿐이다."

여기서 우리가 여전히 직접적이니 간접적이니 하고 말하고 싶어 하는 한, 우리는 우리의 낱말들의 용법에 관한 사실들을 비뚤어지게 보고 있다.

---

[a] 가르침

당신이 이 경우 '직접적−간접적'이라는 그림을 사용하는 한, 당신은 다른 경우에 문법적 상황을 올바로 판단하는 일에 대해 자신할 수 없다.

자기가 무엇을 보고 있는가를 이야기한다는 것은 자신의 내부를 드러내 보이는 것과 같은 어떤 것인가? 그리고 자기가 보고 있는 것을 말하기를 배운다는 것은 다른 사람들이 우리 내부를 들여다보게 하는 것을 배우는 것인가?

"우리는 그가 우리에게 자기가 보는 것을 보게 하도록 그를 가르친다." 그는 자기가 보는 대상을, 자신의 마음의 눈앞에 있는 대상을, 우리에게 간접적으로 보여 주는 것처럼 보인다. "우리는 그것을 바라볼 수 없다, 그것은 그의 속에 있다."

사적인 시각 대상이라는 관념. 현상, 감각 자료.

시야(視野). (시각 공간과 혼동되어서는 안 되는.)

자기가 보는 것을 어떤 사람에게 이야기한다는 것은 자신의 마음의 눈앞에 있는 대상을 그에게, 간접적으로나마, 보이는 것과 같은 것처럼 보인다.

한 사람의 마음의 눈앞에 있는 대상이라는 관념은 상이한 인물들 속에 있는 그러한 대상들의 비교라는—이에 비하면 실제로 사용되는 비교는 간접적인 비교라는—관념과 단단히 묶여 있다.

감각 자료의 사밀성이라는 관념은 어디에서 오는가?

"그러나 당신은 그것들이 사적이지 않다고 실제로 말하고 싶은가? 한 인물이 다른 인물의 눈앞에 있는 그림(像)을 볼 수 있다고?"

분명 당신은 자기가 보는 것을 어떤 사람에게 **이야기하는 것**이, 그에게 어떤 견본을 가리켜서 보이는 것보다 더 직접적인 전달 방식이라고[a] 생각하지 않을 것이다!

"그는 자기가 본 것이 무엇이었는가를 나중에 우리에게 이야기할 것이다"는, 우리는 이전에 우리가 할 수 있었을 추측들과 대조적으로 그가 본 것을 (비교적) 직접적이고 확실한 방법으로 알게 될 것이라는 뜻이다.

그가 이제 우리에게 주는 대답은 1번과 같은 놀이의 단지 더 복잡한 일부일 뿐이라는 것을 우리는 깨닫지 못한다.

우리는 그가 자신의 출생 이전에 이러이러한 것을 꿈꾼 적이 있었음을 기억할 수 있다는 것을 부정하지 않는다. 이것을 우리가 부정하는 것은 그가 자신의 출생 이전에 이러이러한 것을 꿈꾼 적이 있었음을 기억한다고 말할 수 있다는 것을 부정하는 것과 같을 것이다.
즉 우리는 그가 이러한 동작을 할 수 있다는 것을 부정하지 않는다. 그러나 그 동작만으로는, 또는 그것과 함께 그 동작을 하는 동안에 그가 가질 수 있을 터인 그 모든 감각, 느낌 등은, 그 동작(手)이 어떤 놀이에 속하는지를[b] 우리에게 이야기해 주지 않는다.

---

a 일 수 있다고 b 그것이 어떤 놀이의 한 동작(手)인지를

예를 들어, 우리는 이런 종류의 진술을 과거(다른 뜻에서)의 어떤 것과 연결하려고 결코 시도하지 않을 것이다. 우리는 그것을 하나의 흥미로운 현상으로 취급할지 모르며, 아마도 그것을 프로이트적인 방식으로 그 인물과 연결하거나, 다른 한편으로 우리는 꿈들이라고 일컬어질 수 있을 터인, 태아의 뇌 속에 있는 어떤 현상을 찾거나 등등을 할지 모른다. 또는 우리는 그저, "노인들은 그런 것들을 말하곤 한다"라고 말하고는 그걸 그쯤에서 내버려 둔다.

이제 어떤 사람이, 어제 자기는 빨강을 '초록'이라고 불렀고 초록은 '빨강'이라고 불렀다는 것, 그러나 자기는 또한 자기가 오늘은 빨강으로 보는 것을 초록으로 보았고 또 그 역으로도 했기 때문에 그 일이 드러나지 않았다는 것을 기억했다고 해 보자. 이제 여기서, 어제 그의 마음의 작용에 관해 오늘 우리가 그로부터 어떤 것을 배운다고 말하고 싶어질지 모르는 한 경우, 즉 어제 우리는 외부에 의해 판단했는데 오늘 우리는 일어난 일의 내부를 바라보는 것이 허용되었다고 말하고 싶어질지 모르는 한 경우가 있다. 마치 우리가 되돌아보았으나 어제는 우리에게 은폐되어 있던[a] 어떤 것을 이제야 얼핏 보게 된 것처럼 말이다.

내가 보는 것이 무엇인지를 내가 말한다면, 내가 참을 말하는지를 알기 위해 어떻게 나는 내가 말하는 것과 내가 보는 것을 비교하는가?

내가 보는 것에 관해 거짓말한다는 것은 내가 무엇을 보는지 알면서 다른 어떤 것을 말하는 것이라고 당신은 말할 수 있을 것이다. 그것은 그저 '이것은 붉다'라고 속으로 생각하고 '이것은 푸르다'라고 소리 내어 말하는

---

[a] 닫혀 있던

것으로 이루어진다고 내가 말했다고 해 보자.

당신이 보는 색깔을 이야기하는 경우에 거짓말하기와 참말하기를, 당신이 본 그림을 기술하기의 경우와, 또는 당신이 세어야 했던 사물들의 올바른 수를 이야기하기와 비교하라.

당신이 말하는 것과 당신이 보는 것을 대조하기.

대조하기가 언제나 존재하는가?

또는 내가 빨강이란 낱말을 말한다면 그것은 내가 보는 색깔의 그림을 제공하는 것이라고 일컬어질 수 있을까? 그것이 그것과 어떤 한 견본의 연관들에 의해 하나의 그림이지 않다면 말이다.

그러나 내가 견본을 가리킨다면 그것은 그림을 제공하는 것이 아닌가?

"내가 무엇을 보여 주는가는 내가 무엇을 보는가를 **드러낸다**"—어떤 뜻에서 그것이 그런 일을 하는가? 그 관념은, 이제 당신은 말하자면 내 속을 들여다볼 수 있다는 것이다. 반면에 나는 "직접적-간접적"이라는, 전적으로 하나의 범주에 속하는 기호들을 가지고 행해지는 드러냄과 감춤의 놀이에서 내가 보는 것을 당신에게 드러낼 뿐이다.

우리는 정상적인 뜻에서 내부가 존재하는 놀이를 생각하고 있다.

우리는 드러냄(외부와 내부)의 은유를 우리가 실제로 어떻게 적용하는가에 관해 분명히 이해해야 한다; 그렇지 않으면 우리는 우리의 은유에서 내부인 것 뒤에서 어떤 내부를 찾고 싶은 유혹을 받게 될 것이다.

우리는, 이를테면, 세 단계를 포함하는 그림으로 그 경우를 기술하는 데 익숙해 있다. 그러나 우리가 언어에 관해서 생각할 때, 우리는 이 그림이 실천적 경우에 실제로 어떻게 적용되는지를 잊는다. 그다음 우리는 종종 그것을 그것이 원래 뜻해지지 않은 대로 적용하고 싶은 유혹을 받고, 사실들에서의 세 번째 단계에 관해 당혹스러워한다.

"나는 특수한 것[a]을 보고 특수한 것을 말한다." 이것은 괜찮다, 내가 보는 것과 내가 말하는 것을 내가 명시하는 방식을 내가 깨닫는다면 말이다.

"만일 그가 자기가 보는 것을 나에게 보여 주는 (또는 나에게 이야기하는) 법을 배웠더라면, 이제 그는 나에게 보여 줄 수 있을 텐데." 물론이다― 그러나 그가 보는 것을 나에게 보여 준다는 것은 어떠한 것인가? 그것은 특정한 상황 속에서 어떤 것을 가리키는 것이다. 또는 그것은 다른 어떤 것인가(간접성의 관념에 의해 오도되지 말라)?

당신은 그것을 다음과 같은 진술과 비교한다: "만일 그가 (마음을) 여는 법을 배웠더라면, 이제 그는 (마음을) 열고 내부에 있는 것을 나에게 보여 줄 수 있을 텐데[c]." 나는 그렇다고 말한다, 그러나 이 경우에 (마음을) 연다는 것이 어떤 것인가를 기억하라.

그러나 내부에 어떤 것이 있는지 또는 없는지의 기준에 관해서는 어떠한

---

a 감각 자료 b 표상 c 이제 나는 내부에 있는 것을 볼 수 있을 텐데

가? 여기서 우리는 말한다: "나는 나의 경우에는 내부에 어떤 것이 있다는 것을 안다. 그리고 이렇게 해서 나는 '내부'에 관해 직접 안다."ª "이렇게 해서 나는 내부에 관해 알고, 그것을 다른 인물 속에도 가정하는 데 이른다."

더 나아가, 우리는 우리가 다른 인물의 내부를 단지 지금까지 알지 못했다고 말하고 싶어 하는 것이 아니라, 이러한 앎의 관념은 나 자신이란 관념과 묶여 있다고 말하고 싶어 하는 것이다.

"그러니까 '그는 치통이 있다'라고 내가 말한다면, 나는 내가 치통이 있을 때 내가 지니는 것을 그가 지닌다고 가정하는 것이다." 내가 이렇게 말했다고 하자: "만일 내가 '나는 그가 치통이 있다고 **가정한다**'라고 말한다면, 나는 그가 내가 치통이 있다면 지니는 것을 지닌다고 가정하는 것이다."—이것은 다음과 같이 말하는 것과 같을 것이다: "만일 내가 '이 쿠션은 붉다'라고 말한다면, 나는 그것이 소파가 붉다면 소파가 지니는 색깔과 같은 색깔을 지니고 있음을 뜻하는 것이다." 그러나 이것은 첫 번째 문장을 가지고 내가 말하려고 의도한ᵇ 것이 아니다. 나는 그의 치통에 관해 이야기하는 것은 어쨌든 추정에 기초한다는 것, 즉 바로 그것의 본질에 의해서 검증될 수 없을 터인 추정에 기초한다는 것을 말하고 싶었다.

그러나 더 면밀하게 본다면, 당신은 이것이 '치통'이란 낱말의 사용에 대한 전적으로 잘못된 묘사임을 보게 될 것이다.

* * *

---

a "그리고 이렇게 해서 나는 내부에 대해 직접적인 앎을 갖는다." b 뜻한

두 사람이 같은 잔상(殘像)을 가질 수 있는가?

언어놀이 : '우리들 마음의 눈앞에 있는 그림의ª 기술(記述).'

두 인물이 그들 마음의 눈앞에서 같은 그림을 가질 수 있는가?

어떤 경우에 우리는 그들이 정확히 비슷하지만 동일하지는 않은 두 표상을 지니고 있다고 말할까?

* * *

두 관념이 여기서 분리될 수 없게 묶여 있다는 사실은, 우리는 두 관념이 아니라 단지 한 관념을 취급하고 있다는 것, 그리고 기묘한 트릭에 의해 우리의 언어는 실제로 사용되는 것과는 전적으로 상이한 문법 구조를 암시한다는 것을 우리에게 암시한다. 왜냐하면 우리는 오직 나만이 나의 경험을 직접 알 수 있고 다른 인물의 경험은 간접적으로만 알 수 있다는 문장을 갖고 있기 때문이다. 언어는 네 가지 가능한 배열을 암시하지만 두 가지를 제외한다. 그것은 마치 내가 a, b, c, d의 네 문자를 단지 두 대상을 지칭하기 위해 사용했지만, 나의 표기법으로 어떻든 나는 네 가지를 이야기하고 있다고 암시하는 것과 같다.

마치 나는 다른 사람들에게는 적용되지 않는 어떤 것이 나 루트비히 비트겐슈타인에게는 적용된다고 말하고 싶어 하는 것처럼 보인다. 즉, 어떤

ª 상상하는 것들의

하나의 비대칭이 존재하는 것처럼 보인다.

나는 일들을 비대칭적으로 **표현한다**. 그런데 나는 그것들을 대칭적으로 표현할 수 있을 것이다 ; 오직 그때에만 우리들은 어떤 사실들이 우리를 자극하여 비대칭적 표현을 쓰게 하는지를 볼 것이다.

이를 위한 방법으로 나는 "나"라는 낱말의 사용을 루트비히 비트겐슈타인 혼자와 대조적으로 모든 인간 신체들에다 흩뿌린다.

내가 기술하고자 하는 상황은, 다른 사람이 내가 지닌 것을 지니고 있다고 내가 가정하거나 믿는다고 내가 말하고 싶어 하지 않을 그런 상황이다. 또는, 바꾸어 말하자면, 우리가 **나의 의식**과 **그의 의식**에 대해 말하지 않을 상황. 그리고 우리는 오직 우리 자신의 의식만을 의식할 수 있을 거라는 관념이 우리에게 떠오르지 않을 상황이다.

몸 안에 거주하는 자아라는, 폐지되어야 할 관념.

어떤 의식이건 모든 인간 신체들에 흩뿌려진다면, '자아'라는 낱말을 사용하고 싶은 어떠한 유혹도 있지 않을 것이다.

우리가 알고 있는 어떠한 신체 기관에 의해서도 듣기가 행해지지 않는다고 가정해 보자……

다음과 같은 배열을 상상해 보자 : …….

나는 내가 본다는 것만은 알지만 다른 사람들이 본다는 것은 알지 못한다고 말하는 것이 부조리하다면, ─이것은 어쨌든 그 반대를 말하는 것보다는 덜 부조리하지 않은가?

유아주의(唯我主義)에 정반대인 철학이 생각될 수는 없는가?

사실의 구성 요소라는 관념 : "나란 인물(또는 어떤 한 인물)은 나는 본다란 사실의 한 구성 요소인가, 아닌가?" 이는 상징체계에 관한 문제를 꼭 마치 자연에 관한 문제인 것처럼 표현하고 있다.

"그것이 생각한다(Es denkt)." 이 명제가 참이고 "나는 생각한다"는 거짓인가?

언어놀이 : 내가 보는 것을 내가 나 자신을 위해 그림 그린다. 그 그림은 나를 포함하지 않는다.

하나의 보드게임 ─ 사실상 체스 ─ 이지만, 그 판은 결코 사용되어서는 안 되는 네모 눈을 하나 지니고 있다. 이것은 헷갈리게 할 수 있다.

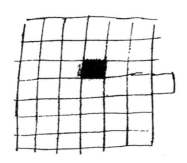

오직 한 사람만이 놀이한다고 말해지고 다른 사람들은 '응답한다'고 말해지는 보드게임.

만일 다른 인물이 내가 무엇을 보고 상상하는가를 언제나 옳게 기술한다면 어떠할까, 그는 내가 무엇을 보는가를 안다고 나는 말하지 않을까?—"그러나 어떤 경우에는 그가 그것을 틀리게 기술한다면 어찌 되는가? 나는 그가 잘못했다고 말해야 하지 않는가?" 왜 내가 이렇게 말해야 하는가, 오히려 그가 자신의 말의 의미들을 잊었다고 말하지 않고?

"그러나 어쨌든, 그가 말한 것이 옳은지는 오직 나만이 최종적으로 결정할 수 있다. 그는 내가 무엇을 보는지를 알고 **나는 모른다**, 이렇게 우리가 가정할 수는 없다!" 우리는 이런 가정도 할 수 있다!

사람은 자기가 보는 것이 붉은지 또는 푸른지를 의심할 수 있는가? (이를 상술하라.)

"확실히, 그가 어떤 것인가를 안다면, 그는 자기가 무엇을 보는지는 알아야 한다!"—"자기가 보는 것을 보이기 또는 이야기하기" 놀이가 가장 근본적인 언어놀이들 가운데 하나임은 참이다 ; 이것은 언어를 사용함이라고 우리가 일상생활에서 부르는 것이 대부분 이 놀이를 전제한다는 것을 뜻한다.

나는 내가 보는 것에 대해서 비인칭적 형식의 기술을 사용할 수 있다. 그리고 "내가 보는 것에 대해서"라고 내가 말한다는 사실은, 어쨌든 이 모든 것이 단지 위장된 인칭적 기술일 뿐이라고 말하는 것이 결코 아니다! 왜냐하면 나는 그저 내 의견을 우리의 일상적 표현 형식으로, 국어로 표현했을 뿐이기 때문이다.

입방체는 극도로 규칙적인 대칭적 물체인가, 아니면 내가 그것을 한 귀 퉁이로부터 본다면 보는, 불규칙적인 것인가? 나는 무엇을 강조해야 하는 가? 나는 그것이 일차적으로는 불규칙적이지만, 불규칙적으로 투사된 규칙 적인 어떤 것으로서 묘사될 수 있다고 말해야 하는가, 아니면 그것은 일차 적으로 규칙적이지만, 불규칙적으로 투사되어 있다고 말해야 하는가?

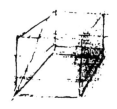

내가 화를 냄과 그가 화를 냄의 차이는 무엇인가?
내가 나의 경험들을 기록하고 싶다면, 내가 화를 낸다는 경험과 그가 화 를 낸다는 경험은 절대적으로, 전적으로 상이하다(비록 그것들을 기술하기 위해 사용되는 낱말들이 매우 비슷할지라도 말이다. 그러므로 나는 자연히 이러한 표현 방식에 대해 반대할 수 있을 것이다).

"하나의 입방체는 9개의 실제적 모서리와 3개의 가상적 모서리를 지니고 있다."

내가 나 자신의 경험들을 기록한다면, "나"로 다른 몸들과 대조적으로 오 직 나 자신의 몸(또는 루트비히 비트겐슈타인의 몸)만을 지시하는 것보다 더 자연스러운 것은 없지만, 나의 치통과 그의 치통을 "나"와 "그"라는 낱말로 구별하는 것은 그렇지 않다.

"치통"이란 낱말을 가지고 행해지는 평상시의 놀이는 치통이 있는 **몸들**의 구별을 포함한다.

유아주의자도 오직 자기만이 체스를 둘 수 있다고 말하는가?

그러나 그가 '나는 …… 본다'란 문장을 말하고 그것이 참일 때, 그는 그 문장 배후에는 "그는 본다"의 배후나 다른 사람이 "나는 본다"라고 말할 때 그것의 배후에 있지 않은 어떤 것이 있다고 말할 것이다.

나는 '내가 보는' 것에 관한 기술이지만 비인칭 형식으로 된 어떤 기술로 시작할 것이다.

나는 "날씨가 좋다(Es ist schön)"라고 말한 다음 "맞아, 내 말대로야(das hatte *ich* gesprochen)"라고 말한다. 이로써 나는 누가 그 말을 했는가를— 나에게도 다른 사람에게도—**말한** 게 아니다. 나는 그에게 그 말("날씨가 좋다")을 했다.

"그러나 말하기라는 독특한 경험에서가 아니라면, 나는 내가 말했다는 것을 어디서 아는가?"

"나"라는 낱말은 인물을 지칭하지 않는다.

'나'라는 낱말이 당신에게 무엇을 의미하건, 다른 사람에게는 그것은 사람의 몸에 그의 주의를 끈다ᵃ, 그리고 그 밖의 점에서는 아무 가치도 없다.

별이 같은 점에 머무른다고 말하는 것은 뜻을 지니는가?

나는 모든 문장이 "나는 기억한다"로 시작하는 물리학책을 쓸 수 있을 것이다.
여기서 문장들은 실제 경험에 의해서 또는 일차적 실재에 의해서 모두가 직접적으로 뒷받침되어 있다고 말할 수 있을까?
우리는 기묘한 방식으로 오도되어 있음이 틀림없다!

"분명", 하고 나는 말하기를 원한다, "내가 진짜ᵇ 솔직해야 한다면, 나는 아무에게도 없는 것이 나에게 있다고 말해야 한다."—그러나 나는 누구인가?—제기랄! 내 표현이 적절하지는 않았지만, 어떤 것이 있다! 나의 개인적 경험이 있다는 것, 그리고 이것은 대단히 중요한 뜻에서 이웃이 없다는 것, 당신이 이를 부정할 수는 없다.—그러나 당신이 뜻하는 바는, 그것이 우연히 홀로 있다는 것이 아니라, 그것의 문법적 위치가 아무 이웃도 없는 그런 것이라는 것이다.
"그러나 유일한 어떤 것, 즉 진짜 현재적 경험이 있다는 것을 여하튼 우리의 언어는 드러내 보이지 않는다. 그런데 당신은 그저 내가 그것을 받아들이라고 충고하는 건가ᶜ?"

(철학책에는 "정글의 불가사의들"이라는 제목이 붙여질 수도 있을 것이다.)

ᵃ 사람의 몸을 **보인다** ᵇ 아주 ᶜ 받아들이기를 원하는 건가

(일상생활에서 우리가, 우리는 일상 언어를 사용함으로써 어떤 것을 받아들여야 한다고 결코 느끼지 않는다는 것은 우스운 일이다!)

나의 개인적 경험을 기술하는 저 문장들에 대해 내가 제안할 수 있을 터인 말이 실제로는 나를 그리 만족시키지 못하는 것은 어찌된 일인가?

부분적으로는 "다른 인물이 고통을 본다(느낀다)고 상상함"이라고 우리가 부르는 것 때문이다.

〔또한〕 우리는 두 과정에 대해 동일한 그림을 사용하는 경향이 있다.

* * *

이제 다음과 같은 상상을 해 보라: 자기 생각을 표현하기에 충분할 만큼의 언어를 배우자마자, 그는 우리에게, [언어놀이] 1번에서 자기가 "빨강"이라고 말했을 때 자기는 파랑을 보았다고 이야기한다.

이는 마치, 그 경우 우리는 그가 파랑을 보았다고 실제로 확신해야 한다는 것처럼 들린다.

자신의 기억들을 그림으로 그리는 인물.

그것은 잘못하면 다음과 같은 표현이 생각나게 한다: "그 이방인이 그를 초대한 사람들의 언어를 충분히 배우자마자, 그는 그들에게 ……을 알렸다."

이것은 어린아이는 자기가 기억한다고 말하기 전에 기억한다고 하는 관넘과 밀착되어 있다.

자기의 기억들을 그림 그리는ª 어린아이의 경우를 고려하라.
그 아이는 붉은빛 대신에 파란빛을 그렸다.

아우구스티누스, 자신의 내부에 있는 소망들을 표현함에 관하여.

왜 우리는 어린아이가 생각하기를 배우는 경우를 고려해서는 안 되고,
어린아이는 우리의 언어를 배우기 전에 사적인 언어를 가지고 있다고 언제
나 가정해야 하는가?
다만: 언어를 **배운다는** 것으로 우리는 무엇을 의미하는가? 어떤 뜻에서
우리는 어린아이에게 자연적인 몸짓─언어를 가르친다고 말할 수 있는가?
또는 우리는 어린아이에게 그런 것을 가르칠 수 **없는가?**

어린아이는 사과를 원하는 법을 사과를 소묘하는 법을 배움으로써 배울
수 없는가?

원과 타원. 나는 "어제 그는 그 원을 타원으로 보았다"라고 말해야 할까,
아니면 "그다음 날 그는 원을 그렇게 묘사했다"라고 말해야 할까?

(이러이러하다고 생각했었다는 것을 기억한다는 것. "나는 그를 기억하
지 못하지만, 그가 나에게 우둔한 인상을 주었다는 것은 안다, 기억한다.")

ª 소묘하는

"우리가 빨강을 보는 곳에서 그는 대개 빨강을 본다."

"〔우리가 빨강을 보는〕 곳에서 그는 〔빨강〕[16]을 본다"라고 하는 표현의 통상적 사용은 이러하다: 대상들의 색깔에 우리가 주는 것과 같은 이름들을 그가 준다는 점에서 그가 우리와 대체로 〔일치한다〕[17]는 것, 이것을 우리는 '빨강'으로 우리가 의미하는 것과 같은 것을 의미함에 대한 기준으로 간주한다. 그러니까 우리가 어떤 것이 초록색이라고 말할 곳에서 그가 그것은 붉다고 특정한 순간에 말한다면, 그는 그것을 우리와 다르게 본다고 우리는 말한다.

이런 경우에 우리가 어떻게 행동할지를 주목하라. 우리는 그의 다른 판단의 원인을 찾을 것이며, 만일 우리가 그 원인을 찾는다면, 우리는 틀림없이, 우리가 초록을 본 곳에서 그는 빨강을 보았다고 말하는 데로 기울 것이다. 더 나아가, 그러한 원인을 발견하기 전에조차도 우리가 상황에 따라서는 그렇게 말하는 데로 기울 수 있으리라는 것은 분명하다. 그러나 우리가 〔그렇게 말하는〕 데 대해 엄밀한 규칙을 줄 수 없다는 것 또한 분명하다.

이런 경우를 고려하라: 어떤 사람이 "그거 묘하네[a] 오늘 나는 붉은 것은 모두 파랗게 보이고, 파란 것은 모두 붉게 보이네"라고 말한다. 우리는 대답한다, "그건 틀림없이 묘하게 보이겠는걸!" 그는 그렇다고 말한다. 그리고 예를 들어, 불타는 석탄이 얼마나 차갑게 보이며, 맑게 갠 (파란) 하늘이 얼마나 따뜻하게 보이는지를 말해 나간다. 나는 우리가 이런 상황이나 비슷한

---

a 이해할 수가 없네,

16 (옮긴이주) 시디롬 유고에는 '초록(green)'으로 되어 있는데, 여기서는 (D. 스턴을 따라) 그것을 실수로 보았다.

17 (옮긴이주) 시디롬 유고에는 'argues'라고 되어 있는데, 아마 'agrees'의 착오일 것이다. (D. 스턴도 이렇게 읽었다.)

상황에서는, 그는 우리가 [파랗게]¹⁸ 본 것을 붉게 보았다고 말하는 데로 기울 것으로 생각한다. 그리고 또, 그는 '파란'이란 낱말과 '붉은'이란 낱말을 우리가 사용하듯이 언제나 사용해 왔으므로, 우리는 그가 그 낱말들로 우리가 의미하는 것을 의미한다는 것을 안다고 우리는 말할 것이다.

다른 한편으로 : 어떤 사람이 오늘 우리에게, 어제 자기는 모든 붉은 것을 언제나 파랗게 보았고, 모든 파란 것은 언제나 붉게 보았다고 이야기한다. 우리는 말한다 : 그러나, 알지, 당신은 타오르는 석탄을 붉다고 불렀고, 하늘을 파랗다고 불렀다. 그가 대답한다 : 그건 왜냐하면, 나는 또한 그 이름들도 바꾸었었기 때문이었다. 우리는 말한다 : 그러나 매우 묘한 느낌이 들지 않았는가? 그리고 그가 말한다 : 아니, 모든 것이 완전히 자연스럽게ᵃ 보였다. 이 경우에도 우리는 (……)라고 말할까?

모순되는 기억 상들의 경우 : 내일 그는 이것을 기억하고, 모레는 다른 어떤 것을 기억한다.

"사람으로 하여금 그의 영혼을 들여다보게 함"이라는 표현이 종종 오해를 일으킬 수 있다는 것을 보이기 위한 그 모든 동향(動向).

잔상의 예로ᵇ 되돌아가자. 만일 개인적 경험은 없고 오직 '외적인 기호들'만 있다면, 이 경우들은 개인적 경험을 전달하는 경우들이 아니라고 우리는 말할 수 있다.

---

a 일상적으로 b 또는 1번으로
18 (옮긴이주) 시디롬 유고에는 '초록(green)'으로 되어 있는데, 여기서는 이것 역시 (D. 스턴을 따라) 실수로 보았다.

이제 나는 묻는다, 표현 이외에도 개인적 경험이 있거나 있었음에 대한 우리의 기준은 무엇인가? 그리고 그 대답은, 다른 사람[a]에게는 그 기준은 실로 더 많은 외적인 표현들이지만, 나 자신은 내가 경험을 하는지 하고 있지 않은지, 특히 내가 빨강을 보는지 보지 않는지를 안다는 것이라고 보인다.

그러나 물어보자: 내가 빨강을 본다는 것을 안다는 것은 어떤 것인가? 내 말은, 빨간 어떤 것을 보라, '그것이 빨갛다는 것을 알라', 그리고 당신이 무엇을 하고 있는가를 주목하라[b]는 것이다. 빨강을 보고 당신이 그러고 있다는 것을 당신 마음에 각인함, 이것을 당신은 뜻하지 않는가? 그러나 내 생각에는, 당신이 하고 있는 것은 여러 가지가 있다: 당신은 아마도 당신 자신에게 '빨강'이라는 낱말이나 '이것은 빨갛다'와 같은 그런 어떤 것을 말하거나, 아마도 빨간 대상에서 빨강의 범례(範例)라고 당신이 간주하고 있는 또 하나의 빨간 대상으로 흘끗 보거나 등등을 한다. 다른 한편으로, 당신은 그저 빨간 사물을 열심히 응시한다.

"시각 표상"과 "그림"이란 표현들은 그 쓰임의 일부에서 평행하게 나아간다; 그러나 그것들이 평행하게 나아가지 않는 곳에서, 현존하는 유사성이 우리를 기만하는 경향이 있다.
동어반복.
'빨강을 봄'의 문법은 빨강을 봄의 표현과 생각보다 더 밀접히 연결되어 있다.

---

a 국외자 b 자문하라/관찰하라

"당신은 마치, 우리들이 빨간 반점을 본다고 말할 수 없다면, 우리들은 빨간 반점을 볼 수 없는ᵃ 것처럼 이야기한다." "어떤 것을 봄"은 물론 우리들이 어떤 것을 본다고 말함과 같은 것을 의미하지 않는다. 그러나 이들 표현들의 뜻은 당신에게 보일지 모르는 것보다 더 밀접하게 관계되어 있다.

우리는 눈이 먼 사람은 어떤 것도 보지 못한다고 말한다. 그러나 우리만 그렇게 말하는 것이 아니라, 그도 역시 자기는 보지 못한다고 말한다. 내가 뜻하는 바는, "그는 자기가 보지 못한다는 것에 관해 우리와 동의한다"거나 "그는 그것을 논박하지 않는다"는 것이 아니다. 오히려, 그는 우리가 배운 것과 같은 언어를 배웠으므로, 그도 역시 사실들을 이런 식으로 기술한다는 것이다. 자, 그런데 우리는 누구를 눈이 멀었다고 부르는가? 눈멂에 대한 우리의 기준은 무엇인가? 어떤 종류의 행동이다. 그리고 그 인물이 그런 특수한 방식으로 행동하면, 우리는 그를 눈이 멀었다고 부를 뿐 아니라, 그가 자기 자신을 눈이 멀었다고 부르도록 가르친다. 그리고 이런 뜻에서 그의 행동은 또한 그에 대해서 눈멂의 의미를 결정한다. 그러나 이제 당신은 다음과 같이 말할 것이다: "분명히, 눈멂은 행동이 아니다; 어떤 사람이 눈먼 사람처럼 행동하는데 눈먼 게 아닐 수 있다는 것은 분명하다. 그러므로 '눈멂'이란 다른 어떤 것을 의미한다; 그의 행동은 우리가 '눈멂'으로 무엇을 **의미하는지**를 이해하도록 그를 단지 도울 뿐이다. 외적 상황들은 그와 우리 둘 다가 아는 것이다. 그가 어떤 식으로 행동할 때마다, 우리는 그가 아무것도 보지 못한다고 말한다. 그리고 그는 자신의 어떤 사적인 경험이 이 모든 경우와 일치한다는 것을 알아차리며, 그래서 우리가 '그는 아무것도 보지 못한다'고 하는 말로 그의 이 경험을 의미한다고 결론 내린다ᵇ."

그 관념은, 우리는 개인적 경험들과 관계하는 표현의 의미를 어떤 인물

_____

ª 볼 수 없을 b 의미한다는 것을 안다

에게 간접적으로 가르친다는 것이다. 그와 같은 간접적 양식의 가르침을 우리는 다음과 같이 상상할 수 있을 것이다. 나는 한 어린아이에게 색깔들의 이름들 및 이를테면 '색깔의 이름'을 외치면 어떤 색깔의 대상들을 가져오는 놀이를 가르친다. 그렇지만 나는 그에게 나와 그가 보는 어떤 견본을 가리키면서 예를 들어 '빨강'이란 낱말을 말함으로써 색깔 이름들을 가르치지 않는다. 대신에 나는 다양한 색안경들을 가지고 있는데, 그 각각은 내가 그것을 쓰고 볼 때 내가 흰색 종이를 다른 색깔로 보게 만들어 준다. 이 안경들은 또한 그것들의 바깥 외양에 의해서도 구별되는데, 즉 나에게 빨강을 보게 해 주는 색안경은 둥근 안경알을 가지고 있고, 다른 색안경은 타원형 알을 가지고 있고, 등등이다. 이제 나는 다음과 같은 식으로 어린아이를 가르친다. 즉 아이가 원형 안경을 쓰고 있는 것을 내가 보았을 때 나는 '빨강'이란 낱말을 말한다, 타원형 안경을 쓰고 있는 것을 보았을 때는 '초록'이란 낱말을 말한다, 등등. 이것은 아이에게 색깔 이름들의 의미를 간접적으로 가르치는 것이라고 일컬어질 수 있을 것이다. 왜냐하면 이 경우[a] 나는 내가 보지는 못했지만 아이가 원형 안경을 통해서 본다면 볼 것이라고 내가 희망한 어떤 것과 '빨강'이란 낱말을 아이가 서로 연관 짓도록 이끌었다고 할 수 있을 것이기 때문이다. 그리고 이 방식은 빨간 대상을 가리키는 등의 직접적 방식과 대조적으로 간접적이다.

(마음-읽기.)

이로부터 따라 나와야 할 것은, 우리는 어떤 사람이 자기는 눈이 멀었다고 말하도록 때로는 옳게, 때로는 그르게 가르친다는 것이다. 왜냐하면, 만

***

a 여기서

일 그가 언제든지 보고 있지만 그럼에도 불구하고 눈먼 사람과 정확히 같게 행동한다면 어찌 되는가?—또는 우리는 이렇게 말해야 할까: "자연은 우리에게 그런 장난을 치지 않을 것이다!"

우리는 여기서, 우리는 "어떤 것을 본다", "아무것도 못 본다"라고 하는 표현의 실제 사용을 완전히 이해하고 있지 못하다는 것을 볼 수 있다.

그리고 우리가 이 사용을 고찰할 때 우리를 매우 오도할 수 있는 것은 다음과 같은 것이다. 우리는 말한다, "분명히 우리는 우리가 본다는 것을 한번도 말하거나 보임이 없이도 어떤 것을 볼 수 있다; 그리고 다른 한편으로, 우리는 이러이러한 것을 봄이 없이도 우리가 그것을 본다고 말할 수 있다. 그러므로 봄은 하나의 과정이고 우리가 본다는 것을 표현함은 다른 하나의 과정이다. 그리고 그것들이 서로에 대해 지니는 관계는, 그것들이 때때로 일치한다는 것, 즉 그것들은 빨강과 달콤함의 연관과 같은 연관들을 지닌다는 것이 전부이다. 때때로, 빨간 것은 달콤하다", 등등.

자, 이것은 명백히 완전히 참이지 않고 완전히 거짓이지도 않다. 어떻든 우리는 이 낱말들의 사용을 어떤 편견을 가지고 바라보는 것처럼 보인다. 우리의 언어에서 우리가 '빨강을 봄'이란 말을 "A는ᵃ 빨강을 보지만 그것을 보여 주지 않는다"라고 말할 수 있는 방식으로 사용한다는 것은 분명하다. 다른 한편으로, 이 말의 적용이 행동의 기준들로부터 분리되어 있다면 우리가 이 말을 쓸 일이 없으리라는 것을 보기는 쉽다. 즉, 이 말을 가지고 우리가 행하는 언어놀이에 대해서, 그 놀이를 하는 사람들이 '그들이 보는 것을 말하기, 보이기ᵇ'라고 우리가 부르는 특수한 방식으로 행동(해야)한다는 것과 때때로 그리고 어떤 상황에서는 그들이 자신들이 보는 것을 다소간 전적으로 감추어야 한다는 것은 둘 다 본질적이다.

---

a 그는 b 표현하기

저울. 그 놀이의 요점은 무엇이 **통상적으로** 일어나는가에 달려 있다.

놀이의 요점.

그러나 "빨강을 봄"이란 말은 나에게 어떤 (사적인) 경험^{a}이나 (정신적) 사건, 일차적 경험 영역에서의 어떤 **사실**—이는 분명히, 어떤 말을 하는 것과는 전적으로 다르다—을 의미하지 않는가?

"'빨강을 봄'은 특수한 경험을 의미한다"라고 하는 말은 우리가 그 말 다음에 "즉 이것╱(가리킴)"이라고 함으로써 덧붙일 수 없다면 쓸모가 없다. 아니면 그 말은 물리적 대상과 대조적으로 경험을 말하는지도 모른다; 그러나 그렇다면 이는 문법이다.

어떻게 그는 자기가 빨강을 본다^{b}는 것을 아는가? 즉 어떻게 그는 '빨강'이란 낱말을 '특수한 색'과 연결하는가? 사실, '특수한 색'이란 표현은 여기서 무엇을 의미하는가? 그가 그 낱말^{c}을 같은 색^{d}과 언제나 연결함에 대한 기준은 무엇인가? 종종 그것은 바로, 그가 그것을 빨강이라고 부른다는 것 아닌가?

사실, 그가 어떤 언어놀이를 하려고 한다면, 이것의 가능성은 그 자신과 다른 사람들의 반응들에 달려 있게 될 것이다. 그 놀이는 그 반응들의 일치에 달려 있다. 즉 그들은 같은 사물들을 '빨강'으로 기술해야 한다.
"그러나 그가 자기 자신에게 말한다면, 분명히 이것은 다르다. 왜냐하면

---

a 어떤 특수한 과정 b 그 시각 인상을 갖고 있다 c 그것 d 경험

그 경우 그는 다른 사람들의 반응들을 참조할 필요가 없고, 단지 이전에 그가 '빨강'이란 이름을 준 것과 같은 색깔에 이제 그 이름을 줄 뿐이기 때문이다." 그러나 그는 그것이 같은 **색깔**이라는 것을 어떻게 아는가? 그는 색깔의 동일성도 그가 색깔의 동일성이라고 늘 불렀던 것으로서 인식하는가? (등등 이러한 물음은 무한하다.) 그가 "빨강"이란 낱말을 일상적 사용과 일치되게 사용한다[a]는 것, 그리고 그가, 자기는 지금 자기가 이전에 보았던 색깔을 보았다거나, 그 색깔은 빨갛지만 자기가 지금 보는 것은 빨갛지가 않다거나 하는 등등으로 말하지 않을 것이라는 것은 완전히 참이다.

그가 낱말과 경험을 연결한다는 것은 완전히 참이다.

그러나 나는 언어를 그저 내 일기에 표제어들을 만들기 위해서, 그리고 한 번도 배워 본 적이 없이, 사용할 수 있을 것이다. 나는 특수한 색깔 감각에 대해서 어떤 이름, 이를테면 "빨강"을 발명하고는, 내가 그 색깔 감각을 가질 때마다 기록하기 위해서 이 이름을 사용할 수 있었을 것이다. 그것은 당신이 당신 자신과 사적인 언어놀이를 (하곤) 한다는 것을 뜻한다. 그러나 어디 보자, 이 놀이를 우리는 어떻게 기술하는가?—세례명 주기. "'빨강을 봄'은 특수한 경험을 의미한다"란 말은 우리가 그 말에 이어 "즉 이것→"(가리킴)을 덧붙일 수 없다면 뜻이 없다. 아니면 그 말은 물리적 대상과 대조적으로 경험을 말하는지도 모른다; 그러나 그렇다면 이는 문법이다.

당신이 "_____'이라는 표현은 당신에게 어떤 사적인 경험을 의미한다"라고 말할 때, (과연) 당신은 이 진술을 빨강[b]을 상상하거나 빨간 대상을 바라봄(이것에 의해서 '즉 이것'이 제공된다)으로써 보충하고 있다. 그러나

---

a "빨강"이란 낱말과 같은 색깔을 일상적 사용과 일치되게 연결한다 b 어떤 색

당신은 어떻게 그 표현과 당신이 그렇게 그 표현과 연결하는 경험을 이용ᵃ하는가? 왜냐하면 우리가 그 낱말의 의미라고 부르는 것은 우리가 그것을 가지고 하는 놀이에 놓여 있기 때문이다.

그러나 나에게는, 나는 빨강을 보거나 빨강을 보지 않거나 둘 중 하나인 것처럼 보인다. 내가 그것을 표현하건 하지 않건 간에 말이다.

여기서 우리가 사용하는 그림.

문제되는 것은 이 그림이 아니라 그것의 적용이다.

동어반복의 다른 경우들.

"분명히, 봄과 내가 본다는 것을 보임은 별개의 것이다."—확실히 이것은 "깡충 뛰는 것과 점프하는 것은 별개의 것이다"라고 말하는 것과 비슷하다. 그러나 이 진술에는 다음과 같은 보충이 존재한다—"깡충 뛴다는 것은 이런 것(그것을 보이면서)이고 점프한다는 것은 이런 것(그것을 보이면서)이다." 자, 첫 번째 경우에 이러한 보충은 어떠한가? "빨강을 봄은 이것(그것을 보이면서)이고 우리가 빨강을 본다는 것을 보임은 이것(그것을 보이면서)이다." 요점은 바로, '내가 본다는 것을 보임'은 내가 본다는 것을 보임을 제외하고는 존재하지 않는다는 것이다. "그러나 나는 (빨간 어떤 것을 바라보면서) '빨강을 봄은 내가 지금 하고 있는 것이다'라고 말할 수 없는가? 그리고 어떤 뜻에서 다른 사람은 그 활동을 알아차릴ᵇ 수 없지만, 나는 내가 이야기하고 있는 것이 무엇에 관한 것인지를 확실히 안다. 즉 나는 내가 빨강을 보고 있음을 다른 사람에 대해서는 직접 가리킬 수 없지만, 나에 대해서는 가리킬 수 있다; 그리고 이런 뜻에서 나는 나 자신에게 그 표현의 지시

ᵃ 사용 ᵇ 내가 무엇에 관해 이야기하고 있는지를 직접 볼

적 정의를 줄 수 있다." 그러나 지시적 정의는 주술 행위가 아니다.

내가 어떤 사람에게 ⋯⋯의 사용을 ⋯⋯에 의해 설명한다면, 지시적 정의를 제공한다는 것은 단순히 ⋯⋯에 존립한다.

혹자는 캐슬링[19]은 그저 ⋯⋯하는 행위가 아니라고 말했으면 싶을지 모른다. 그러나 그것은 ⋯⋯하는 것이 그 일부인 놀이이다.[20]

나 자신에게 빨강의 지시적 정의를 제공한다는 것은 그러니까 무엇에 있는가?—자, 나는 그것을 어떻게 기술해야 하는가? 그것은 빨강을 보고서 '나는 빨강을 본다'라고 나 자신에게 말함에 있다고 나는 말해야 할까?—또는 그것은 "어떤 색깔 감각을 보고 '나는 빨강을 본다'라고 말함"인가? 첫 번째 버전은 통하지 않는다고 보이는데, 왜냐하면 '빨강을 봄'이라고 내가 나를 위해서 부르는 것을 내가 행할 때 그것이 필연적으로 다른 사람들이[21] '빨강을 봄'으로 의미하는 것이어야 한다는 것은 우리에게 본질적이지 않기 때문이다.ᵃ 그래서 나는 내가 무슨 색깔에 나의 주의를 집중하고 있는가를 차라리 열어 놓은 채로 놔두고 싶다. 그러나 그렇다면 어떻게 나는 그것을 하나의 색깔이라고 부를 수 있는가? 내가 '색깔'로 그들이 의미하는 것을 의미한다는 것은 내가 '빨강'으로 그들이 의미하는 것을 의미한다는 바로 그만큼이나 불확실하지 않은가? 그리고 같은 것이 '봄'에 대해서도 물론 적용된다(왜냐하면 여기서 내가 이 낱말로 의미하는 것은 인간 눈의 활동이 아니기 때문이다). (두 번째 버전은 내가 다음과 같이 말하기를 원하는 경우에만 정당화된다. 즉 색깔들(이를테면, 빨강, 초록, 파랑, 노랑) 가운데 어느 것에

---

a 첫 번째 버전을 나는 좋아하지 않는다. 그것은 다른 사람들이 내가 지닌 바로 그 동일한 사적 인상을 안다고 가정한다.

19 (옮긴이주) 체스에서 룩(성채 모양을 함)으로 왕을 지키기.

20 (옮긴이주) 마지막 세 단락의 구분은 시디롬 유고에 따랐다.

21 (옮긴이주) '우리가 그때라고 되어 있는 것을 시디롬 유고에 따라 '다른 사람들이'라고 고쳤다.

그가 '빨강'이란 이름을 할당하는가는 여기서 중요하지 않고 그래서 우리는 "그는 어떤 색, 이를테면 파랑을 보고 '나는 빨강을 본다'고 말한다"라고 말했을 수도 있다고 말이다.)

"그러나 '빨강을 봄'과 당신이 빨강을 본다는 것을 보임을 혼동하는 것은 빤한 오류이다! 빨강을 봄이 무엇인지 나는 알며, 〔빨강을 본다는 것〕[22]을 보임이 무엇인지 나는 안다." 우리는 〔빨강을 본다는 것〕을 보임이 무엇인지 안다는 것은 보임을 봄이다'라고 말할 수 없을까? 자, 봄이 무엇인가를 안다는 것은 무엇인가?

빨강을 봄이 무엇인가를 알 적에, 당신은 당신 자신에게 '빨강을 봄이란 이런 것이야'라고 말하는 것처럼 보인다—즉 당신은 당신 자신에게 어떤 견본을 주는 것처럼 보인다. 그러나 그건 견본을 주는 게 아닌데, 왜냐하면 견본의 동일성을 위한 통상의 기준들이 적용되지 않기 때문이다. 나는 말할 수 있다, 나는 언제나 같은 색깔을 '빨강'이라고 부른다고. 또는 내가 '빨강'을 설명할 때는 언제나, 나는 같은 색깔의 견본을 가리킨다고 말이다.

다음의 명제를 고찰하라: 그는 그것이 자기에게 무엇을 의미하는지를 ……으로 확인한다. 그 낱말이 매번 다른 어떤 것을 의미한다면, 당신은 그 낱말이 그에게 의미를 지닌다고 말할까? 그리고 같은 색깔이 두 번 나타남의 기준은 무엇인가?

그가 자기 자신과 벌이는 놀이를 우리가 기술한다면, 그가 '빨강'이라는 낱말을 같은 색깔에 대해 우리의 뜻으로 사용해야 한다는 것은 관계가 있는가? 또는 그가 그것을 아무렇게나 사용해도 우리는 그것을 하나의 언어놀

---

22 (옮긴이주) 원문에서 이 부분과 다음 문장의 대괄호 부분은 말줄임표(……)로 되어 있다.

이로 부를 것인가? 그러면 그것을 같은 방식으로 사용함에 대한 기준은 무엇인가? 단지 "같은"과 "색깔"과 "빨강" 사이의 연결은 아니다.

어느 것이 내가 본 것과 같은 색깔인가? 내가 '이것은 같은 색깔이다'란 말을 적용하는 그 색깔은 아니다.

"이 색깔들 중에서 어느 것이 빨강인지를 내가 여전히 알고 있는지 어디 한번 보자—(둘러보면서) 그래, 나는 알고 있어." (여기서 나는 "어느 것이 빨강이라고 불리는지"라고 말할 수 있었을 것이다.)

그러니까 그는, 이런 사적인 방식으로, 치통이 무엇을 의미하는가를 어떤 사적인 감각을 가짐으로써 확신할 수 있다?!

'빨강을 봄'이 무엇을 의미하는지를 당신이 안다는 것을 확인하는 일은, 당신이 이 앎을 그 이상의 경우에 이용할 수 있는 경우에만 좋다. 이제 내가 한 색깔을 다시 본다면 어떻게 될까, 나는 내가 '빨강'이 무엇을 의미하는지ᵃ 안다는 것을 확인했고 그래서 이제 나는 내가 그것을 올바로 인식할 것임을 알 것이라고 말할 수 있는가? 어떤 뜻에서, '이것은 빨갛다'라는 말을 이전에 말한 적이 있다는 것이, 나는 빨강을 본다고 내가 다시 말할 때 이제 나는 같은 색깔을 보고 있다는 하나의 보증인가?

실로 우리는 자기 자신을 위해 어떤 언어를 사용하는 로빈슨 [크루소] 같은 사람을 상상할 수 있다. 그러나 그 경우 그는 어떤 방식으로 **행동**해야 한

────────────

ᵃ 무엇인지

다. 그렇지 않으면 우리는 그가 자기 자신과 언어놀이들을 하고 있다고 말하지 않을 것이다.

'사적 감각 자료'의 문법.

흥미로운 것은 내가 치통이 있다는 것을 알기 위해서 내가 나의 행동에 주의할 필요가 없다는 것이 아니라, 나의 행동이 나에게 전혀 아무것도 말해 주는 바가 없다는 것이다.

"그가 신음하기 때문에 나는 그를 의사에게 보냈다"는 "그가 치통이 있기 때문에 나는 그를 의사에게 보냈다"와 마찬가지로 옳다.

"나는 고통이 있기 때문에 신음한다"—당신은 당신이 그런 이유로 신음한다고 확신하는가?

"그러나 우리가 우리의 행동을 무엇이라고 상상할 수 있건 간에, 우리 언어의 핵심은 하나도 건드려지지 않은 채로 남는다!" 핵심은 그 의미와 함께 있는 낱말이다.

"치통'은 내가 다른 사람들과 함께 행하는 놀이에서 내가 사용하는 하나의 낱말이지만, 그것은 나에게 사적인 의미를 지니고 있다."

"치통에 세례명을 주다."

한 낱말의 의미를 바꾸기.
지시적 정의의 사용과 결합된 의미.

'의미'란 낱말의 사용에서, 같은 의미가 한 놀이 전체를 통틀어 지켜진다는 것은 본질적인 것이다.

그게 그렇지 않은 어떤 놀이를 고려하라. 당신은 이런 종류의 활동을 놀이라고 부르겠는가?

"당신은 당신이 언제나 같은 사적 경험을 '치통'이라고 부른다고 확신하는가?"

"나는 그것을 같은 것으로 인식한다." 그리고 당신은 또한 그 낱말의 의미도 같은 것으로 인식하고 있는가, 그래서 당신은 이제 "그것을 같다고 인식함"이 그것이 전에 당신에게 의미한 것과 같은 것을 의미한다고 확신할 수 있는가?

"그러나 어떤 낱말을 나를 위해 지시적으로 정의할 적에 나는 그것의 의미를 나에게 각인해서 나중에 그것을 잊지 않도록 한다." 그러나 이것이 도움이 된다는 것을 당신은 어떻게 아는가? 나중에 당신은 당신이 그것을 옳게 또는 그르게 기억하는지를 아는가?

당신은 빨갛지 않은 어떤 것을 빨갛다고 인식할 수 있는가?

이러이러한 것이 사실이라고 확신하는 것. 아는 것. '나는 p를 안다'로부터 'p'가 따라 나오는가?

확신함의, 강한 확신의, 정상적 경우.

당신이 보는 것은 초록인데 당신은 그것을 붉다고 인식한다고 말하는 것이 뜻이 있는가?

"나에게는 그것이 뜻이 있다고 보인다." 의심할 여지 없이 당신은 하나의 그림을 사용하고 있다. 그러므로 그것이 '당신에게는 뜻이 있다고 보이는' 것이다. 그러나 자문해 보라, 당신은 그 그림을 어떻게 이용하고 있는가? 뜻과 무의미에 관해서는 우리는 나중에 이야기해야 할 것이다.

당신이 확신함이 그것이 그렇다는 것에 대한 유일한 기준인데, 그것이 그렇다는 것이 따라 나오지 않는다면, 확신한다는 것은 여기서 무슨 소용이 있는가?
그것이 뜻하는 바는, 이것은 확신함의, 확신의 한 경우가 전혀 아니라는 것이다.

'……으로 인식함'은 인식함에서 당신이 틀릴 수 있는 곳에서 사용된다.

때때로 이 물체들은 무게가 변한다. 그러면 우리는 그 변화의 원인을 찾고, 이를테면 어떤 것이 그 물체에 일어났음을 발견한다. 그러나 때때로 한 물체의 무게가 변하는데 우리는 그 변화를 전혀 설명할 수 없다. 그러나 그럼에도 불구하고 우리는 "이제 그 물체는 실제로 어떠한 무게도 지니지 않기 때문에" 그것의 무게를 재는 일은 그 요점을 상실한다고 말하지 않는다. 오히려 우리는 그 물체가 어찌 된 일인지 변했다—그리고 이것이 무게 변화의 원인이었다—고, 그러나 지금까지 우리는 이 원인을 발견하지 못했다고 말한다. 즉 우리는 무게 달기 놀이를 계속해 나갈 것이며, 그 예외적 행동에 대한 설명을 찾으려고 노력한다.

우리는 "이 물체의 무게"라는 표현 형식을 그 물체 속에 내재하는 어떤 것, 즉 그 물체의 일부를 파괴함으로써만 감소할 수 있는 어떤 것을 지칭하기 위해 사용한다. 같은 물체─같은 무게. (그리고 이것은 하나의 문법적인 명제이다.)

식료품 장수.

사실상 규칙인 것이 예외가 되었다고 해 보자. 어떤 특이한 상황 속에서 어떤 물체가 실로 같은 무게를 유지했다 ; 이를테면, 수은이 있는 곳에서의 철(鐵). 다른 한편으로, 한 조각의 치즈가 그 크기, 칼로리 등을 유지하지만, 불가사의하게도, 다른 시간에는 다른 무게들을 지녔다. 우리는 여전히 …… 할까?

다른 한편으로, 치통의 행동이 없었다면, ……일 것으로 보인다.

"아무개의 건강은 탁월하다, 그는 한 번도 치과의사에게 갈 필요가 없었고, 한 번도 치통에 관해 불평한 적이 없다 ; 그러나 치통은 사적인 경험이므로, 우리는 그가 한평생 지독한 치통이 없었는지를 알 수가 없다."

어떻게 우리들은 이러이러한 것이 사실이라고 가정하는가? 예를 들어 'A는 치통이 있다'라는 가정은 무엇인가? 그것은 "A는 치통이 있다"라는 말을 하는 것인가? 또는 그것은 이 말을 가지고 어떤 것을 행하는 데 있지 않은가?

'가정의 놀이.'―

가정함: 마음의 한 상태. 가정함: 하나의 몸짓.

"그러나 요점은 단지, 우리는 **우리가** 치통이 있다고 **가정하지 않는다는** 것이다. 그러므로 비록 우리가 다른 누군가가 치통이 있다고 가정할 아무 근거가 없어도, 그럼에도 불구하고 우리는 우리가 치통이 있다는 것은 알 수 있다." 그러나 이 경우에 도대체 우리가 고통의 징후로서 (특정한) 행동에 관해 이야기할까? "나 이외에 아무도 고통을 모르고, 또 내가 그것에 대해 '아브라카다브라'란 이름을 방금 발명했다고 해 보자!"

그의 슬픔을 보이기, ─그의 슬픔을 감추기.

어떤 상황에서의 어떤 행동을 우리는 우리의 치통을 보이기라고 부르고, 다른 행동은 우리의 치통을 감추기라고 부른다. 그런데 만일 사람들이 그들이 행동하는 방식으로 일상적으로 행동하지 않는다면, 우리는 이 행동에 관해 이런 식으로 이야기할까? 나와 그들이 고통과 같은 그런 낱말 없이 내 행동을 기술했다고 하자, 그 기술은 불완전할까? 문제는 이것이다 : 나는 그 것을 불완전하다고 생각하는가? 만일 그렇다면, 나는 내 행동의 두 경우를 구별할 것이고, 다른 사람들은 내가 내 행동에 대해서 두 낱말을 번갈아 사용한다고 말할 것이다. 그리고 그로써 그들은 내가 치통이 있음을 인정할 것이다.

"그러나 그가 치통이 있음을 어떤 방식으로도 보이지 않고도 치통이 있을 수는 없는가? 그리고 이것은 '치통'이란 낱말이 치통과 결합된 행동과는 전적으로 독립적으로 의미를 지닌다는 것을 보여 준다."

"우리는 '치통'을 개인적 경험의 이름으로 사용한다."─자, 그럼 우리가 그 낱말을 어떻게 **사용하는지** 보자!

"그러나 당신은 치통의 감각을 안다! 그래서 당신은 그것에 이를테면 '치통'이라는 이름을 줄 수 있는 거다."

그러나 감각에 이름을 준다는 것은 어떤 것인가? 이를테면 그것은 그 감각을 지니는 동안, 그리고 아마도 그 감각에 주의를 집중하면서, 그 이름을 발음하는 것이다. —그러나 그게 어떻다는 것인가? 이 이름은 그로써 주술적 힘들을 얻는가? 그리고 왜 도대체 나는 이 소리들을 그 감각의 '이름'이라고 부르는가? 나는 내가 사람의 이름이나 수(數)의 이름을 가지고 무엇을 하는지를 안다. 그러나 나는 이 "정의(定義)" 행위로 그 이름을 사용한 것인가?

"나는 치통이 무엇인지 안다." 그러나 내가 그것을 안다는 것을 나는 어떻게 아는가? 왜냐하면 어떤 것이 내 마음 앞에 나타나기 때문에? 그런데[a] 그것이 옳은 것이라는 것을 나는 어떻게 아는가? 왜냐하면 내가 그것을 인식하기 때문에? 그러나 내가 그것을 치통으로 인식하는 한, 그것이 무엇인지는 그렇다면 중요하지 않다! ……

"그러나 '당신은 치통이 무엇인지 압니까?' 하고 당신이 나에게 물었을 때, 나는 어떤 감각을 마음 속에 떠올린 후에 '예'라고 대답한다." 그러나 이제 이 **어떤** 감각이 특징지어졌는가?[23] 당신이 '치통'이란 낱말을 말할 때 그것이 나타난다는 단지 그 점에 의해서? 또는 그것이 나타나고 당신이 어떤 방식으로 만족한다는 것에 의해서?

"감각에 이름을 주다"는, 이 이름이 어떤 종류의 놀이에서 사용될 수 있는

---

a 그러나
23 (옮긴이주) 이 문장은 시디롬 유고를 따랐다.

지를 내가 이미 알고 있지 않다면, 아무것도 의미하지 않는다.

* * *

우리는 어떤 행위를 다음과 같은 말로써 기술한다: "그가 그의 고통을 감추고 있었다는 것은 명백하다", 또는 "나는 그가 그의 고통을 감추고 있었다고 생각한다", 또는 "나는 그가 고통을 감추고 있었는지 전혀 모른다".

그러나 비록 내가 아무런 이유도 갖고 있지 않지만, 나는 그가 고통이 있다고 어느 정도의 확신을 가지고 그냥 가정할 수는 없는가? 나는 "나는 …… 가정한다"라고 말할 수 있다, 그러나 그들이 아무런 고통ᵃ의 표시도 보이지 않음에도 내가 그들 모두를 의사에게 보낸다면, 나는 그저 미쳤다고 일컬어질 것이다.

우리가 어떤 것을 설명하려고 노력한다는 것은 우리가 종종 그것을 설명할 수 있다는 사실에 의한 것이다. 만일 내가 그 어떤 규칙성도 보지 못한다면, 나는 내가 아직 발견하지 못한 규칙성이 있다고 말하는 데로 기울지 않을 것이다. 통상적으로 일어나는 것이 나로 하여금 이러한 관점을 취하게 만든다.

'사적 정의'는 구속력이 있지 않다.

* * *

ᵃ 질병

우리의 사적 언어놀이에서 우리는 어떤 인상에 이름을 준 것처럼 보였다 ─물론 그 이름을 장차 그 인상에 대해 사용하려고 말이다. 즉, 그 정의는 미래의 경우들에 있어 어떤 인상에 대해 그 이름을 사용하고 어느 인상에 대해 그 이름을 사용하지 않을지를 확정했었어야 한다. 그런데 우리는 말하기를, 정의를 한 후 어떤 경우에 우리는 그 낱말을 사용하였고 다른 경우에는 사용하지 않았다고 하였다; 그러나 우리는 이 경우들을, 우리에게 '어떤 인상들'이 있었다고 하는 말로 기술하였을 뿐이다─즉 우리는 그것들을 전혀 기술하지 않았다. 그것들을 특징지은 것이라고는 단지, 우리는 이러이러한 낱말들을 사용하였다는 것뿐이었다. 정의인 것처럼 보인 것이 전혀 정의의 역할을 하지 못했다. 그것은 낱말의 추후 사용을 하나도 정당화하지 못하였다. 그리고 따라서 우리의 사적 언어놀이에서 남는 것이라고는, 내가 때때로 아무런 특정한 이유 없이[a], '빨강'이라는 낱말을 나의 일기장에 그 어떤 정당화도 없이 적는다는 것이 전부이다.

"그러나 내가 통상적으로 '빨강'이라는 낱말을 사용할 때, 비록 그렇게 하는 동안 내가 어떤 정의를 생각하지 않을지라도, 확실히 나는 정당화되었다고 느낀다." 당신이 뜻하는 것은, 통상적으로 당신이 '빨강'이라는 낱말을 사용할 때마다 당신은 당신이 정당화의 느낌이라고 부르는 특수한 느낌을 지닌다는 것인가? 나는 그것이 참말일지 의아스럽다. 그러나 어쨌든 '정당화'로 내가 의미한 것은 어떤 느낌이 아니다. 그러나 나는 무엇이 당신으로 하여금, 예를 들어 '이 책은 빨갛다'라고 말할 적에 당신이 그 낱말의 사용에서 정당화됨의 느낌을 지닌다고 말하게 만드는지 안다고 생각한다. 왜냐하면 당신은, 내가 어떤 한 낱말을 잘 알려진 의미로 사용하는 경우─내가 어

---

a 정당화 없이

떤 사람에게 "오늘은 하늘이 파랗다"라고 말할 때와 같은 경우—와 내가 그런 경우 예컨대 "하늘은 음매이다"와 같이 어떤 임의의 낱말을 말하는 경우 사이에는 명백한 차이가 있지 않은가 하고 물을 수 있을 것이기 때문이다. 이 경우에 당신은 말할 것이다, 나는 내가 '음매'라는 낱말에 단지 의미를 주고 있다는 것을 알거나, 아니면 나는 그 낱말을 사용함에 대해서 그 어떤 정당화도 존재하지 않는다고 느낄 것이라고 말이다. 그 낱말은 그저 **아무** 낱말이지 적합한 낱말이 아니다. 나는 '색깔의 이름을 사용하는' 경우와 '색깔에 새로운 이름을 주는' 경우와 '색깔의 이름 대신에 임의의 어떤 낱말을 사용하는' 경우 사이에는 경험에서 차이가 있다는 것에 전적으로 동의한다. 그러나 그것이, 첫 번째 경우에 나는 세 번째 경우에는 없는 어떤 적합성의 느낌을 지닌다고 말하는 것이 옳다는 것을 뜻하지는 않는다. "그러나 '빨강'은 여하튼 이 색깔과 걸맞다고 우리에게는 보인다." 우리는 확실히 어떤 경우에는 이런 문장을 말하고 싶어질 수 있겠으나, 그러므로 일상적으로 우리가 어떤 것이 빨갛다고 말할 때 우리가 어떤 걸맞음의 느낌을 지닌다고 말하는 것은 잘못일 것이다.

"그러나 당신이 뜻하는 것은, 한 사람이 자신과 체스놀이를 하면서 다른 누구도 그가 체스놀이를 한다는 것을 알지 못하게 할 수는 없으리라는 것인가?"—당신은 그가 사적인 체스놀이를 하고 있으려면 무엇을 해야 한다고 말하겠는가? 그저 아무것이나?

나는 당신이, 예를 들어, 그는 체스판과 그 위에 있는 체스 말들을 상상한다, 그는 어떤 수(手)들을 상상한다, 등등이라고 말하리라 상상한다. 그리고 체스판을 상상한다는 것이 무엇을 뜻하느냐고 질문을 받는다면, 당신은 그것을 진짜 체스판을 가리키거나 이를테면 체스판의 그림을 가리킴으로써 설명할 것이며, 체스의 왕, 졸, 기사의 움직임 등을 상상한다는 것이 무엇을 뜻하느냐고 질문을 받는 경우에도 유사할 것이다. 또는 당신은 이렇게 말했어야 했을까? 즉 그는 어떤 ……을 거쳐야 한다고 말이다. 그러나 어떤 사적 경험들이 있는가? 그리고 그것들 가운데 이 경우에 통하는 게 있을까? 예를 들면, 뜨겁다고 느낌? "아니다! 내가 말하고 있는 사적 경험은 체스놀이의 다양성을 지니고 있어야 한다." 그러나 다시, 그는 두 사적 경험을 또 하나의 어떤 사적 경험에 의해 다르다고 인식하고, 또 이 사적 경험을 다른 경우에 같다고 인식하는가? (소설에서의 사적 경험.) 이 경우 우리는 우리가 사적 경험들에 대해서 그 어떤 것도 말할 수가 없고 사실상 '경험'이란 낱말을 사용할 자격이 전혀 없다고 말해야 하지 않는가? 우리가 그럴 자격이 있다고 우리가 믿게 만드는 것은, 우리는 실제로는 상상 속에서 체스를 두는 다양한 방식들을 기술하면서 우리가 그의 사적 경험들을 기술할 수 있는 경우들을 생각한다는 것이다.

비록 아무도 알아낼 수 없을지라도 그는 빨간색을 보고 있는지도 모른다고 어떻게 우리가 말할 수 있는가?

우리가 알지 못하는 사적 경험이란 이러한 관념을 우리가 끝까지 밀고 나간다면, 우리는 또한 어떤 사적 경험에 관해서 말할 수도 없다. 왜냐하면 이 표현은 우리가 아는 어떤 부류의 경험들 ─ 비록 그것들 가운데 어느 경험을 그가 하는지는 우리가 알지 못하지만 ─ 을 암시하는 경우로부터 취해지기 때문이다. 오히려 우리가 그에 관해 말하고 싶었고 우리의 행동들의 뒤에 있다고 상상한[a] 사적 인상들[b]은 안개 속으로 소실된다.[c]

---

a 우리가 우리의 행동들의 전경(前景)에 대한 배경으로서 상상하는 b 사적 경험들 c 차라리, 우리의 행동들의 배후에 있는 미지의 x, y, z 등으로서 우리가 상상한 사적 경험들은 안개 속으로 소실되어 아무것도 아닌 것으로 된다.

혹자는 이렇게 제안할지도 모른다. 즉 '치통'이라는 낱말은 한편으로는 하나의 행동을 나타내고 다른 한편으로는 하나의 사적 경험을 나타낸다고 말이다. 그리고 그 연관은, 어떤 사람이 그 사적 경험을 할 때 그는 특수한 방식으로 행동할 필요가 있다는 것이라고 말이다.

그러나 사적 경험이 오직 하나가 있는지 100개가 있는지 당신은 알지 못하는데, 왜 당신은 100개의 사적 경험이 아니라 하나의 경험에 관해 말하는가?

여기서 그렇게 혼란을 일으키는 것은 낱말의 사용 대신에 의미에 대해 말하는 것이다.

다른 종류의 대상들이라는 관념.

왜 당신은 빨강을 본다는 것이 어떤 것이냐 하는 것보다 다른 사람의 경우에 경험한다는 것이 어떤 것이냐를 더 잘 알아야 하는가?

만일 당신이 매우 조심스럽다면, 당신은 "모종의 어떤 것"이라고 말할 것이다.

한 경우에 나는 "나는 빨강을 본다"라고 말하면서 그것을 진심으로 뜻하고 거짓말을 하지 않고 있다. 그리고 다른 한편으로 나는 그 말을 하지만 그 말이 참이 아니라는 것을 안다 ; 또는 그 말이 정확히 무엇을 뜻하는지를 알지 못하면서 그 말을 한다. 이들 경우에 일어나는 것은 무엇인가?

그것이 참이라는 것에 대한 기준들은 언어에(규칙들, 도표들 등에) 놓여

---

a 나는 치통이 있다

있다.ᵃ "그러나 어떻게 나는 그 특수한 경우에 그것들을 적용하는 법을 알 수 있는가? 왜냐하면 그것들이 공통의 언어에 놓여 있는 한, 그것들은 공통적 언어의 나머지 규칙들과 합류하기 때문이다; 즉 그것들은 나의 특수한 경우에 나를 돕지 않는다. 내가 특수한 경우에 하는 것을 규칙에 의해서가 아니라 단지 그때 일어나는 것에 의해서 정당화한다고 하는 그런 것이 있는가? 내가 ……라는 문장을 사용하는 일에서 나는 단지 지금 일어나는 것에 의해서 지금 정당화된다고 말할 수 있는가?" 아니다!

또한 "내가 정당화되었다고 느낄 때 ─ 나는 정당화된다"라고 말하는 것도 나에게는 도움이 안 된다ᵇ. 왜냐하면 정당화되었다고 느낌에 대해서는 치통을 느낌에 대해서와 같은 것이 말해질 수 있기 때문이다.

내가 치통이 있다고 말함ᶜ에 대한 나의 기준은 다른 사람이 내가 치통이 있다고 말하는 것과 다르지 않다ᵈ; 왜냐하면 나는, 내가 치통을 느낌 또는 치통이 있음이 내가 그렇게 말할 권리가 있음에 대한 나의 기준이라고 말할 수 없기 때문이다.

검토하라: '이 두 조작(操作)은 같은 고통을 유발한다.' 그것들이 유발하는 고통을 나는 '치통'이라고 부를 것이다.

이것은 무엇을 보여 주는가? 나는 **행동**을 "치통이 있음"이라고 불렀는가? 나는 행동을 "같은 고통이 있음"이라고 불렀는가? 나는 행동에다 "치통"이라는 이름을 주었는가?

그러나 치통을 보임은 결코 거짓말함²⁴일 수 없다.

***

 a 공통의 **언어**에 미리 놓여 있어야 한다 b 나는 말할 수 없다 c 내가 치통이 있음 d 같다
24 (옮긴이주) 시디롬 유고에는 '거짓말함'이 '말함'으로 되어 있다.

나는 거짓말함이 아닌 어떤 표현을 가정하여야 한다.[25]

나는 내가 이렇게 말하고자 했다고 믿는다. 즉 여기서 '치통'은 어떤 행동의 이름으로 주어지지 않았으며, 우리들은 그 행동의 배후에 있는 어떤 경험을 가리키는 것도 아니라고 말이다.

언제 우리는 두 조작이 같은 고통을 유발한다고 말할 수 있는가? 그것은 피험자[a]가 다음과 같이 말하는 때일 수 있을 것이다: '지금 나는 ……할 때와 같은 고통이 있다.' 나는 그가 '같은 ……'이라는 낱말을 배웠기에 이 말을 자연 발생적으로 한다고 상상한다.[26]

이제 나는 치통의 경험이 아니라 단지 행동만이 있다고 말하는 것인가?!?

신음함이 치통의 표현이라고 내가 말한다면, 그것이 그 배후에 느낌이 없는 표현일 가능성은 어떤 상황에서는 나의 놀이에 들어와서는 안 된다.

표현이 언제나 거짓말할 수 있다고 말하는 것은 헛소리이다.

느낌(사적 경험들)의 표현들이 있는 언어놀이들은, 거짓말할 수 있다고 우리가 말하지 않는 표현들이 있는 놀이에 기초하고 있다.

"그러나 내가 아기였을 때 나는 '치통'이 나의 치통의 표현을 의미한다고 배웠는가?" — 나는 어떤 행동을 일컬어 치통의 표현이라 한다고 들었다.

---

25 (옮긴이주) 시디롬 유고에서 이 단락은 유고에는 없는 다음 절 첫 단락(옮긴이주 26이 붙은 단락)의 자리에 있다.
26 (옮긴이주) 이 단락은 시디롬 유고에는 없다.

"그러나 어떤 아이가 치통이 있을 때의 정상적인 아이처럼 꼭 그렇게 행동하는데 치통이 있지 않을 수도 있지 않은가?"

그러나 우리가 아기에 관해 말해 본다면, "치통이 있음"은 "이러이러하게 행동함"과 같은 것을 의미하는가?

우리는 "가엾은 것, 신음하는구나" 하고 말한다.

아이의 경우에도 나는 신음함과 고통을 구분할 수 없는가? 나는 아이가 신음하기 때문이 아니라 고통이 있기 때문에 동정한다고 말할 수 없는가?

내 생각으로는, 당신은 당신이 아이에게 고통이 있다고 믿기 때문에 아이를 동정하는 것이라고 말해야 한다. 그러나 아이가 신음한다고 믿는 것ª과 대조적으로, 아이에게 고통이 있다고 믿는다는 것은 어떤 것인가? 여기서 그것은 아이가 속지 않는다고 믿는 것에 있는 것이 아니라 다른 경험에 있다.

"내가 이 색깔에 다가갔을 때 어떤 것이 나의 두뇌를ᵇ 클릭하였다." (이것은 하나의 그림이다.) 그러나 당신은 그것이 빨갛다는 것을 그 클릭 동작으로부터 알았는가? 이 색깔을 보면서 당신의 두 눈이 더욱 커졌고 당신이 어떤 반사운동을 보였다고 해 보자, ― 당신이 그 색깔을 빨갛다고 인식한 것은 그것이 이러한 반응을 산출함으로써였는가? 실로, 이것이 우리가 인식이라고 부르는 현상이지만, 우리가 그것을 그렇게 부르는 이유는, 그것이 우

___

a 단지 보는 것 b 마음을

리가 대상을 인식했다고 말하는 다른 기준들이 있는 상황 속에서 일어나기 때문이다.

나는 특수한 색깔을 보았다, 그것에 집중하였다, 그리고 빨강이라는 낱말이 아무 긴장 없이 떠올랐다.

"그러나 틀림없이, 내가 '나는 빨강을 본다'라고 말해서 정당화되는, 내가 거짓말하고 있지 않은 경우가 있고, 또 내가 그렇게 말해서 정당화되지 않는 경우가 있다!" 물론 나는 지시적 정의에 의해서, 또는 다른 사람들에게 "자, 이것은 빨갛지 않은가" 하고 물어보고 그들이 그렇다고 대답함에 의해서 정당화될 수 있다. 그러나 당신은 이러한 정당화를 의미한 것이 아니라, 다른 사람들이 무엇을 말하든지 간에 나를 사적으로 정당화해 주는 정당화를 의미했다.

"그러나 당신이 말하고자 하는 것은, '나는 빨강을 본다'라는 내 말의 진위가 한 경우에는 내 마음의 눈앞에 빨강이 있고 다른 경우에는 없음에 있지 않고, 내가 그것을 이런 또는 저런 어조로ᵃ 말하느냐에 달려 있다는 것인가?"
내가 이유 없이 "나는 빨강을 본다"라고 말한다면, 그것을 진짜로 말하는 것과 그것을 거짓으로 말하는 것을 나는 어떻게 구별할 수 있을까?

여기서, 내가 실수로 비진리를 말하는 그런 경우를 나는 배제한다ᵇ는 것이 중요하다.

---

a 어떤 긴장감을 가지고 b 그런 경우는 없다

여기서 명제와 실재의 비교는 없다! (대조하는 일.)

내가 '나는 빨강을 본다'라고 말하고 거짓말할 때, 나는 내가 거짓말하고 있다는 것을 알지 못하는가? — 언제 나는 나의 경험을 나의 앎을 표현하는 말로 옮기는가? 우리들은 이렇게 말할 수 있을 것이다. 즉 내가 거짓말하고 있다는 것을 앎은 내가 거짓말하고 있다고 말함을 의미하지 않고, 내가 그렇게 말할 준비가 되어 있음을 의미한다고 말이다.

거짓말한다는 것은 어떤 긴장의 경험ᵃ에 의해 특징지어진다고 나는 말할 수 있을 것이다. 내가 빨강을 보지 못한다는 것을 알면서 내가 빨강을 본다고 말하는 것은 어떠한 것인가?

"자, 그건 단순히 빨강을 보고 있지 않은데 '나는 빨강을 본다'라고 말하는 것이다. 이에 대해서는 아무것도 문제 될 것이 없는데, 왜냐하면 어떤 것을 봄과 말함은 완전히 독립적이니까 말이다."

"내가 지금 ……라고 부르는 것."

(우리는 결코 상식의 견해들을 논박하는 것이 아니라, 상식의 표현을 문제 삼는 것이다.)

내가 "나는 빨강을 본다"라고 말했는데, 내가 실제로 빨강을 보았으나 말실수를 했었기 때문에, 나는 거짓말하고 있었다고 해 보자.

ᵃ 특이한 긴장

그러나 어느 거짓말이 내가 말했던 또는 (차라리) 생각했던 것이었는가? 물론 나는 나중에 "내가 말하고자 한 것은 '나는 초록을 본다'였다"라고 말할 수 있지만, 이 말에 어떤 것인가가 내가 '나는 빨강을 본다'라고 말하는 동안 대응했는가?

그러나 그가 자신이 거짓말하고 있다고 느꼈으나 결코 그렇게 말하지는 않았다고 해 보자, — 그는 자기가 거짓말하고 있다는 것을 알았는가, 몰랐는가?

"그는 우리가 거짓말이라고 부르는 것을 자기가 하고 있다는 것을 알았는가?" "그는 자기가 다른 경우에 거짓말이라 부른 것을 자신이 하고 있다는 것을 알았는가?"

자신이 거짓말하고 있었다고 말함 — 진실을 말하고자 함 — 에 대한 그의 기준은 무엇인가? 기준이 있는가?

"그는 자기가 빨강을 본다고 말하고 실제로 빨강을 본다"와 "그는 자기가 빨강을 본다고 말하고 거짓말하지 않음의 경험을 한다[a]"라는 두 문장은 같은 것을 말하는가?

"그러니까 당신은 빨강을 본다는 것이 '나는 빨강을 본다'를 어떤 어조로 말함에 있다고 생각하는 것인가?" — 아니다, 그러나 '나는 빨강을 본다'라고 말하고 그것을 보는 것은 그것을 특수한 어조로 말하는 것일 수 있을 것

---

a 그는 자기가 빨강을 본다고 확신을 갖고 말한다

이다.

어떻게 나는 나 자신이 빨강을 보고 있는 것을 상상하는가? 그건 빨강을 상상함에 의해서가 아닌가?! 그러나 어떻게 나는 나 자신이 어떤 모임에서 연설하고 있는 것을 상상하는가?

로빈슨 크루소 같은 사람이 자기 자신에게 거짓말하는 것을 상상하라. ─ 왜 이것은 상상하기가 어려운가?

빨간 어떤 것을 바라보고 다음과 같이 하면서 당신 자신에게 '나는 초록을 본다'라고 말하라: a) '초록'으로 당신이 통상 '빨강'으로 의미하는 것을 의미하면서(즉 참을 말하면서), b) 거짓말하면서.

그러나 어떤 사람이 예를 들어 좀 더 일찍 일어나려고 자신의 시계를 앞으로 돌려놓는다면, 그것은 자기 자신에 대해 거짓말하는 것이라고 할 수 있을 것이다.

계정을 위조하기. 내가 합계를 하여 273실링에 이르렀는데, 거기서 3을 지우고 대신에 5를 집어넣는다.

이 논의에서 우리가 거짓말에 관해 말할 때, 그것은 언제나 **주관적으로** 거짓말하는 것을, 그리고 자기 자신에게가 아니라 다른 사람에게 주관적으로 거짓말하는 것을 의미해야 한다.

내가 나는 초록을 본다고 말하지 않고 초록을 본다면, 이 말은 내가 보는 것을 어떤 방식으로 기술한다고 말할 수 있는가?

어떤 사람이 **주관적으로** 끊임없이 거짓말하지만 객관적으로는 거짓말하지 않는 것이 상상될 수 있을 것이다.

다음과 같은 경우를 상상하라: 어떤 사람이 특수한 방식으로 거짓말을 한다, 그는 빨강을 '초록'이라 부르고 초록을 '빨강'이라 부르면서 언제나 거짓말을 하지만, 사실상 그가 말하는 것은 다른 사람들의 용법과 일치하고 그래서 그의 거짓말은 결코 주목받지[a] 않는다.

어떤 사람이 다음과 같이 말했다고 하자: 빨강을 본다는 것은 내가 "……"라는 말로 기술하고 싶게 하는 그런 것을 본다는 것을 의미한다. "내가 거짓말을 하고 있다는 것을 안다는 것은 '……'라는 말로 내가 **기술해야 할** 그런 경험을 한다는 것을 의미한다."

(우리의 언어는 한편으로는 논리학자들이 상상하는[b][c] 것보다 훨씬 더 많은 표현 가능성들을 지니고 있고, 다른 한편으로는 이 표현 양식들의 쓰임은 논리학자들[d]이 상상하는 것보다 훨씬 더 많이 제한되어 있다.)

무엇이 '나는 빨강을 본다'를 거짓말로 만드는가? 빨강을 보지 않음이라는 사적 경험 아니면 어떤 긴장을 느낌이라는 사적 경험?

이러이러한 경우에 거짓말하는 것은 이러이러하게 말하고 어떤 긴장을 느끼는 것에 있다고 말하는 것은 잘못된 것인가?

때로 거짓말은 실제 사정이 다르다는 것을 나만이 의식하고 있다는 점에

---

a 알아차려지지 b 인정하는 c 꿈꾸는 d 그들

의해 특징지어지고, 때로는 그렇게 특징지어지는 것이 아니라 나쁜 양심의 긴장을 내가 감지한다는 사실 등에 의해 특징지어진다고 아주 잘 말해질 수 있을 것이다.

이제 내가 "나는 빨강을 본다'라고 말하면서 초록을 보는 인물은 거짓말을 하는 거다"라고 말한다면, 그것은 맞지 않다. 왜냐하면 나는 이렇게 말해야 마땅하기 때문이다: "나는 빨강을 본다'라고 말하면서 자기가 초록을 본다는 것을 아는 (또는 믿는) 자는 거짓말을 하는 거다."

"나는 빨강을 본다'라고 말하면서 그 자신은 '초록'이란 낱말로 **지칭할** 색깔을 보는 사람은 거짓말을 하는 거다." 그러나 이것은, 그가 **진실하게** 그렇게 지칭할 사람이라는 것을 뜻한다. 또는 그는 **"자신에게는 그렇게 지칭할"** 사람이라고 우리는 말할 수 있는가?
그런 까닭에, 하나를 큰 소리로 말하고 다른 하나를 낮게 말하는 사람은 거짓말을 할 수 있다 — 그리고 여기서 거짓말은 그가 큰 소리로 말하는 것이다 — 라고 하는 관념이 존재한다.

"자기가 어떤 색깔을 보는지를 어떤 식으로 **표현할 수 있을** 사람은 자기가 어떤 색깔을 보는지를 안다." 무엇이 그가 그것을 할 수 있을 것임을 말해 주는 기준인가?

어떤 색깔 인상을 "빨강"이란 말로 진실하게 지칭한다는 것은 무엇을 뜻할까? 그 낱말이 다른 인상보다 한 인상에 더 잘 맞는다는 것인가?
여기서 이렇게도 말해질 수 있을 것이다: 우리들은 문장의 주관적인 진리에 대해서는 결코 말하지 말아야 한다. "나는 치통이 있다"라는 문장의 참은 오직 객관적으로 판단되어야 한다.

"참된 말은 거짓된 말과는 다르게 나온다."

다음과 같이 말할 수 있다 : "이 모든 말은 동일한 방식으로 나왔다."
당신이 하는 말은 하나의 반응이다. "그는 …… 본다"란 문장으로 우리가
옮기는 그 반응. ― 그러나 다른 사람은 나의 반응이 이러이러한 방식으로
일어난다는 것을 알 필요가 없다는 것은 참이 아닌가? 그는 내가 그에게 내
가 보는 것을 '단도직입적으로' 말한다고 생각하는데, 그것은 그렇지가 않고,
오히려 나는 어떤 거짓말을 꾸며 낸다.

"내가 그에게 내가 무엇을 보는지 말하기까지는 그는 내가 무엇을 보는지
알지 못한다; 나는 그것을 그가 그것을 경험하기 전에ª 안다." 그 역(逆)일
수도 있을까?

나는 지금 오랫동안 연필로 글을 써 왔다. 나는 글이 잿빛이고 종이가 하
얗다는 것을 알았는가?
나는 그 사실(daß)을 알았는가? 또는 나는 단지, 그것은 그것이 있는 바대
로 있다는 것을 알았는가?

"나는 내가 그에게 그것을 단도직입적으로 말하지 않았다는 것을 안다."
―"그렇다, 그러나 이 '반응'에 의해서 이미 어떤 것이, 즉 내가 그에게 그것
을 단도직입적으로 말하지 않았다는 바로 그 체험이, 거기 있지 않았는가?"

ª 이미 그 전에

"그럼에도 불구하고 우리는, 누구나 (외적으로) 볼 수 있는 어떤 것이 일어나고 오직 나만이 인식할 수 있는 그 밖의 어떤 것이 '내 속에서' 일어난다고 말할 수 없는가?"

$$* * *^{27}$$

"내가 이 사과를 빨갛게 본다고 말할 적에 나는 어떻게 정당화되는가?" 당신은 정당화되지 않는다. 그러나 내가 거짓말을 할 때는 내가 정당화되지 않는다는 것과 내가 참을 말할 때는 내가 정당화된다는 것은 참이지 않은가?

정당화가 존재하지 않는 경우에 어떻게 거짓말이 가능한가?

혹자가 다음과 같이 말했다고 하면 어떻게 될까? "거짓말은 (여기서) 다른 낱말이 아니라 한 낱말을 적용하는 데 있다. 즉 우리를 오도하지 않는 낱말 대신 우리를 오도하는 낱말 말이다."

낱말이 한 방식으로 나오면 나는 정당화되고 다른 방식으로 나오면 정당화되지 않는다. ─그러나 어떤 방식으로? ─그것이 단도직입적인 방식으로 나오면 나는 정당화된다. ─[28]그러나 어느 것이 단도직입적인 방식인가? ─나는 알지만, 그것의 범례가 내 속에 있어서 설명할 수가 없다. ─그러나 그것이 당신 속에 있는 한, 그것은 그 낱말의 미래의 적용에서 아무런 목적에도 도움이 되지 않는다. (사적인 지시적 정의.)

---

27 (옮긴이주) 이 분리선은 시디롬 유고를 따라 삽입하였다.
28 (옮긴이주) 이 선은 옮긴이가 삽입한 것이다.

그것이 단도직입적 방식으로 나온다는 것을 나는 어떻게 아는가? 단도직입적 방식이 무엇인가는 범례에 의해 고정되어 있어야 한다.

"한 낱말을 단순한('단도직입적인') 방식으로 사용하지 않는 것이 도대체 왜 잘못일까?" 단도직입적으로 나오지 않는 낱말을 사용하는 것이 심지어 나의 의무가 아닐까? 우리가 어떤 코드를 정했는데 그 속에서 '빨강'은 초록을 의미하는 경우를 상상하라.

"나는 그 낱말을 꺼림칙한 마음으로 말했다."
나를 괴롭히는 것은 행위가 '마음의 상태'에 의해 동반된 것으로 기술되어 있는 명제이다.

"당신이 '나는 빨강을 본다'라고 말할 때 거짓말한다는 것은, 그 말을 하면서 내가 '정당화되지 않았다고 느낌' 또는 '초록을 봄' 등이라고 부르는 사적 경험을 하는 데 있다."—"그러나 정당화됨의 느낌을 '정당화되지 않았다고 느낌'이라고 내가 부른다고 해 보라!?"—자, 이 마지막 문장은, 비록 부조리하게 들리지만, 뜻을 지니고 있다.

"당신이 말하는 것은 이렇게 된다: 내가 '나는 빨강을 본다'라고 진심으로 말할 때, 내가 이 말을 하는 것은 어떤 사실, 즉 내가 빨강을 본다는 것에 의해 정당화되지 않는다."—아니, 나는 이렇게 말할 것이다:———

"당신은 정당화되지 않았다는 느낌을 지니거나 지니지 않거나 둘 중의 하나다!"

"그러나 내가 '나는 빨강을 본다'라고 말하고 (주관적) 진실을 말하는 경우와 내가 거짓말을 하는 경우가 확실히 존재한다!" — 그렇다, 즉 진실을 말하는 경우와 진실을 말하지 않는 경우를 우리는 **구별한다.** — 그러나 이런 경우에, 이 거짓말은 무엇에 있는가? 우리는 온갖 종류의 설명들을 시도할 수 있다: "그것은 ……라고 말하고 초록을 봄에 있다" "그것은 ……라고 말하고 내가 ……을 본다는 것을 앎에 있다" "그것은 ……라고 말하고 내가 이렇게 말하는 게 정당화되지 않는다고 느낌에 있다" 등등. 자, 어디 물어보자, 이 모든 설명은 같은 것이 되는가, 아니면 그것들은 다른 사실들을 기술하는가? 그것들이 다른 사실들을 기술한다면, 그 차이들은 (여기서) 우리에게 전혀 중요하지 않다고 우리는 말할 수 있다. 우리의 목적을 위해서 그것들은 모두가 같은 경우를 기술한다고 말해질 수 있다. (우리는 거짓말이 '나는 빨강을 본다'라고 말하면서 위통을 겪음에 있다고 말해도 되었을 테지만, 위통은 사적 감각이므로, 왜 오히려 빨강과는 다른 색깔을 봄이라는 사적 감각을 고려하지 않는가?) 그러므로 우리는 이 설명들이, 우리의 목적을 위해서는, **전혀 아무런 설명도 아니었다고** 말할 수 있다. 그것들은 그저 우리가 있던 곳에다 우리를 내버려 두었을 뿐이다. 그리고 그것들은 거짓말을 하는 경우와 진실을 말하는 경우는 문장에 동반되는 사적 경험으로 구별된다고 말할(말하는 것처럼 보일) 뿐이다. 그러므로 우리의 물음을 이렇게 표현해 보자: 거짓말한다는 것은, 우리의 경우에, '나는 빨강을 본다'라고 말하면서 초록을 보는 데 있다; 초록을 본다는 것은 무엇에 있는가? 하나의 대답으로서, 우리는 '초록'에 대한 견본을 직접 우리 자신에게 준다. 그러나 이 견본이 다른 사람들도 초록이라고 부르는 것이어야 한다는 것은 본질적인가? 아니다, 그것은 그들이 노랑 또는 파랑이라고 부르는 것일 수 있을 것이다. 그러나 당신은 그것이 그들이 뜨겁다, 차갑다, 또는 미지근하다고 부르는 것일 수 있으리라고 말하고 싶은가? 그렇다면, 비록 당신이 어떤 여지를 남겨 놓기는 하였지만, 결국 당신은 다른 사람들과 함께 행해진 놀이를 생각하고 있는 것이다.

우리가 다른 사람들은 알지 못하는 **사적 경험**에 관해 이야기할 때, 원래 우리는 무형의 무(無)에 관해서 이야기하려고 생각하는 것이 아니라, 어떤 일정한 가치를 지닌 하나의 변항에 관해서 이야기하려고 생각한다.

사람들은 때때로 말하기를, 나와 어떤 다른 사람이 대상들을 바라보고 있다면, 나는 다른 사람이 실제로 무슨 색깔을 보는지 결코 알 수 없다고 한다. 그러나 무슨 권리로 우리는 여기서 '색깔'과 '본다'를 사용하는가? 어떤 철학자들(예컨대, 드리슈[29])은 여기서, "우리는 다른 사람이 **무엇을 가지고 있는지 알 수 없다**"라는 뜻 없는 문구를 사용함으로써 상황을 구제할 수 있다고 생각하는 경향이 있을 것이다. 드리슈 참조: ……

그러나 여기서 '가지다'가 도대체 어떤 의미를 지니는 한, 그것은 우리에게 도움이 될 수 없다. 그리고 그것이 전혀 아무 의미도 지니지 않는다면, 나는 그것도 역시 우리에게 도움이 될 수 없다고 생각한다.

'우리는 ……과 ……을 구별한다.' 그것이 뜻하는 바는, 우리는 때때로 "내가 '나는 초록을 보았다'라고 말했을 때 나는 거짓말을 했다"란 표현을 "내가 '……'라고 말했을 때 나는 진실을 말했다"와 대조적으로 사용한다는 것이다. 그러나 이것으로 충분하지 않은가? ─"그러나 **어떤 상황**에서 당신은 '……'란 표현을 사용하는가?" 그러나 내가 당신에게 하나의 견본을 주었을 때, 나는 당신에게 상황들을 제시하는 일을 필연적으로 중지해야 하는

---

29 (옮긴이주) 드리슈(Hans Driesch, 1867~1941): 독일의 생물학자이자 철학자. 생기론의 마지막 옹호자로 알려져 있고, 《유기체의 과학과 철학》 등의 저서가 있다.

가? 내가 당신에게 하나의 낱말, 하나의 언어적 표현을 주었을 때는 왜 그러면 안 되는가? 그와 같은 표현의 사용은 견본의 사용과 비교하면 필연적으로 불명확한가? 하나의 견본이 다른 많은 방식으로 사용되고 대상들과 비교될 수는 없는가?

'거짓말'이라는 낱말을 우리는 특수한 방식으로, 즉 그 낱말을 어떤 상황에서의 어떤 행동―어떤 표현들의 사용―에 동여매는 방식으로 배웠다. 그다음 우리는, 우리의 행동이 처음 그 의미를 구성한 행동과 같지 않을 때, 우리는 거짓말을 하고 있었다고 말하면서 그 낱말을 사용한다.

그러나 같은 방식으로 우리는 '빨강'이라는 낱말을 어떤 놀이, 이를테면 1번 놀이에서 배웠고, 그다음 우리는 그것을 조건들이 다를 때 사용한다. (꿈의 기술(記述)에서의 과거와 비교하라.) (그리고 물론 우리가 사용하는 것은 그저 '빨강'이라는 낱말이 아니라, 그것과 연관된 심상(心象) 전체이다.)

"그러나 당신은 마치 '나는 빨강을 본다'란 표현만 있고 그것에 대응하는 인상은 없는 것처럼 말한다." 그 반대로, 나는 어떤 사람이 ……라고 말할 때 그가 또한 그 인상을 받는다고 말하지 않는다.

그러나 '나는 빨강을 본다'라고 당신이 **말한다**는 것이 일어나는 모든 것인가? 당신이 이것을 말하고 그것이 참일 때, 다른 어떤 것이 사실이지 않은가, 일어나지 않는가? 그러나 다른 어떤 것이 일어나지 않느냐고 당신이 묻는다면, 당신은 그저 그 밖의 아무 것이나, 예를 들어, 비가 온다를 의미하지는 않는다. 그러므로 결국 당신은 당신이 일어난다고 뜻하는 것이 무엇인가에 대해 기술을 해야 하며, 당신이 그것을 기술하는 한, 당신은 일어나는 것이 무엇인가를 알아야 하며, 그것은 X가 아니다. 그리고 그것을 부분적으로 미지의 것으로 유지하는 것도 역시 당신에게 도움이 되지 않는다. 다른 한편으로, 당신이 어떤 표현을 하는 것으로 멈추지 않고 어떤 견본을 주는 것으로 언제나 멈추어야 할 이유는 없다. (이런 뜻에서, 하나의 표현은 하나의 그림으로 작용한다고 말할 수 있다.)

우리가 우리 자신에게 솔직하다면, 철학적 수수께끼는 해결할 수 없는 것처럼 보이며, 실제로 해결할 수 **없다**. 즉, 우리가 우리의 물음을 바꾸기 전까지는 말이다.

'표현들은 언제나 거짓말하고 있을 수 있다.' 이런 말을 어떻게 우리가 우리의 낱말들을 동여매는 표현들에 대해서 할 수 있는가?

"그러나 나는 내가 거짓말하고 있는지 여부를 언제나 안다!"— 당신은 지금 단지 '거짓말하다'란 낱말의 사용에 사로잡혀 있을 뿐이다. 일반적으로, 당신은 거짓말에 대해서 그리고 당신이 거짓말하고 있는지 여부에 대해서 생각함이 없이 말한다.
그러나 (그렇다면) 나는 언제나 거짓말하고 있거나 거짓말하고 있지 않다! (내가 그것을 언제나 알건 알지 못하건 말이다.)
(실재와 우리의 표현들 사이에는 언제나 연결고리가 존재하는가?)[30]

한 어린아이가 '치통'이란 낱말을 자신이 내는 신음의 등가물로서 배웠고, 그 낱말을 말하거나 신음할 때마다 어른들이 자기를 특히 잘 대해 주는 것을 알아차렸다고 해 보자. 그다음에 그 아이는 바라는 효과를 유발하기

---

30 (옮긴이주) 시디롬 유고에는 이 문장이 지워져 있다.

위한 하나의 수단으로서 신음이나 '치통'이란 낱말을 사용한다: 그 아이는 거짓말을 하고 있는가?

당신은 말한다: "분명 나는 치통이 있어서 신음할 수 있고, 치통이 없이도 신음할 수 있다; 그렇다면 왜 어린아이의 경우에는 그게 그렇지 않단 말인가? 물론 나는 어린아이의 행동을 단지 보고 들을 뿐이지만, 나는 치통이 무엇(과 같은 것)인지를 나 자신의 경험으로부터 안다. 나는 치통을 행동과 별도로 안다. 그리고 나는 다른 사람들도 때때로 내가 지니는 고통들을 지닌다고 믿기에 이른다." ─ 이미 첫 번째 문장이 우리를 오도하고 있다. 그것은 내가 치통이 있거나 없이도 신음할 수 있느냐 하는 그 문제가 아니다; 요점은, 나는 '치통이 있어서 신음하는 것'과 '치통이 없이도 신음하는 것'을 구별하는데, 이제 우리가 어린아이의 경우에도 당연히 우리는 같은 구별을 한다고 계속해 말할 수 없다는 것이다. 사실 우리는 그렇게 말하지 않는다. 우리는 어린아이가 "나는 치통이 있다"란 말을 사용하여 자신의 신음을 대신하도록 가르친다; 그리고 나 또한 이렇게 하여 그 표현을 배웠다. 어떻게 나는 내가 어른들이 내가 표현하기를 원한 것을 뜻하기 위해 '치통'이란 낱말을 배웠다는 것을 아는가? 나는 내가 배웠음을 믿는다고 말해야 한다!

자, 우리들은 고통이 있기 때문에 신음할 수 있다; 또는, 예를 들면, 우리들은 무대 위에서 신음할 수 있다. 어떻게 나는, 어린아이가 비록 작지만 벌써 연기하지는 않는다는 것, 그리고 이 경우 나는 내가 아이가 뜻하기를 의도하지 않은 어떤 것을 아이가 '치통'으로 뜻하도록 가르친다는 것을 아는가?

나는 어린아이가 어떤 상황들 속에서 '나는 치통이 있다'라는 표현을 사용하도록 가르쳤다. 그리고 이제 아이는 이 상황들 속에서 그 말을 사용한다. — 그러나 이 상황들은 무엇인가? 나는 "아이가 신음한 상황들"이라고 말할 것인가, 그리고 이 상황들은 무엇인가?

그러나 이제 나는 또한 아이에게 무대 위에서 신음하는 것도 가르친다! 즉, 나는 심지어 아이가 이 표현을 다른 놀이에서 사용하도록 **가르친다**. 또한 나는 아이가 치통이 없을 때 아이가 '나는 치통이 있다'란 문장을 책에서 소리 내어 읽도록 가르치기도 한다. 사실 나는 아이가 거짓말하는 것을 하나의 별개의 언어놀이로서 가르칠 수 있을 것이다. (사실 우리는 종종 이런 종류의 놀이들을 아이들과 함께 한다.)

"그러나 당신이 말하는 것은 이렇게 되지 않는가? 즉 사람들이 특정한 방식으로 행동하기만 하면, 그들이 무엇을 느끼는지는 중요하지 않다고 말이다."

"행동에 의해서 고통을 정의할 수 있다는 것이 당신이 뜻하는 것인가?" 그러나 이것이 우리가 어린아이에게 '나는 치통이 있다'라는 표현을 사용하도록 가르칠 때 하는 것인가? 나는 "치통은 이러이러한 행동이다"라고 정의했는가? 이것은 명백히 그 낱말의 정상적 사용과는 전적으로 모순된다! "그러나 다른 한편으로, 당신은 적어도 당신 자신에 대해서는 '치통'의 **지시적** 정의를 줄 수 있지 않은가? 당신의 고통이 있는 곳을 가리키며 '이것은 ……이다'라고 말하면서 말이다." 내가 얻은 고통에 내가 이름을 붙일 수 없느냐고? 자신의 고통에 이름을 붙인다는 기묘한 관념! 그것이 이름과 무슨 상관이 있는가? 또는 그것을 가지고 나는 무엇을 하는가? 내가 어떤 이름으로 **부르는** 인물의 이름을 가지고 나는 무엇을 하는가? 내가 말하려는 것은, 그 이름이 그 고통과 어떤 연관이 있느냐는 것이다. 지금까지 유일한 연관은 이것, 즉 당신은 치통이 있었고, 당신의 **뺨**을 가리켰으며, '음매(moo)'라는 소 울음 같은 낱말을 발음했다고 하는 것이다. "그래서 어쨌다는 건가?" 우리가 사적인 정의에 관해 말한 것을 기억하라.

"그러나 당신은 어떤 것 ─ 즉 경험 또는 당신이 그것을 무엇이라고 부르 건 간에 ─ 을 무시하고 있지 않은가? 단순한 낱말들의 배후에 있는 거의 그 세계를 말이다."

그러나 여기서 유아주의가 우리에게 하나의 교훈을 가르쳐 준다: 그것은 이러한 오류를 파괴하는 **도중에 있는** 그런 사고이다. 왜냐하면 만일 세계가 관념이라면, 그것은 그 어떤 인물의 관념도 아니기 때문이다. (유아주의는 이렇게 말하는 데까지 못 미치고, 그것이 나의 관념이라고 말한다.) 그러나 관념들의 영역이 이웃이 없다면, 세계가 무엇인가를 그러면 나는 어떻게 말 할 수 있을까? 내가 행하는 것이 '세계'라는 낱말을 정의하는 것으로 된다.

'나는 말 없이 있는 것을 무시한다.'

"보이는 것을 나는 본다"(내 몸을 가리키면서). 이렇게 말하면서, 나는 나의 기하학적 눈을 가리킨다. 또는 나는 눈을 감고서 가리키며 내 가슴을 만지고 그것을 느낀다. 어떠한 경우에도 나는 보이는 것과 어떤 한 인물을 연결 짓지 않는다.

'무시한다'로 되돌아가자! 나는 삶을 무시한다고 보인다. 그러나 생리학적으로 이해된 삶이 아니라 의식으로서의 삶. 그리고 생리학적으로 이해되었거나 외부로부터 이해된 의식이 아니라, 경험의 바로 그 본질로서의, 세계의 현상으로서의, 세계로서의 의식 말이다.

나는 다음과 같이 말할 수 없을까: 만일 내가 세계를 나의 언어에 덧붙여야 한다면, 그것은 언어 전체에 대한 하나의 기호여야 할 것이고, 그 기호는 그러므로 **빼놓아도** 될 수 있을 것이다.

어린아이가 '치통'이라는 낱말을 배우는 방식을 나는 어떻게 기술할 수 있는가? 아이가 때때로 치통이 있다, 아이가 신음을 하며 뺨을 붙잡는다, 어른들은 "……"라고 말한다, 등등 ─ 이와 같이? 또는, 아이가 때때로 신음을 하며 뺨을 붙든다, 어른들은 …… ─ 이와 같이? 첫 번째 표현은 쓸데없는 또는 거짓된 어떤 것을 말하는가, 또는 두 번째 표현은 본질적인 어떤 것을 빠뜨리고 있는가? 두 표현 모두 옳다.

"그러나 마치 당신은 어떤 것을 무시하고 있는 것처럼 보인다." 그러나 내가 실제로 치통이 있을 때 '나는 치통이 있다'라고 말하는 경우와 치통이 없으면서 그 말을 하는 경우를 **구별하는** 것 외에 내가 무엇을 더 할 수 있는가? 더 나아가,° 내 말의 배후에 있는 임의의 x가 동일성을 유지하는 한, 나는 그 x에 관해 말할 준비가 되어 있다.

당신이 나에게서 꾸짖는 것, 그건 마치 "당신은 단지 당신의 언어로 **말하고** 있을 뿐이다!"라고 말하는 것 같지 않은가?

그러나 왜 내가, "나는 치통을 그의 이에 가지고 있다"라고 말해야 한단 말인가? 나는 그의 이를 뽑으라고 주장할 것이다. 그게 뽑힌다면 누가 소리 지르게 되어 있을까?

° 또한

일차적 경험을 모든 주체들에 분배한다는 것은 무엇을 의미하는가? 그들이 모두 자신들의 이에 **실제의** 치통을 지닌다고 상상하라. 당신만이 지니는 그 치통을 말이다. 나는 지금 어떤 사실들을 기술하고 있다. (형이상학적 사실들이 아니라, 어떤 경험들의 동시 발생에 관한 사실들.)

그가 일격을 당하고 울부짖는다. 나는 생각한다 : "당연하지, 그건 정말 아프니까 말이야." 그러나 나는 속으로 이렇게 말하지 않을까 : 그가 울부짖다니 기이하군, 왜냐하면 **나는** 그 고통을 틀림없이 느끼지만, 그는?!

내가 고통이 있다는 것, 내가 나 자신이 울부짖고 있음을 느낀다는 것, 내가 울부짖고 있다는 것을 내가 듣는다는 것, 나의 입이 울부짖는다는 것은 무엇에 있는가?

일반적으로 내가 '나의 치통'이라고 언급하는 어떤 현상, 즉 경험이 나에게 가르치기로는, 하나의 특정한 인물 ('나'는 아니지만) 루트비히 비트겐슈타인에게 언제나 연결되는 어떤 현상이 있는 것처럼 보인다. 이제 나는 이현상을 "나의 치통"으로 부르는 것이 전혀 유혹적이지 않게 만들려고, 실제와는 다른 사실들을 상상하고 이 현상을 온갖 종류의 인물들과 연결한다.

(루트비히 비트겐슈타인이 말하는 것을 듣는 것'이 아니라) 나 **자신이** 말하는 것을 듣는 것은 특수한 현상이 아닌가? ———

"나는 이러저러한 것을 본다"는 "이러이러한 인물, 예컨대 루트비히 비트겐슈타인이 이러저러한 것을 본다"를 뜻하지 않는다.

모든 사람이 자기가 보는 것을 외치지만 "나는 ……을 본다"라고 말하기는 없는 언어놀이. 내가 인물을 언급하는 것을 빠뜨렸기 때문에 내가 외치는 것은 불완전하다고 말할 사람이 있을 수 있을까?!

모든 사람이 (그리고 나도 역시) 내가 보는 것을 나를 언급함이 없이 외치는 언어놀이.

그들은 내가 무엇을 보는가를 항상 안다. 그들이 그렇게 보이지 않으면, 나는 그들의 말을 오해한다.

나는 이렇게 말하고 싶은 기분이 든다: "시야의 원천에는 대개, 회색 플란넬 바지를 입고 있는 작은 사람, 사실은 루트비히 비트겐슈타인이 있다는 것은 적어도 경험의 사실처럼 보인다."—어떤 사람이 나에게 이렇게 대답할 수 있을 것이다, 당신이 거의 언제나 회색 플란넬 바지를 입으며 종종 그 바지를 바라본다는 것은 참이라고 말이다.

"그럼에도 불구하고 나는 특전이 주어져 있다. 나는 세계의 중심이다." 내가 거울 속에서 나 자신이 그 말을 하고 나를 가리키는 것을 본다고 생각해 보자! 그 말은 여전히 옳을까?

내가 나는 유일무이한 역할을 한다고 말할 때, 나는 실제로는 기하학적인 눈을 의미한다.

다른 한편으로, 내가 기하학적인 눈 주위에 있는 내 몸의 통상적 모습을 기술한다면, 이것은 (내가 일반적으로 내 방 안에 앉아 있을 때) 시야의 한 가운데에 일반적으로 갈색의 탁자가 있고 가장자리들에는 하얀 벽이 있다고 말하는 것과 같은 수준에 있다.

이제 내가 이것을 다음과 같은 형식으로 기술한다고 해 보자: 시각적 세계는 일반적으로 이와 같다: ……(기술이 뒤따른다). 이것은 잘못일까? ― 왜 그것이 잘못이어야 할까?! 그러나 문제는, 나는 이 문장을 가지고 어떤 놀이가 행해지기를 의도하는가이다; 예를 들면, 그 말을 해도 되는 사람은 누구이며, 그 말을 들은 사람은 어떤 방식으로 반응해야 하는가? 나는 그것을 말할 수 있는 자는 나라고, 루트비히 비트겐슈타인이 아니라 시야의 원천에 있는 인물이라고 말했으면 한다. 그러나 나는 이것을 나 이외의 어느 누구에게도ᵃ 설명할 수 없는 것으로 보인다. (기묘한 사태.) 행해진 놀이는 일반적으로 "나는 이러이러한 것을 본다"라는 말을 가지고 행해지는 놀이일 수 있을 것이다.

나는 어떤 것은 아무에게도 ― 다른 누구에게도 또 나 자신에게도 ― 말할 수 없는가? 그것을 나 자신에게 말함의 기준은 무엇인가?

내가 불이 난 것을 본다면, 그는 불을 끄러 달려간다.

이따금 나는 내가 보는 것을 그림 그린다. 그러나 다른 어떤 사람이 나를 위하여 그것을 그릴 수는 없는가? 또는 그 그림은 어떤 식으론가 이미 완성된 채로 나에게 제시될 수 없는가?

내가 방을 보고 있으면서 내가 내 앞에서 그 방의 사진을 본다면 어떻게

ᵃ 어느 누구에게도

될까? 이것은 하나의 언어놀이인가?

"시각적 세계는 이와 같다: ……" 하고 나는 말하기를 원한다. — 그러나 왜 어떤 것을 **말하는가**?

그러나 요점은, 나는 한 인물과 보이는 것 사이의 관계를 수립하지 않는다는 것이다. 내가 하는 모든 것은, 나는 번갈아 가면서 내 앞을 가리키고 또 나 자신을 가리킨다는 것이다.

유아주의의 견해[a]는 놀이들에까지 미치지 않는다. 타자는 나와 마찬가지로 체스를 둘 수 있다.
즉, 우리가 언어놀이를 할 때, 우리는 같은 수준에 있다.

"나는 시각적 세계[b]의 원천에 있다는 운 좋은 위치에 있다. 그것을 보는 자는 나다!" 이렇게 말하면서 나는 편안한 느낌을 지닌다 — 비록 그 진술이 일반적으로 나에게 이런 종류의 느낌을 주는 진술들의 집합 중 하나는 아니지만 말이다. 나는 마치 내가 "나는 이곳에 있는 다른 누구보다도 더 많은 돈을 가지고 있다"라고 말한 것처럼 그 말을 했다.

그러나 내가 지금 보는 것, 내 방의 이 전망은 유일무이한 역할을 한다; 그것은 시각적 세계이다!

(유아주의자는 파리통 속에서 퍼덕이고 퍼덕이며, 사방 벽에 부딪히고,

---

a 유아주의 b 시야(視野)

더 퍼덕거린다. 그는 어떻게 진정될 수 있는가?)

"기술: 이것이 내가 지금 보는 것이다." "보는"을 빼고 "지금"과 "이것"을 빼고 "나"를 빼라.

"(기술): 이것이 시각적 세계이다." 그러나 왜 당신은 시각적이라고 말하며 왜 당신은 그것이 세계라고 말하는가?

"빨간 반점 하나가 (지금) 중심에 있다." 다른 모든 사람은 "나는 …… 본다"라고 말해야 한다. 그러나 누가 그것을 말하고 있는지, 나인지 혹은 다른 사람들 중 하나인지를 나는 어떻든 알고 있는데, 그러한 구별이 필요한가?

그러나 여기서 나에게 진정한 문제는 이러하다. 즉 나는 어떻게 정의되는가? 특전을 받고 있는 것은 누구인가? 나. 그러나 그게 누구인지를 지적하기 위해서 내가 내 손을 들어 올릴 수 있는가? —
내가 끊임없이 변화하며 나의 주위 상황도 변한다고 해 보자. 여전히 어떤 연속성이, 즉 변하는 것이 나와 나의 주위 상황임에 의한 연속성이 존재하는가?

(이것은 공간 속의 사물들이 완전히 변했을 때도 여전히 같은 것으로 남아 있는 한 사물, 즉 공간이 있다고 생각하는 것과 비슷하지 않은가?) (방과 혼동된 공간.)

그러나 내 손이 내가 보는 다른 어떤 사람의 손에 비해서 특전을 받고 있는가? 이것은 웃긴다. 그러면 아무도 특전을 받고 있지 않거나, 나, 즉 그

손을 들어 올리는 루트비히 비트겐슈타인이라는 인물이 특전을 받고 있다.

좋다, ― 그렇다면 내가, 루트비히 비트겐슈타인이, 보이는 것을 본다!

나의 치통은 어디에 있는가? 즉 그것의 장소는 어떻게 결정되는가?

* * *

"내가 지금 보는 것은 내가 나는 빨강을 본다고 말하는 것을 정당화한다." 그리고 당신은 지금 무엇을 보는가? 그 대답은 "이것 ↗"일 수 있지만, 이 대답으로 내가 나 자신에게, 내가 보는 것이 무엇인가를 말하는 것은 아니다. 내가 보는 것을 내 손가락이 가리키고 있음을 내가 동시에 본다 해도, 내가 보는 것을 내가 더 명확하게 보는 것은 아니다. (질문은 이러해야 했다: 당신은 지금 무엇을 바라보고 있는가?) 내 손가락이 어떤 것을 가리키고 있음을 봄으로써 내가 나 자신에게 내가 보는 것이 무엇인가를 말하는 것은 아니다.

"내가 지금 보는 것은 내가 '나는 빨강을 본다'라고 말하는 것을 정당화한다, 왜냐하면 그것은 이 견본과 같은 색이기 때문이다"라고 내가 말했다고 해 보자. 이것은 내가 '같은 색'이라는 표현을 **고정된** 방식으로 사용할 때만 하나의 정당화이다. 즉, 행동의 일상적 근거 등에서 이 낱말이 어떻게 사용되는가를 우리가 판단할 때 말이다.

내가 사적인 체스놀이를 하고 있음에 대한 기준이, 나는 체스놀이를 하고 있다고 내가 강하게 말하고 싶어 한다는 것인가?

내가 **강하게** 말하고 싶어 하는지는 어떻게 구별되는가?

만일 내가 나의 사적인 판단들에서 다른 모든 사람과 모순되게 된다면, 나는 무엇이라고 말할까? 즉, 내가 더 이상 그들과 언어놀이를 할 수 없다면 말이다. 또는 내 주위의 모든 사실이 이상하게 된다면? 나는 내 판단들을 계속 고수할까?

어떤 사람이 나에게 "자기 자신과 사적인 체스놀이를 한다는 것은 무엇을 의미하는가?"라고 물었고, 내가 다음과 같이 대답했다고 해 보라: "뭐든지. 왜냐하면 만일 내가 나는 체스놀이를 하고 있다고 말한다면, 내가 그 놀이를 하고 있다는 것은 나에게 매우 확실하여, 나는 다른 누가 뭐라고 말하든 내가 말한 것을 고수할 테니까 말이다."

어떤 사람이 주위를 둘러싸고 있는 경치의 그림들을 그렸다고 해 보라. 그는 때로는 나뭇잎들을 주황색으로, 때로는 파란색으로, 때로는 맑은 하늘을 붉은색으로 (등등) 그린다. 어떤 상황에서 우리는 그가 경치를 묘사하고 있다는 것에 그와 동의할 것인가?

어떤 상황에서 우리는 그가 우리가 묘사라고 부르는 것을 했다고 말할까? 그리고 어떤 상황에서 우리는 그가 우리가 묘사라고 부르지 않는 어떤 것을 묘사라고 불렀다고 말할까? 우리가 여기서 다음과 같이 말했다고 해보라: "글쎄, 나는 그가 내적으로 무엇을 하는가는 결코 알 수 없다" ― 이것은 포기 이외에 무엇이겠는가?

예컨대 집을 짓는 일이 어떤 것에 의해 인도된다면, 우리는 그 어떤 것을 계산이라고 부른다.

어떤 것이 우리 인간 삶에서 특정한 역할을 한다면, 우리는 그 어떤 것을 언어놀이라고 부른다.

"그러나 그는, 다른 누가 뭐라고 말하든지 간에, 색깔 이름들이 있는 놀이를 할 수 없는가?" 그러나 왜 우리가 그것을 색깔 이름들이 있는 놀이라고 불러야 할까? "그러나 만일 내가 그 놀이를 한다면, 나는 색깔 이름들이 있는 놀이를 하고 있다고 말하기를 고수하겠다." 그러나 그것이 내가 그것에 관해 말할 수 있는 모든 것인가; 그것이 이런 종류의 놀이임에 대해 내가 말할 수 있는 모든 것이, 내가 그것을 그렇게 부르기를 고수한다는 것인가?

어떤 상황에서 나는 내가 빨강을 보고 있다고 말할 자격이 있다고 말하는가? 그 대답은 어떤 견본을 보여 주는 것, 즉 규칙을 주는 것이다. 그러나 만일 이제 내가 다른 어느 누가 말하는 것과도 끊임없는 모순에 이르게 된다면, 나는 내가 그 놀이를 하는 것을 방해하는 방식으로 그 규칙을 적용하고 있다고 말해야 하지 않을까? 즉: 필요한 모든 것은 내가 주는 규칙이 그들이 주는 규칙이어야 한다는 것인가, 아니면 이것 이외에도 적용에서의 일치가 필요하지 않은가?

"같은 고통이 있음"이 "자기가 같은 고통이 있다고 말함"과 같은 것을 의미한다면, "나는 같은 고통이 있다"는 "나는 내가 같은 고통이 있다고 말한다"와 같은 것을 의미하고, "오!"라는 외침은 "나는 '오!'라고 말한다"를 의미한다.

대충 말해서: '나는 치통이 있다'라는 표현은 신음을 나타내지만, '나는 신음한다'를 의미하지는 않는다.

그러나 '나는 치통이 있다'가 신음을 나타낸다면, '그는 치통이 있다'는 무엇을 나타내는가? 혹자는 이렇게 말할 수 있을 것이다, 즉 그것 역시 신음을, 동정의 신음을 나타낸다고 말이다.

"치통, 봄(視) 등을 나는 오직 나 자신으로부터 알고 다른 사람으로부터 알지 않는다."

"나는 그가 치통이 있다는 것을 결코 **알지** 못한다, 나는 오직 내가 치통이 있을 때만 안다."

"그가 치통이 있다는 것을, 나에게 있는 것이 그에게 있다는 것을, 나는 단지 믿을 수 있을 뿐이다."

"그러면 '치통'은 나의 경우와 그의 경우에 다른 의미를 지니는가?"

"치통을 표현하는 일은 없지만 누구나 치통이 있는 일이 가능하지 않은가?"

"치통을 표현하는 일이 없이 사람이 때때로 '치통'이 있을 수 있다면, 이것이 언제나 그러해야 한다는 것도 가능하다."

"나의 개인적 경험이 내가 아는 모든 것이라면, 어떻게 나는 그 외에 다른 어떤 것이 있다고 심지어 가정할 수 있는가?"

"다른 사람에게서의 '치통'은 행동을 의미하는가?"

"나는 단지 내가 '치통'으로 무엇을 의미하는가를 알 뿐이다."

"나는 '치통'이라는 낱말을 나의 행동과 연관하여 배웠으나 그것을 나의 고통을 의미하는 것으로 해석했다."

"오직 나의 치통만이 실제의 치통이다."

"다른 사람이 치통이 있다는 나의 말을 정당화하는 것은 그의 행동이며, 내가 치통이 있다는 나의 말을 정당화하는 것은 치통의 경험이다."

"치통이 아니라 단지 치통의 표현이 있는가?"

"비록 내가, 그가 치통이 있는지를 발견해 낼 아무런 수단도 갖고 있지 않더라도, 나는 다른 사람이 '치통'이 있다고 말하는 것이 무엇을 의미하는지 안다."

"오직 그만이 자기가 치통이 있는지 알고, 우리는 결코 알 수 없다."

"나는 개인적인 경험 속에 들어오는가, 들어오지 않는가?"

우리는 거짓말일 수 없는 어떤 표현을 가정해야 한다고 내가 말한다면, 이것은 고통이 이 표현에 실제로 대응한다고 하는 말로는 설명될 수가 없다.

어떤 사실이 그 문장에 대응한다면, 우리는 거짓말하고 있지 않다, 우리는 진리를 말하고 있다. 이것은, 우리가 그것을 '즉 이것 →'과 시연(試演)으로 보충할 수 없다면, 전혀 설명이 아니고 단순한 반복일 뿐이다; 그리고 그렇다면 그 설명 전체는 바로 이 시연에 있다. 여기서 문제 전체는 단지 다음과 같은 사실, 즉 이 경우에 '나는 빨강을 본다', '나는 치통이 있다'의 시연은 간접적인 것으로 보인다는 사실을 통해 발생했다.

"그러나 당신은 신음이 일어나는 모든 것이며 그 배후에는 아무것도 없다고 말하고 있지 않은가?" — 나는 신음의 배후에는 아무것도 없다고 말하고 있다.

"당신은 신음이 어떤 것의 표현이라는 것을 부정하는가?" 아니다; 즉 나 역시 신음을 하나의 표현(또는 심지어, 비록 이것이 오해를 초래할 수 있지만, 어떤 것의 표현)이라고 부를 것이다. 그러나 여기서 '표현'이라는 낱말은 단지 그것을 가지고 행해지는 언어놀이를 특징지을 뿐이다. 나는 다르게 반응한다…….

"그래서 당신은 실제로는 고통이 없는가, 단지 신음하는가!" ― 내 행동에 관한 **기술**이 있고, 또 같은 뜻으로, 내 경험, 즉 내 고통에 관한 기술이 있다고 보인다! 전자는, 말하자면, 외적인 사실의 기술이고, 후자는 내적인 사실의 기술이다. 이것은, 내가 내 몸의 일부에 이름을 줄 수 있다는 뜻에서, 나는 사적 경험에 이름을 (단지 간접적으로) 줄 수 있다는 관념에 상응한다.

그리고 나는 이 점, 즉 언어놀이들은 보기보다ᵃ 훨씬 더 다르다는 점에 당신의 주의를 끌고 있다.

당신은 신음하는 것을 하나의 기술이라고 부를 수 없을 것이다! 그러나 이것은 '나는 치통이 있다'라는 명제가 '기술'과 얼마나 거리가 먼지, 그리고 '치통'이라는 낱말의 사용을 가르치는 것이 '치아'라는 낱말을 가르치는 것과 얼마나 거리가 먼지를 당신에게 보여 준다.

우리들은 처음부터 아이들에게 "그는 치통이 있다" 대신에 "나는 그가 치통이 있다고 생각한다"라는 표현을 그것에 상응하는 불확실한 어조의 목소리와 함께 가르칠 수 있을 것이다. 이 표현 양식은, 우리는 타자가 치통이 있다고 단지 믿을 수 있을 뿐이라고 말함으로써 기술될 수 있을 것이다.

그러나 왜 아이들 자신의 경우에는 그게 아닌가? 왜냐하면 거기서 목소리의 어조는 단순히 천성적으로 **결정되어** 있기 때문이다.

"나는 치통이 있다"에서 고통의 표현은 "나는 5실링ᵇ이 있다"라는 기술과 같은 형식이 되어 버린다.

우리는 어린아이가 어떤 방식으로 행동했을 때 아이에게 "나는 거짓말을

ᵃ 당신이 생각하는 것보다 ᵇ 성냥갑

하고 있었어요"라고 말하도록 가르친다. (여기서 거짓말의 전형적인 한 경우를 상상하라.) 또한 이 표현은 특정한 상황, 얼굴의 표정들(이를테면 부끄러움의), 책망의 어조 등과 동행한다.

"그러나 내가 아이에게 그 언어 표현ª을 가르치기도 전에 아이는 자기가 거짓말을 하고 있다는 것을 알지 않는가?" 이것은 형이상학적인 물음을 뜻하는가, 또는 사실들에 관한 물음을 뜻하는가? 아이는 그것을 말로 알고 있지는 않다. 그리고 아이가 도대체 왜 그것을 알아야 할까? ―"그러나 당신은 아이가 예를 들면 부끄러움의 느낌은 없이 단지 부끄러워하는 표정만 지니고 있다고 가정하는가? 당신은 외부적 상황뿐 아니라 내부적 상황도 기술해야 하지 않는가?" ― 그러나 내가 진실한 표정과 가장된 표정을 명시적으로 구별하지 않는다면, 만일 내가, 나는 부끄러워하는 표정으로 당신이 '표정 + 감정'으로 뜻하는 것을 뜻했다고 말한다면 어떻게 될까? 내 생각으로는, 진실한 표정을 표정과 그 밖의 어떤 것과의 합으로서 기술하는 것은 오해를 일으킬 수 있다. 진실한 표정은 특수한 행동 그 이외의 다른 것이 아니라고 말한다면, 그것도 오해를 일으킬 수 있기는 마찬가지 ― 우리는 표정들의 기능을 오해한다 ― 이지만 말이다.

우리는 "말하다"란 낱말의 사용을 아이에게 가르친다. ― 나중에 아이는 "나는 혼잣말을 한다"라는 표현을 사용한다. ― 그러면 우리는 말한다, "한 인물이 혼잣말을 하는지, 그리고 그가 무엇을 혼잣말하는지를 우리는 결코 알지 못한다"라고.

확실히 표정의 기술은 감정의 기술로서 사용되며ᵇ 달리 사용될ᶜ 수 있다.

---

a 말 b 뜻해질(사용될) 수 있으며 c 뜻해질

우리는 "그가 그것을 들었을 때, 그는 우울한 표정을 지었다"와 같은 표현들을 빈번하게 사용하며, 그 표정이 진실했다고 덧붙여 말하지 않는다. 다른 경우에 우리는 어떤 인물의 연기(演技)를 같은 말로 기술하거나, 또는 그 표정이 진실한지 여부는 열린 채로 놔두기를 원한다. 우리가 그 느낌을 표정들의 기술에 의해 간접적으로 기술한다고 말하는 것은 잘못이다!

다음과 같은 언어를 상상해 보라. 그 언어에서는 치통이 "신음"으로 불리고, 단지 신음하는 것과 고통으로 신음하는 것 사이의 차이는 그 낱말이 발음될 때의 신음하는 어조 또는 무미건조한 어조에 의해 표현된다. 이 언어에서 사람들은 A가 실제로는 고통을 지니지 않았다는 것이 나중에 분명해졌다고 말하지 않을 것이다. 오히려 그들은 처음에 그가 신음했는데 그다음 갑자기 웃었다고 화난 어조로 말할 것이다.

그가 "나는 거짓말을 한다"라고 자신에게 말한다고 해 보라. 그가 그 말을 진심으로 하고 있다는 것을 보여 주는 것은 무엇인가? 그러나 우리는 언제든 이 거짓말을 다음과 같이 말함으로써 기술할 것이다: "그는 ……라고 말했으며, 자기가 거짓말을 하고 있다고 동시에 자기 자신에게 말했다." 이것 역시 거짓말에 대한 하나의 간접적인 기술인가?

그러나 내가 어떤 사람의 화난 목소리에 관해 이야기하면서 그가 화났다는 것을 뜻한다면, 그리고 다시 그의 화난 목소리에 관해 이야기하면서 그가 화났다는 것을 뜻하지 않는다면, 첫 번째 경우에 그의 목소리에 관한 기술의 의미는 두 번째 경우보다 훨씬 더 멀리 도달하고 있다고 말할 수 없을까? 나는 첫 번째 경우에 우리의 기술은 어떤 것도 **빠뜨리지** 않으며, 마치 우리가 그는 정말로 화났다고 말했을 때처럼 완전하다는 것을, ― 그러나 아무튼 그렇다면 그 표현의 의미는 표면 아래에 도달한다는 것을 인정할 것이다.

그러나 그것은 어떻게 그렇게 하는가? 이에 대한 대답은 그 표현의 두 가지 사용에 대한 설명일 것이다. 그러나 이 설명은 어떻게 **표면 아래**에 도달할 수 있을까? 그것은 상징들에 대한 하나의 설명이며 그것은 어떤 경우에 이 상징들이 사용되는가를 진술한다. 그러나 그것은 어떻게 이 경우들을 특징짓는가? 결국 그것은 두 표현을 구별하는 것 이상을 할 수 있는가? 즉 두 표현이 있는 어떤 놀이를 기술하는 것 이상을 할 수 있는가?

"그러면 표면 아래에는 아무것도 없지 않은가?!" 그러나 나는 '표면'을 위한 표현과 '표면 아래에 있는 것'을 위한 표현, 이 두 표현을 구별하려 한다고 말했다 ─ 다만 이 표현들 자체는 그저 어떤 **그림**에 대응하지, 그것의 용법에 대응하지 않는다는 것을 기억하라. 단지 표면만 있고 그 아래에는 아무것도 없다고 말하는 것은, 표면 아래에 어떤 것이 있으며 그저 표면만 있는 게 아니라고 말하는 것과 똑같이 오해를 일으킬 수 있다. 왜냐하면 일단 우리가 '표면'이란 그림을 이용한다면, 그것으로 표면 위와 표면 아래와 같은 구별을 표현하는 것이 가장 자연스럽기 때문이다.ᵃ 그러나 두 경우가 모두 표면에 있는지 아닌지를 우리가 묻는다면, 우리는 그 그림을 잘못 적용하는 것이다.

이제 우리가 한 아이에게 "나는 거짓말을 했다"라는 표현을 정상적인 의미로 가르치려고 한다면, 그 아이는 정상적인 방식으로 행동해야 한다. 예를 들어, 그 아이는 어떤 상황에서는 자기가 거짓말했다는 것을 '인정'해야

---

a 왜냐하면 이 그림을 우리는 자연스럽게 '표면 위'와 '표면 아래' 사이의 구별을 표현하기 위하여 사용하기 때문이다.

한다, 그 아이는 어떤 표정을 짓고서 그렇게 해야 한다, 등등, 등등, 등등. 우리는 그 아이가 거짓말을 했는지 안 했는지를 언제나 알아내지는 못할 수 있다. 그러나 만일 우리가 결코 알아낼 수 없다면, 그 낱말은 다른 의미를 지닐 것이다. "그러나 일단 아이가 그 낱말을 배우면, 아이는 자기가 거짓말을 하고 있는지 하고 있지 않은지를 의심할 수 없다!" ― 자신의 주관적인 거짓말들이 일상적인 기준들로 판단되면 참이라는 것을 발견하는 인물의 경우를 생각해 보라. 그는 자기가 학교에 갔었다고 말하면서 그것은 거짓말이라고 느끼지만, 선생님과 친구들은 그가 그랬다고 (등등을) 확인해 준다. 당신은 이렇게 말할지 모르겠다: "그러나 분명 그는 자기가 **주관적인** 거짓말을 했다는 것을 의심할 수는 없다."

물론 이것은, 그는 자기가 치통이 있는지, 혹은 자기가 빨강을 보는지 등등에 대해 의심할 수 없다고 말하는 것과 같다. 한편으로는: 내가 E라는 경험을 하는지를 의심하는 것은 다른 누군가가 그 경험을 하는지를 의심하는 것과 같지 않다. 1번 놀이의 비대칭성에 대해서 우리가 말했던 것을 기억하라. 다른 한편으로는: '내가 무엇을 보는지 안다'가 '내가 보는 무엇이든 본다'를 의미하지 않는다면, 우리들은 "분명 나는 내가 보는 것이 무엇인가를 알아야 한다"라고 말할 수가 없다. 문제는 우리가 무엇을 "내가 보는 것이 무엇인가를 안다는 것", "내가 보는 것이 무엇인가에 대해 의심을 하지 않는 것"이라고 불러야 하는가이다. 어떤 상황에서 우리는 한 인물이 이것에 대해서 아무 의심이 없다(또는 의심을 한다)고 말할 수 있는가? (정상적인 눈에 이것이 빨갛게 보이는지에 대해서 아무 의심이 없음과 같은 경우들은, 그리고 유사한 경우들은, 물론 여기서 우리의 관심사가 아니다.) 나는 내가 보는 것이 무엇인가에 대한 앎은 내가 보는 것은 이러이러하다는 앎이어야 한다고 추정한다; '이러이러하다'는 언어적이거나 또는 그 밖의 어떤 표현들을 나타낸다. (그러나 내가 보는 어떤 것을 내 손가락으로 가리키고 나는 이것을 본다고 나 자신에게 말함으로써 나는 나 자신에게 정보를 주지 않는다는 것을 기억하라.) '이러이러하다'는 사실 언어놀이의 한 낱말을 나타낸다. 그리고 내가 보는 것이 무엇인가를 의심하는 것은, 예를 들면, 내가 보는 것을 무엇이라고 불러야 하는가를 의심하는 것이다. 예를 들어, '나는 빨강을 본다'라고 말해야 하는가, 또는 '나는 초록을 본다'라고 말해야 하는가를 의심하는 것. "그러나 이것은 색깔의 호칭에 대한 단순한 의심이다, 그리고 그것은 어떤 사람에게 이 색깔―을 가리키면서―이 무엇이라고 불리는가를 물어봄으로써 처리될 수 있다." 그러나 그러한 의심들이 모두 이런 물음으로써 (또는 같은 말이 되는데, "나는 이 색깔을 이러이러하다고 부를 것이다"라고 하는 정의를 줌으로써) 제거될 수 있는가?

"당신은 무슨 색깔을 보는가?"―"모르겠다, 그것은 빨강인가 빨강이 아닌가; 나는 내가 보는 것이 무슨 색깔인지 모르겠다."―"무슨 뜻인가? 그 색깔이 끊임없이 변하고 있다는 것인가, 아니면 그 색깔은 매우 희미하게 보여서, 검정과 다름없다는 것인가?" 여기서 내가, "당신이 무엇을 보는지 당신은 알지 못하는가?" 하고 말할 수 있을까? 이 말은 명백히 의미를 지니지 못할 것이다.

색깔: 체크 무늬의 검정과 하양[a].

"당신은 무슨 색깔을 a, e, i, o, 또는 u라고 부르는가?"―"나는 내가 무슨 색을 보는지 모른다?"

---

[a] 빨강과 파랑

"원색들은 국기들에 사용되는 색이다."

국기에 결코 갈색을 사용하지 않는 것, 그리고 실제로는 아무도 본래의 갈색을 노랑, 검정, 빨강을 혼합함으로써 산출해 낼 수 없지만, 갈색은 이 색깔들의 혼색이라고 말하는 것은 기묘하다.

갈색을 원색으로 인정하지 않는 이유가 있는가?
우리가 갈색을 빨강, 파랑, 초록 등과 함께 무리 짓기를 거부하는 것으로 충분하지 않은가?

혹자는 때로, 그 이유는 우리가 갈색으로부터 순수한 노랑, 빨강, 검정에 이르는 이행단계들을 보기 때문이라고 생각한다 ; 그러나 우리는 빨강 등의 경우에 그렇게 한다.

우리 주위의 모든 대상이 무지갯빛이라고 상상해 보라(나는 햇빛이 빛나고 있는 하얀 종이의 모습을 뜻하고 있다), 당신은 빨강, 파랑, 초록, 노랑의 작은 점들로 덮여 있는 표면을 보리라.

점묘파 화가는 대상들을 자기가 그것들을 그리는 방식으로 본다고 우리는 말할 것인가?

아무리 외부 환경이 변하더라도, 일단 낱말이 특수한 개인적 경험에 동여매이면, 이제 마치 그 말은 그것의 의미를 보유하는 것처럼 보인다 ; 그리고 따라서 이제 나는 무슨 일이 일어나건 그것을 뜻있게 사용할 수 있는 것처럼 보인다.

나는 내가 빨강을 보는지를 의심할 수 없다고 말하는 것은 어떤 뜻에서는 부조리한데, 왜냐하면 '나는 빨강을 본다'란 표현을 가지고 내가 행하는 놀이는 이런 형태의 의심을 포함하지 않으니까 말이다.

상황이 어떠하든지 간에, 이제 나는 그 낱말을 적용해야 할지 말아야 할지를 언제나 아는 것처럼 보인다. 처음에 그것은 어떤 특별한 놀이에서의 한 동작이었지만, 그다음 그것은 이 놀이에서 독립적으로 되는 것처럼 보인다.

(이것은 길이란 관념이 길이를 측정하는 어떤 특정한 방법으로부터도 해방되는 것처럼 보이는 길을 상기시킨다.)[31]

우리는 이렇게 말하고 싶은 유혹을 받는다 : "젠장, 막대기는 내가 그것을 어떻게 표현하든 간에 하나의 특정한 길이를 지니는 거야." 그리고 혹자는 계속해서 말하기를, "내가 막대기를 본다면, 나는 비록 그것이 몇 피트, 몇 미터인지 말할 수 없지만, 그것이 얼마나 긴지는 언제나 본다(안다)"라고 할 수 있을 것이다. ― 그러나 내가 그저 다음과 같이 말한다고 해 보라: 나는 그것이 작아 보이는지, 커 보이는지를 언제나 안다!

그러나 상황이 변할 때 예전의 놀이가 요점을 잃어버릴 수는 없는가? 그리하여 그 표현이― 물론 내가 여전히 그것을 발음할 수는 있지만 ― 의미를 지니기를 중지할 수는 없는가?

비록 통상적인 결과들 중 어느 것도 뒤따르지 않지만, 그는 자기가 거짓말을 해 왔다고 말하기를 고집한다. 그가 그런 표현을 말한다는 것을 제외하고 그 언어놀이에 무엇이 남아 있는가?

---

31 비트겐슈타인은 이 단락과 앞선 세 단락을 불만족스러운 것으로 표시하고, 여백에 "모호하다"라고 써 놓았다.

우리는 '빨강'이라는 낱말을 특정한 상황에서 배운다. 어떤 대상들은 통상 빨갛고, 자신들의 색깔을 유지한다; 대부분의 사람들은 색깔 판단들에서 우리와 일치한다. 이 모든 것이 변한다고 해 보라: 내가 피를 보는데, 불가사의하게도 때로는 한 색깔을 보고 때로는 다른 한 색깔을 본다; 그리고 내 주위의 사람들은 모두가 서로 다른 진술들을 한다. 비록 이제 나는 어떤 사람에게도 의사전달을 할 수 없지만, 그러나 나는 이 모든 무질서 속에서 '빨강', '파랑' 등에 대한 나의 의미를 유지할 수 없을까? 예를 들어, 견본들은 모두가 끊임없이 그 색깔이 변할 것이다 ― '또는 그것은 단지 나에게만 그렇게 보이는 것인가?' "이제 나는 미친 것인가, 아니면 나는 어제는 실제로 이것을 '빨강'이라고 불렀는가?"

"나는 미쳐 버린 것이 틀림없어!"라고 우리가 말하고 싶어지는 상황들.

"그러나 우리는 언제나 어떤 색깔―인상을 '빨강'이라고 부르고, 이 호칭을 고집할 수 있을 것이다!"

이 문제를 둘러싸고 있는 분위기는 끔찍하다. 언어의 짙은 안개가 그 문제점 주변에 깔려 있다. 그 문제점으로 돌진하기는 거의 불가능하다.

내가 나 그리고 다른 사람들이 지금 보는 것에 대한 그림들을 내 앞에 가지고 있고, 내가 보는 것에 대한 그림에 대해 내가 "이 그림에는 독특한 어떤 것이 있다"라고 말했다고 해 보라.

'보이는 것'에 관해서 내가 말을 할 수 있다면, 다른 누군가가 그것에 관해 말을 하면 왜 안 될까? ― 그러나 나는 오직 나만이 그렇게 할 수 있다는 느낌을 지닌다; 그리고 내가 통상 나의 시각 표상이라고 부를 것에 관해서 다른 사람들도 역시 말을 한다고 내가 가정한다면, 나에게는 이러한 가정에 뭔가 잘못이 있는 것으로 보인다.

'내가 보는 것'이 특정한 인물과 무관하다면, 왜 나는 누구라도 그것에 관해 이야기할 수 있을 것이라고―즉 그가 말할 때 **진심으로 말한다**고― 가정하는 데 뭔가 잘못이 있다고 느껴야 할까? 그 경우 물론 나는 그들에게 내가 보는 것을 말할 수가 없고, 그들도 나에게 자기들이 보는 것을 말할 수가 없다; 내가 나 자신에게 내가 보는 것을 말할 수가 없듯이 말이다.

그러나 그들은 우리의 시각 영역에서 미래에 일어날지 모르는 일들에 관해 추측들을 할 수 있을 것이다.

정상적인 놀이에서 나는 다음과 같이 말한다: "**그들이 무엇을 보는지 나는 모르겠다, 그들이 무엇을 보는지는 그들이 말해야 한다**", ― 그러나 내가 고찰하고 있는 놀이에서 그들은 내가 무엇을 보는가에 대해서, 나의 입이 말할 수 있는 것을 내 손이 적어 놓을 수 있는 만큼은 알 수 있을 것이다.

그리고 그들의 상이한 추측들은 나 자신이 상이한 시간들에 했던 추측들과 비슷할 것이다.

내가 보는 것을 내 손이 적어 놓을 수 있도록, 나의 입이 내 손에게 내가 무엇을 보는가를 이야기할 수 있는가?

나는 내가 보는 것을 그림 그림으로써 나 자신에게 내가 무엇을 보는가를 말하는가?

"이 그림은 독특하다, 왜냐하면 그것은 실제로 보이는 것을 나타내고 있으니까." 이 말에 대한 나의 **정당화**는 무엇인가?[a]

---

a 이 말을 하기 위해 나는 무슨 정당한 이유를 갖고 있는가?

나는 이 벽에 있는 두 점을 보고 두 개의 손가락을 들어 올린다. 나는 나 자신에게 내가 두 개의 점을 보고 있다고 이야기하는 것인가? 그러나 다른 한편으로 이것은 내가 두 개의 점을 보고 있음에 대한 표시일 수 없을까?!

그 그림이 특출한가, 아니면 내가 그것을 특기하는 것인가?

"오늘 그는 나를 가리킨다; 그리고 어제도 그는 나를 가리켰다."

"그가 나를 가리킨다"의 의미.

"나는 그가 A를 가리키는 것을 본다."
"나는 그가 나를 가리키는 것을 본다."

당신은 '보이는 것'이라는 표현이 지시하는 것에 대한 일종의 지시적 설명을 당신 자신에게 줄 수 있는 것처럼 보인다.

하나의 놀이를 상상하라: 한 인물이 다른 인물에게 그(다른 인물)가 보는 것을 이야기한다; 그가 그것을 올바로 추측했다면, 그는 상을 받는다. B가 보는 것을 A가 올바로 추측하지 못했다면, B는 그를 바로잡고 자기가 보는 것이 무엇인가를 말해 준다. 우리가 그 인물은 보이는 것을 말하는 것이 아니라 그것을 그림 그리거나 그것의 모형을 만든다고 상상한다면, 이 놀이는 더 교훈적이다. — 이제 내가 그 놀이를 하는 사람들 중 한 명이라고 상상해 보자.
나는 다음과 같이 말하고 싶은 유혹을 받지 않을까: "이 놀이는 비대칭적이다. 왜냐하면 오직 내가 본다고 내가 말하는 것만이 시각 표상에 대응하기 때문이다."

문제는 다음과 같이 놓여 있다: 이것↗이 보이는 것이다; 그리고 이것이 또한 내가 보는 것이다.

자문해 보라: 이것↗을 오직 나만이 볼 수 있는가, 아니면 다른 누군가도 역시 그것을 볼 수 있는가? 왜 오직 나뿐인가?

나에게는 나와 이것↗ 사이에 아무런 구별도 존재하지 않는다; 그리고 "나"라는 낱말은 나에게는 어떤 장소나 인물을 강조하는 신호가 아니다.

나는 문제 전체를 "나"(그리고 "이것↗")라는 낱말의 기능을 이해하지 못함으로 환원하려고 노력하고 있다.

내가 색깔 있는 한 대상을 응시하며 "이것은 빨갛다"라고 말할 때, 나는 내가 무엇에 빨강이라는 이름을 주는지 정확히 안다고 보인다. 말하자면, 내가 마시고 있는 것에.

마치 "이것은 ……(이)다"라는 말에 주술적인 힘이 있는 듯이 말이다.

나는 부득이 다음과 같이 말할 수 있다: 거기↗(치통이 있다고 말하는 사람의 뺨)에는 치통이 없다. 그리고 일상 언어에서 이것에 대한 표현은 무엇일까? 그것은 나는 거기에 치통이 없다고 하는 나의 말이 아닐까?

"그러나 누가 이 말을 하는가?"—"나!" 그리고 누가 이 말을 하는가?— "나!"—

내가 이런 규칙을 준다고 해 보라: "내가 '나는 치통이 있다'라고 말한 경우마다, 이제부터 나는 '치통이 있다'라고 말할 것이다."

내가 웨이터에게 말한다: 나에게는 항상 맑은 수프를 가져오고, 다른 모든 사람에게는 진한 수프를 가져다주시오. 그는 나의 얼굴을 기억하려고 노력한다.

내가 나의 얼굴(몸)을 매일 완전히 바꾼다고 해 보라. 어느 사람이 나인지 그는 어떻게 알 수 있는가? 그러나 그것은 그 놀이의 **존재** 문제다. "만일 체스의 모든 말(馬)들이 한결같다면, 어느 것이 왕인지 우리들은 어떻게 알겠는가?"

자, 비록 **그**는 어느 사람이 나인지를 알 수 없지만, **나**는 여전히 그것을 알 것처럼 보인다.

이제 내가 다음과 같이 말했다고 해 보라: "맑은 수프를 요구했던 사람은 아무개가 아니라 나였다" ─ 내가 틀릴 수 없을까? 물론이다. 즉, 나는 내가 그에게 **요구했다**고 생각할지 모르나, 요구하지 않았다. 이제 내가 범할 수 있는 실수는, 하나는 내가 그에게 **요구했다**고 생각하는 것, 그리고 다른 하나는 내가 그에게 요구했다고 생각하는 것, 이 **두 가지**가 있는가? 나는 말한다: "나는 어제 당신에게 요구했다는 것을 기억한다." 그가 대답한다: "당신은 어제 거기에 있지도 않았다." 이제 나는 "아니, 그럼 내가 잘못 기억하는 모양이로군"이라고 말하거나, "나는 여기 있었다, 다만 어제 나는 그와 비슷하게 보였을 뿐이다"라고 말할 수 있을 것이다.

나는 나의 동일성을 나의 신체의 동일성과는 전적으로 무관하게 **추적할** 수 있는 것처럼 보인다. 그리고 여기서 암시되는 관념은, 나는 몸속에 거주하는 어떤 것의 동일성을, 즉 나의 마음의 동일성을 추적한다는 것이다.

"누군가가 나에게 내가 보는 것을 기술하라고 요구한다면, 나는 보이는 것을 기술한다."

물리적 세계 안에서 일어나는 것과는 독립적인, 나의 감각 자료의, 보이는 것의 기술이라고 우리가 부르는 것은 여전히 다른 사람을 위한 기술이다.

내가 나의 감각 자료의 기술에 대해 말한다면, 나는 그것의 소유자로서 특정한 인물을 제시하려고 뜻하지 않는다.
(또한 내가 고통으로 신음할 때, 나는 특정한 인물에 대해 말하기를 원하지 않는다.)

내가 다음과 같이 말하게 하는 것은 언어의('사고의'라고도 말해질 수 있을 것이다) 심각하고 뿌리 깊은 질병임이 틀림없다: "물론 이것／이 실제로 보이는 것이다."

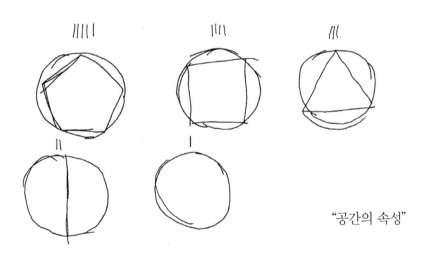

"공간의 속성"

나는 당신에게 사실 p를 말해 줄 수 있는데, 왜냐하면 나는 p가 사실이라는 것을 알기 때문이다. "비가 내렸고 나는 그것을 알았다"라고 말하는 것은 뜻을 지니지만, "나는 치통이 있었고 내가 그랬다는 것을 알았다"는 그렇지 않다. "나는 내가 치통이 있다는 것을 안다"는 아무 것도 뜻하지 않거나, "나는 치통이 있다"와 같은 것을 뜻한다.

그러나 이것은 "나"라는 낱말의 사용 — 누가 그 낱말을 사용하든지 간에 — 에 관한 하나의 소견이다.

(q) $p \supset \sim q$
(y) $f(a) \supset \sim f(y)$

내가 지금 지닌 시(視)-감각을 지시하면서 "거기에 어떤 것이 있다"라고 하는 문장을 검토해 보라.

우리는 이것이 뜻이 있고 참인 진술이라고 생각하는 경향이 있지 않은가? 그리고 다른 한편으로는, 그것은 사이비-명제가 아닌가?

그러나 당신이 그 문장을 말할 때, 당신은 무엇을(어떤 존재물을) 뜻하는가(지시하는가)? — 여기서 우리는 어떤 것을 뜻한다는 것이 우리에게는 마음의 특별한 상태나 활동으로 보인다는 오래된 난점에 직면해 있지 않은가? 왜냐하면 이런 말을 할 적에 내가 특별한 마음의 상태에 있다는 것, 내가 어떤 것을 응시한다는 것은 참이지만, — 그러나 단지 이것만으로는 의미를 구성하지 않기 때문이다.

이것과 다음의 진술을 비교해 보라: "물론 나는 '치통'이라는 낱말로 내가 무엇을 지시하고 있는지를 안다."

p. ~p는 뜻이 있다고 당신이 혼잣말하는, 그리고 이런 형식의 진술을 반복함으로써 당신이―말하자면 내성(內省)으로―그것이 뜻하는 바를 발견해 내려고 노력하고 있는, 그런 마음의 틀을 생각해 보라.

응시라는 현상은 유아주의의 전체 수수께끼와 밀접하게 결부되어 있다.

"내가 '당신은 무엇을 보는가?'라는 질문을 받는다면, 나는 시각적 세계를 기술한다."― 이것 대신에 나는 (내 앞을 가리키면서) "……나는 거기/에 있는 것을 기술하고 있다"라고 말할 수 없을까?

그러나 이제 어떤 사람이 자기가 보고 있는 자신의 방 일부를 그린 그림을 자기 앞에 놓고서 다음과 같이 말하는 경우를 고찰하라: "그림 속의 이것은 이것(그가 자신의 방을 바라보고 있을 때의 자신의 시각 영역의 일부)과 같다."

그래서 예컨대 잔상(殘像)의 일부들은 눈을 떴을 때 보이는 것의 일부들과 비교될 수 있다.

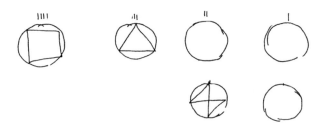

'2각형을 작도하라'는 진짜 수학적인 문제일 것이다. 그리고 어떤 수학자

는 그 문제를 풀 수 있을지도 모른다. 즉 이러이러한 근거들 위에서 우리가 '2각형의 작도'라고 부르지 않을 수 없는 하나의 작도법을 고안해 낼지도 모른다.

우리는 그것에 대해서 불편을 느낄 수도 있고, 또는 느끼지 **않을 수도** 있다.[32]

"거기에 어떤 것이 있다"라고 내가 말했고, "무슨 뜻입니까?"라고 질문을 받자 나는 내가 보는 것을 그림으로 그렸다고 해 보자. 이것이 그 진술을 정당화할까? — 이 그림은 '하나의 체계 속에서' 이해되어야 하지 않을까? 그리고 나는 그것을 하나의 체계 내에 있는 표현으로서 이해해야 하지 않는가?

"그러나 그렇다면 우리는 각도 α를 어떻게 설명할 수 있는가? R + α = R이라고 우리는 말해야 하는가?"

'기하학적 명제를 기하학적 명제들의 전체 체계의 한 원소로서 보라, 그러면 당신은 당신이 실제로 이 명제를 받아들이기를 원하는지를 보게 될 것이다!'

p. ~~p = p = ~~p

"다른 사람은 자기가 무엇을 보는가는 알고 내가 무엇을 보는가는 알지

---

32 이 문장으로부터 위의 도형들 중 내부에 사각형이 있는 원을 가리키는 화살표가 있다.

못한다고 말하는 것, 그리고 따라서 모든 것은 대칭적이라고 말하는 것은 소용이 없다. 왜냐하면 나의 시각 상과 일치하는 그 밖의 어떤 것도 없기 때문이다, 나의 시각 상은 유일무이하다!"[33]

하나의 각도를 형성하는 두 직선이 처음 한 구간을 서로 함께 달리는 기하학; 어떤 힘의 작용도 받고 있지 않은 한 물체가 천천히 속도가 줄면서 움직이는 장치와 비교될 수 있는.

"명백히, 이것╱이 보이는 것이다!"

우리들이 유아주의자인 존 스미스에게 "그러니까 당신 말은, 모든 사람 중에서 오직 존 스미스만이 실제로 본다는 것인가?" 하고 말한다면, 그는 실제로 이것을 그의 견해라고 인정하지 않는다. 그가 뜻한 것은, 당신이 그를 많은 인물 중의 한 인물로 간주한다면 그가 어떤 특별한 특권을 가진다는 것이 아니었다. ― 그는 다음과 같이 말했으면 할 것이다: "존 스미스가 어떤 특수한 특권을 가지는 것이 아니라(그렇게 말하는 것은 웃기는 일일 것이다), 나 자신이 본 내가 가진다."

보이는 그 모든 인물은 보이는 것에 관해 이야기할 권리를 가지고 있다고, 이렇게 가정할 수는 없을까? 즉 하나의 그림 속에 있는 모든 사람이 그 그림에 관해 이야기할 수 있을 것이라고 말이다.

"그러나 나는 다른 누구도 고통이 없다 ― 비록 그들이 자기들은 고통이

---

33 여백에 다음과 같이 적혀 있다: **"매우 중요하다, 비록 표현은 좋지 않지만."**

있다고 말할지라도 ─ 고 확신할 수 있지만, 내가 고통이 없다고 확신할 수는 없다."

"나는 내가 아무런 고통도 없다고 확신한다"라고 말하는 것은, **누가 말하더라도 뜻이 없다.** 나는 내가 고통이 없다고 확신할 수 없다고 내가 말할 때, 나는 나 자신에 대해서 어떤 것도 말하지 않는다.

"내가 오직 이것→만을 '보이는' 것으로 부르는 그런 방식으로 내가 '본다'란 낱말을 사용할 수는 없는가?" 그러나 나는 이 결정에 따라서 어떻게 행동하는가? 예를 들어, 나는 나 이외의 다른 어떤 사람이 그것을 볼 수 있다는 것을 인정하는가, 또는 나는 오직 나만이 그것을 볼 수 있다고 말하는가?

모든 사람이 이제 우리가 "나, 루트비히 비트겐슈타인에 의해 보이는 것"으로 기술할 것에 관해서만 이야기한다고 해 보자. 그러나 그들 모두는 내가 무엇을 보는가를 안다 ; 그들은 나에게 묻지 않는다. 그리고 누구라도 그것을 잘못 기술한다면, 우리는 그가 적절하게 말하지 않는다고, 자기 자신을 잘못 표현한다고 말한다. 내가 보는 것에 관해 어떤 사람을 속이는 일과 같은 그런 것은 없다. ─ 심지어 그 경우에도 나는 다음과 같이 말하려는 유혹을 상상할 수 없는가: "나는 다른 사람이 보는 것이 아니라, 내가 보는 것만을 알 수 있다."

내가 "**나는 이것╱을 본다**"라고 말한다면, 나는 내가 어느 인물인가를 보여 주기 위해 가슴을 두드리기가 쉽다. 이제 내가 머리가 없다고 해 보자. 그리고 나는 나의 기하학적 눈을 가리키면서 내 목 위의 텅 빈 한 곳을 가리키곤 한다고 해 보자. 나는 여전히, 내 가슴을 치면서, 나는 그 보는 인물을 가리켰다고 느끼지 않을까? 이제 나는 "이 경우에 누가 이것을 보는지 나는 어떻게 아는가?" 하고 물을 수 있을 것이다. 그러나 **이것**은 무엇인가? 그저 내 앞쪽을 가리키는 것은 아무 소용이 없다. 그리고 그렇게 하는 대신에, 내가 어떤 기술(記述)을 가리키고 내 가슴과 그 기술 둘 다를 가볍게 두드리면서 '나는 이것을 본다'라고 말한다면 —"그것을 보는 사람이 당신이라는 것을 당신은 어떻게 아는가?"라고 묻는 것은 아무런 뜻도 없다. 왜냐하면 나는 보는 것이 이 인물이고 다른 인물이 아니라는 것을 내가 가리키기 전에는 알지 못하지만, 그러나 어떤 경우에, 나는 내가 가리키기 때문에 안다고 말해질 수 있을 것이기 때문이다. — 이것이, 나는 "나는 치통이 있다"라고 말하는 입을 선택하지 않는다고 말함으로써 내가 뜻했던 것이다.

유아주의의 병적인 성격(내가 이렇게 말해도 된다면)은, 우리가 오직 나, 아무개만이 실제로 본다고 하는 귀결을 끌어내기 위해 시도한다면 드러나는데, 왜냐하면 우리는 이러한 귀결로부터 즉시 꽁무니를 빼기 때문이다. 우리는 우리가 결코 그런 말을 하려고 하지 않았다는 것을 즉시 안다.

내가 내 앞을 바라보고 내 앞을 가리키면서 "이것!"이라고 말한다면 나는 내가 뜻하는 것이 무엇인지 알 것이라는 것은 기묘하지 않은가. "나는 바로 이러한 색조의 색깔과 모양들을, 현상을 뜻한다."

(과학자는 자기는 오직 경험 과학만을[a] 추구하고 철학은 추구하지 않는다고 말한다— 그러나 그는 다른 모든 사람처럼 언어의 유혹에 예속되어 있다, 그는 같은 위험에 처해 있으며 그것에 대해 경계해야 한다.)

내가 "나는 현상을 뜻한다"라고 말한다면, 나는 내가 가리키고 있거나 바

---

[a] 또는 수학자는 오직 수학만을

라보고 있는 것이 무엇인가를 ― 예컨대 침대 등등과 대조적으로 의자를 ― 당신에게 이야기하고 있는 것처럼 보인다. 마치 "현상"이라는 낱말로 나는, 예를 들면, 당신이 바라보고 있는 물리적 대상들과는 다른 어떤 것에 실제로 당신의 주의를 돌린 듯하다. 그리고 실로 이 '현상을 받아들임'에는 특수한 응시가 대응한다. 여기서 어떤 학파의 철학자들은 매우 자주 다음과 같이 말하곤 한 것을 기억하라: "내가 '……'라고 말한다면, 나는 어떤 것을 뜻한다고 나는 믿는다."

내가 지닌 시각 상은 내가 가리킬 수 있고 이야기할 수 있는 어떤 것인 것처럼 보인다; 그리고 나는 그것에 대해서, 그것은 독특하다고 말할 수 있는 것처럼 보인다. 나는 내 시야 속의 물리적 대상들을 가리키고 있지만, 그 것들이 아니라 **현상**을 뜻하는 것처럼 보인다. 이 대상에 대해서 나는 이야기하고 있다, 다른 사람들에게가 아니라면 나 자신에게 말이다. (그것은 나를 둘러싼 화면에 그림 그려진 어떤 것과 거의 비슷하다.)

이 대상은 부적절하게도 "내가 보는 것", "나의 시각 상"으로서 기술되는데, 왜냐하면 그것은 어떤 특정한 인간과 아무 관계도 없기 때문이다. 오히려 나는 그것을 "보이는 것"이라고 불렀으면 한다. 그리고 지금까지는 괜찮다. 다만 이제 나는, 이 대상에 관해 무엇을 말할 수 있는가, "보이는 것"은 어떤 종류의 언어놀이에서 사용될 수 있는가를 말해야 한다. 왜냐하면 첫눈에 나는 이 표현을 물리적 대상을 지적하는 낱말이 사용되는 것처럼 사용하고 싶다고 느낄 터인데, 내가 그렇게 할 수 없다는 것은 오직 다시 생각해볼 때만 나에게 보이기ª 때문이다. ― 여기에 내가 가리킬 수 있고 이야기할 수 있는 대상이 있는 것처럼 보인다고 내가 말했을 때, 그것은 그저, 나는

ª 나타나기

그것을 물리적 대상과 비교하고 있었다는 것이다. 왜냐하면 오직 다시 생각해 볼 때만, '……에 관해 이야기함'이란 관념이 여기서 적용될 수 없다는 것이 나타나기 때문이다. (나는 그 '대상'을 무대 장식과 비교할 수 있었을 것이다)

자, 언제 나는 이 대상에 관해 이야기한다고 말해질 수 있을까? 언제 나는 내가 그것에 관해서 이야기한다고 말할까? ― **명백히**, 내가 ― 말하자면 ― 나의 시각 상을 기술할 때. 그리고 아마도, 내가 그것을 기술하는 경우와 내가 그것을 나 자신에게 기술하는 경우에만.

그러나 이 경우, 내가 보는 것을 나 자신에게 기술할 때, 나는 "보이는 것"이라고 불리는 (특이한)[a] 대상을 기술한다고 말하는 것의 요점은 무엇인가? 왜 여기서 특수한 대상에 관해 이야기하는가? 이것은 오해 때문이 아닌가?

일종의 체스판 위에서 행해지는 어떤 놀이를 상상하라. 당신은 그 놀이를 64칸, 81칸, 100칸 등까지 가르칠 수 있는데, 64칸―놀이에서 지는 상황은 81칸―놀이에서는 이기는 것이고, 100칸―놀이에서 지는 것은 121칸―놀이에서는 이기는 것이고, 등등이다.

"그가 자신이 말한 것을 뜻함'은 무엇에 있었는가?" 하고 당신이 질문을 받는다면, 당신은, 다른 어떤 사실들로 보완되면, '그가 자신이 말한 것을 뜻하지 **않음**'에 특징적일 사실들 등등을 기술할 것이다.

---

[a] 하나의

"나는 일렬로 서 있는 $10^{10^{10^{10}}}$ = μ 명의 군인들을 상상할 수 있는가?

"나는 일렬로 끝없이 늘어선 군인들을 상상할 수 있는가?"

나는 일렬로 끝없이 늘어선 군인들을 상상할 수 있다고 내가 말해서는 왜 안 될까? 그 표상은 내가 그 끝을 볼 수 없는 하나의 열과 어떤 몸짓과 특수한 어조의 목소리로 말해진 "계속해서 영원히 ─"라는 말과 같은 어떤 것이다. 그리고 내가 다음과 같이 말했다고 해 보라: μ명의 군인들은, 만일 우리가 그들을 1야드씩 사이를 두고 배치한다면, 여기서부터 태양까지의 중간쯤까지 도달할 것이다! 이것 역시 '열을 상상함'이 아닌가?

우리 모두가 "큰 숫자들"이라고 부를 수들이 있다는 것은 매우 주목할 만하고 대단히 중요한 사실이다.

우리가 ……라고 부를 수 있는 표현의 뜻(의미)을 설명하는 특수한 방식이 있다.

철학에서 우리는 사람들이 어떤 사태를 잘못 상상한다고 종종 말한다. 예를 들면, "그들은 자연법칙이 일들이 일어나도록 어떤 방식으로 강제한다고 상상한다"거나 "그들은 한 인물이 어떤 사실을 어떻게 알 수 있는가는 심리학의 문제라고 상상하는데, 그것은 문법의 문제이다" 등등. 그러나 이들 경우에, "이러이러하다고 상상한다는 것"은 무엇을 의미하는지, 그들이 사용하고 있는 것은 어떤 종류의 표상인지를 설명하는 것이 필요하다. 그것은 마치 그들이 논리적으로 불가능한 것을 상상할 수 있다는 말처럼 종종 들린다. 그리고 그 경우에 대한 우리의 기술을 바르게 하는 것과 이 경우에 그들이 실제로 무엇을 상상하는가를 말하는 것은 쉽지 않다.

예를 들면: 사람들은 "이러이러한 것이 사실이라는 것을 우리는 어떻게

아는가"라는 물음을, 알려져 있다고 우리가 말하는 명제의 뜻과는 아무 관계도 없는 심리학의 한 문제로서 취급한다. 그러나 첫째로: 그들은 이 관념을 어디에서 취하는가, 그들은 어떻게 그 관념을 얻게 되는가? 실제로 어떤 심리학적인 문제를 그들은 생각하고 있는가?

명백히, "그는 이것을 어떻게 알아내는가?"라는 물음이 개인적이고 아마 심리학적인 문제인 경우가 있다. "그는 N이 자기 방에 있었다는 것을 어떻게 알아냈는가?" — 그는 창문을 통해서 그를 보았거나 혹은 침대 밑에 숨어 있었다. — "그는 그 유리가 금이 갔다는 것을 어떻게 알아냈는가?" 그는 자신의 맨눈으로 금을 보았거나 혹은 돋보기를 통해 그것을 보았다, 등등. 우리는 그가 같은 것을 다른 방식으로 알아낸다고 말하고, 그가 무엇을 발견하는가는 그가 그것을 어떻게 발견하는가에 의존한다고 말하지 않는다.

언제 우리는 그가 같은 것을 두 가지 방식으로 알아낸다고 말하는가? 다음과 같은 언어놀이들을 상상하라: 어떤 사람이 어떤 질문 — "A?" — 을 받고, 인물 A를 바로 옆방에서 본다면 "예"라고 대답하고, 보지 못한다면 "아니오"라고 대답하도록 훈련받는다. 그는 바로 옆방에서 A의 목소리를 들을 때도 "A?"라는 질문에 "예"라고 대답하도록 훈련받는다. "무슨 권리로 우리는 이 두 경우에 같은 질문을 하는가?" 또는 "무슨 권리로 그는 같은 질문에 대답하기 위해 이 두 가지 다른 시험을 사용하는가?" 또는 어떤 사람이 다음과 같이 묻는다고 해 보라: "이제 이것은 실제로 하나의 같은 질문인가, 아니면 우리는 같은 말로 표현되었을 뿐 두 가지 다른 질문을 가지고 있는가?"

이제 "이 사람은 'A'라고 한다"라는 지시적 정의를 고려해 보라. 그리고 이 정의가 우리가 A를 다른 측면에서 보거나 다른 위치에서 보는 것을, 또는 그의 목소리를 듣는 것을, 그가 거기에 있음의 기준으로 간주해야 하는지를 우리에게 말해 주는지 자문해 보라. ― 여기서 우리는 다음과 같이 말하고 싶은 유혹을 받는다: "그러나 분명 나는 바로 이 사람을 가리킨다, 그러므로 내가 어떤 대상을 의미하고 있는가는 어떤 의심도 있을 수 없다!" 그러나 물론 그 의심이 내가 이것↗을 의미하는지 또는 저것→을 의미하는지가 아니기는 하지만, 그 말은 잘못이다.

지시적 정의에서 내가 가리키고 있다고 말했으면 하는 '대상'은, 가리키는 행위에 의해서가 아니라 그 정의된 낱말을 가지고 내가 하는 사용에 의해서 결정된다고 말해질 수 있다. 그리고 여기서 우리들은 이렇게 생각하지 않도록 조심해야 한다. 즉 화살표 ──────▶ $\overset{A\ B}{\bullet\bullet}$ 가 A 또는 B를 가리킨다고 말해질 수 있다는 뜻에서 결국 그 가리키는 손가락은 다른 대상을 가리켰고, 그래서 나는 다른 방식의 가리킴에 의해 그 경우들을 구별할 수 있었을 것이라고 말이다.

"그러나 우리는 우리의 감각 자료와는 다른, 대상들이나 사물들을 마음에 품고 있다; 예컨대 탁자에서 우리가 얻는 인상과 대조적으로 탁자를 말이다." 그러나 이 대상을 마음에 품는다는 것은 무엇에 있는가? 그것은 우리가 이를테면 탁자에 관해 이야기할 때는 언제나 떠오르는 특이한 '마음의 작용'인가? 그것은 '탁자'란 낱말을 우리가 그 낱말을 사용하는 놀이에서 사용함이 아닌가? 즉 그 낱말을 우리가 그 낱말을 사용하듯이 사용함이 아닌가?

우리는 "치통"이란 낱말은 '나를 제외한 누군가가 도대체 그것을 지니고 있는지를 나는 알지 못하는 느낌의 이름'이라고 말하고 싶은 유혹을 받는다. 그러나 내가 이 낱말로 언제나 같은 것을 의미하는지는 나조차도 알지 못한다고 말할 수 있다.

"나는 사람이 자기의 뺨을 붙잡는 것은 치통이 있는 것이라고 항상 생각했다; 그때 그가 내 이 하나를 두드렸다, 그때 나는 '치통'이 무엇을 의미하는지 알았다." 그래, 그것은 무엇을 의미하는가? — 그리고 "치통'이 무엇을 의미하는지 안다는 것"은 어떠한 것이었는가?

"이제 나는 '고통'이 무엇을 의미하는지 안다."

가짜 고통의 신음은 반드시 어떤 것이 없는 신음이 아니다. 그리고 진짜 고통의 신음은 반드시 어떤 것이 있는 신음이 아니다.

그러나 우리는 "주변 상황이 다르다"라고 말했으면 한다. 그러나 거기에는 뭔가 옳지 않은 것이 있다.

한 경우에는[34] 표현이 경험에 대응한다고 당신은 말한다. 그러나 그것은 어떻게 대응하는가?
그 대응에 관해서 당신이 틀렸다고 상상하라. 그러면 무엇이 남을까? 당신이 이 말을 했다는 것과 당신이 속이지 않았다는 것, 그러나 이제 속임과 속이지 않음은 '사적 경험들'이 아니다? "나는 이 경험을 ……로서 인식한다"라고 말해도 소용이 없는데, 왜냐하면 인식함의 경험을 내가 올바로 인식하는지를 나는 알지 못하니까 말이다.

우리는 "속이다"란 낱말을 두 가지 다른 방식으로 사용하고 있다. 한 방식에서는, 내가 그 짓을 하는지는 다른 인물에 의해서 검증될 수 있다. 다른 뜻

---

34 (옮긴이주) PO에는 '이 경우에는'이라고 되어 있는데, 여기서는 시디롬 유고를 따랐다. 물론 여기서 가리키는 경우는 (진짜 고통의 신음을 내는 경우로) 차이가 없다.

에서는, 우리는 "오직 나만이 내가 속이는지를 안다"라고 말한다.

"나는 내가 속였다는 것을 그동안 내내 알고 있었다."

우리가 단순한 행동과 느낌으로 유발된 행동을, 그리고 표현이 있는 느낌을 구별한다는 것은 전적으로 참이다. 이들은 우리 언어 내의 구별이다. "그러나 당신은 이 모든 구별이 단지 행동에 불과한 것에서의 구별이라고 말하고 있는가?"—

2를 그 자신과 곱함에 의해 12를 얻을 수 있는가?

"**단지 행동에 불과한.**" "오직 행동만이 있다"는 "생명이 없다", "우리(또는 나)는 자동인형들로서, 의식 없는 기계들로서 행동한다"라고 하는 말처럼 보일 것이다.

나는 이렇게 말하기를 원한다: "나와 기계 사이의 차이는 그저 우리의 행위의 차이에 있는 것이 아니라, 나는 의식이 있고 기계는 그렇지 않다는 이점에 있다."

그러나 이것은 단지 기계를 인간이 아니라 나와 구별할 뿐이라고 나는 말해야 하지 않는가? 왜냐하면 내가 이렇게 말하면 왜 안 될까? 즉 내가 나 자신을 제외한다면, 인간, 동물, 재봉틀 등의 차이는 그 행위들에 있다고 말이다. 그러나 그 경우 나는 내 몸조차도 제외하지 않는다.

"나는 오직 나 자신으로부터만 의식을 안다, 나는 다른 누군가에게 의식이 있는지를 알지 못한다, 그러나 그것을 가정하는 것은 뜻이 있다, 그리고 나는 어떤 부류의 경우에는 그 가정을 한다."

내가 걱정하는 것은 '행동＋경험'이란 관념이다. — 우리는 경험의 존재 없이도 행동에 관해 이야기하는 것이 가능하다고 생각할지 모른다. '신음을 듣기와 같은 그런 것이 없다면 내가 신음에 관해 이야기할 수 있을까?' 또는: 행동에 관해 이야기하는 것은 경험에 관해 이야기하는 것이 아닌가, 그리고 따라서 "사적 경험에 관해 이야기함"이라고 우리가 부르는 것은 "행동에 관해 이야기함"의 특별한 경우가 아닌가?[35]

우리는 그것을 다음과 같은 말로 표현할 수 있다: "경험은 우리가 현상에 관해 말하는 모든 것의 밑바닥에 있다; 그래서 우리가 특히 어떤 것을 직접적 경험에 관해 이야기하기라고 부른다면, 그것은 현상에 관해 **일상적인** 방식으로 이야기하기의 단지 특별한 경우임이 틀림없다."

"치통은 행동 이외에 아무것도 아니다"라고 우리가 말한다면, 우리는 그것이 이러이러하지 않다고 말하는 것처럼 보인다; 우리는 어떤 것을 제외하고 싶어 하는 것처럼 보인다. 그러나 명백히 그것은 우리가 해서는 안 되는 것이다.

우리의 일은 명백히, 어떤 것을 어떤 것으로 환원하는 것이 아니라, 단지 어떤 오도할 수 있는 표현 방식들을 피하는 것이다.

"치통은 행동이 아니라 경험이다." "우리는 '행동'과 '경험'을 구별한다." "춤추기는 행동이고, 치통은 경험이다." 이것들은 문법적 진술들이다. "춤추기"와 "치통"이라는 낱말의 사용에 관한.

("이런 형식의 말은 어떤 것을 의미하는 것처럼 보이지만 아무것도 의미

---

35 유고의 이 다음 부분에서 수리철학에 관한 논의가 8쪽 분량 약간 넘게 전개되는데, 이 부분은 제외하였다.

하지 않는다." 즉: 우리는 어떤 표상을 이 표현과 연결하거나, 이 표현을 사용하고 싶어 한다; 왜냐하면 그것은 다른 표현들과 유사하게 소리 나고, 또 우리는 어떤 태도, 마음의 상태 등을 그것과 연결하기 때문이다. 그러나 그 다음 우리가 그것을 어떻게 사용할 것인지를 자문해 본다면, 우리는 우리가 그것을 사용할 일이 없다는 것을, 또는 우리가 처음에 막연하게 상상한(기대한) 것과는 전적으로 다른 종류의 쓰임이 있다는 것을 발견한다.)

무엇보다도, 우리는 '행위'를 편애하는 것처럼 보인다; 우리는 모든 것을 행동에 의해서 설명하고 싶어 하는 것처럼 보인다. 그런데 왜 우리가 이런 방식으로 치우쳐 있어야 한단 말인가? 그것은 모종의 유물론 때문인가? 우리는 무슨 속셈을 지니고 있는가?

"치통"과 같은 낱말을 사용하는 일상적인 (그리고 문제가 없는) 방식이 있지만, 그것에 관해 철학을 할 적에 우리는 그것에 다른 쓰임을 주는 경향이 있다. 그러나 그 경우 그 제안된 쓰임은 사실상 그것을 쓸모없는 상징으로 만들기 때문에, 우리는 그것을 전적으로 제거할 수 있다는 것을 발견한다.

"우리가 다른 사람들에게서 어떤 행위를 지각할 때, 또는 다른 한편으로 우리 자신에게 치통이 있을 때, 우리는 'x가 치통이 있다'라는 표현을 사용한다." 다음은 무엇을 뜻하는가: "내가 치통을 느낄 때, 나는 '나는 치통이 있다'라고 말한다." 이것은 무엇을 설명하는가? 물론 그것은 몇 가지 방식에서 하나의 설명일 수 있을 것이다; 나는 어떤 사람에게 다음과 같이 말한다: "자, 내가 위통이 있다면, 나는 내가 이러이러하다는 것을 스미스가 믿게 만들기 위해 '나는 치통이 있다'라고 언제나 말할 것이다". 또는, "나는 다시는 거짓말하지 않을 것이다, 나는 내가 실제로 치통이 있을 때만 '나는 치통이 있다'라고 말할 것이다". 또는 "나는 내가 여기에(가리키면서) 고통을 느낄 때, '나는 치통이 있다'라고 말한다".

나는 우리가 '사적 경험'을 그것의 표현에 대한 정당화로서 인증(引證)할 수 없다는 것을 말하고 싶다.

우리가 고통을 신음에 대한 유일한(*the*) 정당화라고 부른다면, 우리는 "그는 고통이 있기 때문에, 신음하는 것이 정당화된다"라고 말할 수 없다. ─ 우리가 고통을 표현해서 정당화되는 이 경우를 정당화의 다른 방식, 예를 들면, 그는 무대 위에 있고 아픈 사람처럼 연기해야 한다는 것과 구별하기를 원하지 않는다면, 우리는 "그는 고통이 있기 때문에, 고통을 표현하는 것이 정당화된다"라고 말할 수 없다.

내가 "신음에 대한 나의 정당화는 고통이 있음이다"라고 말하고 싶은 유혹을 받는다면, 나는 내가 신음함으로써 표현을 하는 어떤 것을 ─ 적어도 나 자신에 대해서 ─ 가리키는 것처럼 보인다.

여기서 그 관념은, 모든 것 각각에 대해서 어떤 '표현'이 있다는 것, 우리는 '어떤 것을 표현한다는 것', '어떤 것을 기술한다는 것'이 무엇을 의미하는지 안다는 것이다. 여기에 어떤 느낌, 어떤 경험이 있다. 그리고 이제 나는 어떤 사람에게 "그것을 표현하라!"라고 말할 수 있을 것이다. 그러나 그 표현과 그것이 표현하는 것과의 관계는 무엇이어야 하는가? 어떤 방식으로 이 표현은 다른 느낌이라기보다 오히려 이 느낌의 표현인가?! "우리는 이 느낌의 표현으로 이 느낌을 **뜻한다**"라고 우리들은 말하는 경향이 있다. 그러나 어떤 낱말로 어떤 느낌을 뜻한다는 것은 어떠한 것인가? 이것은, 예를 들어, 내가 "이름 'N'으로 이 인물을 의미하는 것"이 어떤 것인가를 설명했다면 아주 명료한가?

"우리는 고통이 없이도 신음함에 대한 표현과 고통이 있어 신음함에 대한 표현이라는 두 가지 표현을 갖고 있다." 나는 이 두 표현의 설명으로서 어떤 사태들을 가리키고 있는가?

"그러나 이들 '표현들'은 당신에 의해 만들어지는 단순한 낱말들, 소음들일 수 없다; 그것들은 오직 그것들의 **배후**에 있는 것(당신이 그것들을 사용할 때 당신이 있는 상태)으로부터 그 중요성을 얻는다! — 그러나 어떻게 이 상태가 내가 배출하는 소음들에 중요성을 줄 수 있는가?

내가 다음과 같이 말한다고 해 보라: 표현들은 그것들이 냉정하게 사용되지 않고 우리가 그것들을 사용하지 않을 수 없다는 사실로부터 그 중요성을 얻는다. 이는 마치 내가 다음과 같이 말하는 것과 같다: 웃음은 오직 **자연적인 표현**이라는 점을 통해서, 즉 인위적인 코드가 아니라 자연적인 현상이라는 점을 통해서 그 중요성을 얻는다.

그런데 무엇이 '자연적 형태의 표현'을 자연적인 것으로 만드는가? "그것의 배후에 있는 경험"이라고 우리는 말해야 할까?

내가 "나는 치통이 있다"라는 표현을 사용한다면, 나는 그것을 '자연스럽게 사용되고 있는' 것으로 생각하거나 달리 사용되고 있는 것으로 생각할 수 있다. 그러나 내가 그 둘 중 하나로 생각할 이유가 있다고 말하는 것은 잘못일 것이다. — 우리의 표현들의 **모든** 중요성이, 영원히 배경 속에 남아 있고 전경 속으로 끌어낼 수 없는 저 사적인 경험들 X, Y, Z로부터 오는 것처럼 보이는 것은 매우 기묘하다.

그러나 울부짖음이 고통의 울부짖음일 때, 그것은 단순한 울부짖음이 아 닌가?

다음과 같이 말할 수 있는가: "내가 어린아이에게 '치통'이라는 낱말의 사 용(의미)을 가르친다면, 나는 그 아이가 실제로 치통을 느끼기를 (또는 그 아이가 진짜 치통을 느끼기를) 희망할 수 있을 뿐이다; 왜냐하면 그 아이가 그렇게 느끼지 않는다면 나는 그 아이에게 잘못된 의미를 가르친 게 되기 때문이다"?

왜 나는 '표현'이 그것의 의미를 — 그것이 사용되는 언어놀이의 상황들로 부터가 아니라 — 그것의 배후에 있는 느낌으로부터 끌어낸다고 말하는 걸 까? 왜냐하면 어떤 인물이 홀로 사막에서 고통스러워 울부짖고 있는 것을 상상해 보라: 그는 언어를 사용하고 있는가? 우리는 그의 울부짖음이 **의미** 가 있다고 말할까?

우리는 어떤 요소, 즉 우리 자신은 그것이 우리 언어의 일부가 아니라고 말하는 어떤 요소를 우리의 기술 속에 도입하여 우리의 언어와 그것의 사용 을 기술하고 싶은 기묘한 유혹을 받으면서 일하고 있다. 그것은 우리를 우 롱하는 것처럼 보이는 특이한 무지갯빛 현상이다.

"그러나 당신은 사람들이 꼭 우리가 행동하는 것처럼 고통 등등을 보이면서 행 동하는 것을 상상할 수 없는가? 그리고 그 경우 당신이 **그들은 고통을 느끼지 않는** 다고 상상한다면, 그들의 모든 행동은 말하자면 죽은 것이다. 당신은 이 모든 행동 을 고통이 있는 것으로, 또는 **없는** 것으로 상상할 수 있다. —"

고통은 그 속에 표현이 존재하는 분위기인 것처럼 보인다. (고통은 하나의 **상황**인 것처럼 보인다.)

내가 한 경우에 사용하는 표상은 내가 다른 경우에 사용하는 것과 다르다고 우리가 말한다고 해 보자. 그러나 나는 그 두 표상을 가리킬 수 없다. 그래서 이 말을 하는 것은 이 표현을 사용하면서 그 말을 하는 것을 제외하고 무엇이 되는가.

내가 말했다시피, 우리는 우리가 최종적인 순간에는 다시 철회하는 어떤 요소들, 표상들을 사용한다고 말함으로써 우리의 언어를 기술하고 싶은 유혹을 받는다.

사용 중인 표현이 표상이 아니라면, — 왜 나는 내가 보여 줄 수 없는 표상을 다시 언급하는가?

"그러나 당신은 마치 고통이 지독히 현실적인 어떤 게 아닌 것처럼 이야기하지 않는가?" — 나는 이것을 고통에 관한 하나의 명제로서 이해해야 하는가? 나는 그것이 '고통'이라는 낱말의 사용에 관한 하나의 명제이며, 또 하나의 발언이며, 우리가 '고통'이라는 낱말을 사용하는 환경의 본질적인 부분이라고 생각한다.

고통을 표현한 것이 정당화된다는 느낌.
나는 **고통의 기억에 주의를 집중할 수 있다.**

자, 내가 나의 표현들을 내가 사용하듯이 사용하기는 하지만 "치통"을 실제의 고통을 의미하기 위해서 사용하지는 않는 것과 그 낱말의 올바른 사용과의 차이는 무엇인가? —

사적 경험은 하나의 범례(範例)로서 봉사하기 위한 것인데, 동시에 널리 인정되다시피 그것은 하나의 범례일 수 없다.

'사적 경험'은 우리의 문법의 퇴화한 구성물(어떤 뜻에서 동어반복과 모순에 비교될 수 있는)이다. 그리고 이 문법적 괴물이 이제 우리를 우롱한다 ; 우리가 그것을 처치하기를 원할 때, 마치 우리는, 이를테면, 치통이란 경험의 존재를 부정하는 것처럼 보인다.

고통의 존재를 부인한다는 것은 무엇을 의미할까?!

"그러나 우리가 치통이 있다고 말할 때, 우리는 그저 이런 또는 저런 방식으로 치통을 표현하는 것에 관해 이야기하는 것이 아니다!" — 확실히 그렇다, — 우리는 치통을 표현한다! — "그러나 당신은 같은 행동이 고통의 표현일 수도 아닐 수도 있다는 것을 인정한다." — 당신이 어떤 사람이 속이고 있다고 상상한다면 — 속이는 것은 비밀스럽게 행해지지만, 이 비밀은 '사적 경험'의 비밀이 아니다. 언어를 이와 같은 방식으로 사용하는 것이 그에게 잘못이 있는 것으로 여겨져서는 왜 안 될까?

우리는 "오직 그만이 자기가 참을 말하는지 또는 거짓을 말하는지를 안다"라고 말한다. "오직 당신만이 당신이 말하는 것이 참인지를 알 수 있다."

이제 비밀을 개인적 경험의 '사적 성질'과 비교해 보라! 어떤 뜻에서 나의 사고가 비밀스러운가? 내가 생각하며 소리 낸다면, 그것은 들릴 수 있다. — "나는 이것을 나 자신에게 천 번이나 말했지만 그 밖의 누구에게도 말한

적이 없다."

"오직 당신만이 당신이 무슨 색깔을 보는지 알 수 있다." 그러나 오직 당신만이 알 수 있다는 것이 참이라면, 당신은 이 앎을 전달하거나 표현할 수조차 없다.

당신이 잘못된 말을 하고 내가 당신이 내 말에 동의하도록 만들 수 있거나, 또는 당신이 잘못된 견본을 가리키거나 등등을 한다면, 당신이 어떤 색깔을 보는가에 대해서 내가 당신보다 더 잘 안다고 우리가 왜 말할 수 없단 말인가?

"나는 내가 거짓말하고 있다는 것을 알지 못했다."— "당신은 알고 있었음이 **틀림없다!**"

검토하라: "당신이 치통이 있다는 것을 당신이 모른다면, 당신은 치통이 없다."

"나는 '나는 치통이 생겼다'라고 그저 **말하는** 것이 아니라, **치통이 나에게 이말을 하도록 만든다.**" (나는 일부러 '치통의 느낌' 또는 '어떤 느낌'이라고 쓰지 않았다.)

이 문장은, 이를테면, 그 말을 문장의 한 예로서 하거나 무대 위에서 하는 것 등과 그 말을 하나의 주장으로서 하는 것을 구별한다. 그러나 그것은 "나는 치통이 있다"라는 표현에 대한, '치통'이라는 낱말의 사용에 대한, 아무런 설명도 아니다.

"나는 '치통'이라는 낱말이 무엇을 의미하는지 안다, 그것은 내가 하나의 특수한 것에다 나의 주의를 집중하도록 만든다." 그러나 무엇에다? 이제 당신은 행동의 기준들을 주고 싶어진다. 당신 자신에게 물어보라: "'느낌'이라는 낱말은, 또는 더 낫게는 '경험'이라는 낱말은, 당신이 무엇에 집중하도록 만드는가? 경험에 집중한다는 것은 어떠한 것인가? 만일 내가 이 일을 하려고 시도한다면, 나는 예컨대 나의 눈을 특히 크게 뜨고 응시한다.

"나는 '치통'이라는 낱말이 무엇을 의미하는지 안다, 그것은 내 마음속에 하나의 특수한 표상을 산출한다." 그러나 어떤 표상을? "그것은 설명될 수 없다." — 그러나 그것이 설명될 수 없다면, 그것이 하나의 특수한 표상을 산출한다고 하는 말의 의미는 무엇이었는가? "당신 마음속의 표상"이라는 말에 대해서도 당신은 같은 말을 할 수 있을 것이다. 그리고 그것의 귀착점은 당신은 어떤 낱말들을 설명 없이 사용하고 있다는 것이 전부이다. "그러나 나는 그것들을 나 자신에게 설명할 수 없는가? 또는 설명을 하지 않고 스스로 그것들을 이해할 수는 없는가? 나는 사적인 설명을 할 수 없는가?" 그러나 이것이 당신이 설명이라 부를 수 있는 어떤 것인가? 응시함이 사적 설명인가?

그러나 이 기묘한 착각은 어떻게 생기는가?!

여기에 언어가 있다, — 그리고 이제 나는 아무런 설명도 아닌 어떤 것을 하나의 설명으로서 언어 속에 구현하려고 시도한다.

우리는 삼각형 ⊠가 다음 직사각형의 면적의 반을 지닌다고 말하기로 결정한다.

당신은 당신이 오직 직사각형의 면적들에 관해서만 이야기했으므로, '삼각형△의 면적은 얼마인가?'라는 물음이 당신에게 전혀 아무런 뜻도 지니지 않는다고 상상할 수 없는가? 혹자는 그 삼각형이 **실제로는** 특정한 하나의 면적을 지니지 않는다고, 아마도 삼각형을 충족하는 데 접근한다고 말해질 수 있는 일련의 면적들이 있다고 말하고 싶을지 모른다.

　감각 자료의 사밀성(私密性). 지루하겠지만, 나는 내가 마지막에 말한 것을 반복해야겠다. 감각 자료란 관념을 도입하는 한 가지 이유는, 사람들이, 이를테면, 같은 대상을 바라보면서 때때로 다른 것들을 ─ 예컨대 색깔들을 ─ 본다는 것이라고 우리는 말했다. "그는 짙은 빨강을 보는 데 반해 나는 연한 빨강을 본다"라고 우리가 말하는 경우들. 그 경우 우리는 물리적 대상을 보고 있다고 말해지는 인물이 보는 물리적 대상과는 다른 대상에 관해 이야기하는 경향이 있다. 더욱이 그 대상이 어떻게 보이는가를 우리는 그 다른 인물의 행동(예컨대, 그가 우리에게 말하는 것)으로부터 단지 추측할 뿐이라는 것이 분명하고, 그래서 그는 이 대상을 그의 마음의 눈앞에 가지고 있는데 우리는 그것을 보지 못한다고 말하기가 쉽다. 비록 우리가 우리도 그것을 우리의 마음의 눈앞에 마찬가지로 가질 수 있다고 말할 수 있기는 하지만, 그러나 그가 그의 마음의 눈앞에 그것을 가지고 있다는 것은 알지 못한 채로이다. '감각 자료'는 여기서 ─ 물리적 대상이 그에게 나타나는 방식이다. 다른 경우에는 물리적 대상들은 등장하지 않는다.

　이제 나는 '감각 자료'의 사용에 관한 한 가지 특수한 어려움에 당신의 주의를 환기해야겠다. 우리는 내가 빨강으로 보는 것을 그 인물은 초록으로 본다고 말할 경우들이 있다고 말했다. 이제 다음과 같은 물음이 머리에 떠오른다: 이런 일이 어쨌든 있을 수 있다면, 왜 언제나 그러할 수는 없을까? 일단 우리가 그런 일이 어떤 특이한 상황에서 일어날 수 있다는 것을 인정한다면, 그것은 항상 일어날 수 있다고 보인다. 그러나 그 경우, 다른 사람이 전혀 다른 어떤 것을 보지 않는지를 우리가 결코 알 수 없다면, 빨강을 본다고 하는 바로 그 관념은 쓸모를 잃는다는 것이 분명하다. 그럼 우리는 무엇을 해야 하는가: 이런 일은 제한된 수의 경우에만 일어날 수 있다고 우리는 말해야 하는가? 이것은 매우 심각한 상황이다. — 우리는 A가 B와는 다른 어떤 것을 본다고 하는 표현을 도입했다. 그런데 이것은 우리가 그것을 도입한 상황에서만 쓸모가 있다는 것을 우리는 잊어서는 안 된다. 다음과 같은 명제를 고려해 보라: "물론 우리는 새로운 상황들이 우리가 본 것을 결국 그가 보았음을 보여 주지 않을지를 결코 알 수 없다." 이러한 개념 전체가 도입될 필요가 없는 것이었다는 것을 기억하라. "그러나 나는 모든 눈먼 사람들이 내가 보는 것만큼 잘 보는데 단지 행동만 다르게 한다고 **상상할** 수 없는가; 그리고 다른 한편으로 그들이 실제로 눈이 멀었다고 상상할 수 없는가? 왜냐하면 내가 이러한 가능성들을 상상할 수 있다면, 그 물음은, 비록 결코 대답할 수는 없더라도, 뜻이 있기 때문이다." 어떤 한 사람이, 이를테면 W.가, 때로는 눈이 멀고 때로는 본다고 상상하라. 그리고 당신이 무엇을 하는가를 관찰하라. 어떻게 이 표상들이 그 물음에 뜻을 주는가? 그것들은 주지 않는다. 그리고 당신은 표현이 그것의 유용성과 운명을 같이한다는 것을 본다.

다른 인물이 나오는 다른 어떤 것을 본다는 관념은 어떤 표현들을 설명하기 위해서 도입될 뿐이다: 반면에 이 관념은 표현들에 대한 어떠한 지시 없이도 존재할 수 있는 것처럼 보인다. "틀림없이, 나에게 있는 것은 그에게도 있을 수 있다.”

"그리고 다른 사람이 고통을 보임이 없이도 고통이 있을 수 있다는 것을 우리가 인정한다는 것을 기억하라! 그러니까 이것이 생각될 수 있다면, 그가 자기에게 고통이 있다는 것을 결코 보이지 않는다고는 왜 생각될 수 없는가? 그리고 고통을 보임이 없이도 누구나 끊임없이 고통이 있다고는 왜 생각될 수 없는가? 또는 심지어 사물들에게도 고통이 있다고는 왜 생각될 수 없는가?!" 우리 눈에 띄는 것은, 다른 인물이 고통을 보임이 없이도 고통이 있다는 관념의 유용한 적용은 소수이고, 쓸모없는 적용들, 즉 마치 전혀 아무런 적용도 아닌 것처럼 보이는 적용들은 방대한 수가 있다고 보인다는 것이다. 그리고 이 후자의 적용들은 이 점, 즉 우리는 다른 인물이 우리에게 있는 것을 갖고 있다고 상상할 수 있고 또 이런 방식으로 그가 치통이 있다는 명제는 아예 어떠한 표현과도 독립적으로 뜻이 있는 것으로 보인다고 하는 이 점에서 정당화가 되는 것처럼 보인다. "틀림없이", 하고 우리는 말한다, "나는 그가 고통이 있다고, 또는 보고 있다고 등등을 상상할 수 있다". 또는, "나 자신이 볼 수 있듯이, 나는 그가 같은 일을 하는 것을 상상할 수 있다". 다른 말로 하자면, 나는 그가 보는 행위에서 나와 같은 역할을 하는 것을 상상할 수 있다. 그러나 이렇게 말하는 것이 "그는 본다"라는 말로 내가 의미하는 것을 결정하는가?

우리는 그가 고통(등등)이 있다고 상상하는 것은 "그는 고통이 있다"라는 문장의 뜻을 고정하지 않는다는 결론에 도달한다.

"그는 '초록'으로 내가 의미하는 것과는 다른 어떤 것을 언제나 의미할지 모른다." 증거(검증). 그러나 이런 의견이 있다: "확실히 나는 특수한 어떤 것, 특수한 한 인상을 의미하며, 따라서 그는 또 하나의 인상을 받을 수 있다; 분명 나는 저 인상이 무엇과 같을지를 안다!" "분명 나는 내가 '초록'이라고 부르는 인상을 받는다는 것이 무엇과 같은지를 안다." 그러나 그것은 무엇과 같은가? 당신은 초록색의 대상을 바라보고 "그것은 이와 같다!"라고 말하는 경향이 있다. 그리고 이 말은 비록 그 밖의 누구에게 어떤 것도 설명하지 않지만 적어도 당신이 당신 자신에게 하는 하나의 설명인 것처럼 보인다. 그러나 그런가?! 이 설명이 '초록'이란 낱말에 대한 당신의 미래의 사용을 정당화할 것인가? 사실은, 초록을 봄은 당신이 당신을 다른 어떤 사람으로, 그리고 초록을 빨강으로 대체하는 것을 허락하지 않는다.

"감각 자료는 사적이다"는 하나의 문법 규칙이다. 그것은 "그들은 같은 감각 자료를 보았다"와 같은 표현들을 사용하는 것을 금한다; 그것은 "그는 다른 사람이 이런 …… 종류의 감각 자료를 갖고 있다고 추측했다"와 같은 문장들을 허용할 수(안 할 수) 있다. 그것은 오직 다음과 같은 형식의 표현들만을 허용할 수 있다: "다른 사람이 둘러보았고, 어떤 감각 자료를 가졌고, ……라고 말했다." 이 말이 그러한 경우에 전혀 사용되지 않는다는 것을 당신은 안다. 그러나 당신이 그것을 사용하고 싶다면, 해라! ─

"그러나 분명 나는 치통이 있으면서 치통을 표현하는 것과 치통을 단지 표현하는 것을 구별한다; 그리고 나는 나 자신에서 이 둘을 구별한다." "분명 이것은 단지 다른 표현들을 사용하는 문제가 아니라, 별개의 두 경험이 존재하는 것이다!" "당신은 마치 고통이 있는 경우와 고통이 없는 경우가 단지 내가 나 자신을 표현하는 방식으로 구별되는 것처럼 이야기한다!"

그러나 우리는 '단지 행동에 불과한 것'과 '경험 + 행동'을 언제나 구별하는가? 어떤 사람이 불길 속에 떨어져 울부짖는 것을 우리가 본다면, 우리는 속으로 "물론 두 가지 경우가 있다: ……"라고 말하는가? 또는 내가 당신을 여기 내 앞에서 본다면 나는 그렇게 구별하는가? 당신은 구별하는가? 당신은 구별할 수 없다! 우리가 어떤 경우에 구별한다는 것이 우리가 모든 경우에 구별한다는 것을 보여 주지는 않는다. 이것은 당신들 중 일부에게는 어리석고 피상적으로 들릴 것이 틀림없다. 그러나 그건 그렇지가 않다. 당신이 나를 볼 때 당신은 하나를 보고 다른 하나를 추측하는가? (잠재의식적으로 추측한다고는 말하지 말라!) 그러나 당신이 그와 같은 가정의 형태로 당신 생각을 표현한다고 한다면, 이것은 하나의 '표현 방식(façon de parler)'을 채택하는 것이 되지 않을까?

'내가 거짓말을 한다고 말하는 것은 거짓말하기의 특수한 경험을 통해 정당화된다'라고 우리는 말할 수 있는가? '……특수한 사적 경험을 통해 정당화된다'라고 우리는 말해야 할까? 또는 '……거짓말하기의 특수한 사적 경험을 통해'? 또는 '이러이러한 방식으로 특징지어지는 특수한 사적 경험을 통해'?

"그러나 당신 의견으로는, 무엇이 한낱 표현과 표현+경험 사이의 차이인가?"

"당신은 W.가 그가 행동하듯이 행동하지만 아무 것도 보지 못한다는 것이 무엇을 뜻하는지 아는가; 그리고 다른 한편으로, 그가 본다는 것은 무엇을 뜻하는지 아는가?"

당신이 자신에게 이것을 묻고 '예'라고 대답한다면, 당신은 어떤 종류의 표상을 머리에 떠올린다. 이 표상은 당신이 본다거나 (당신이 눈을 감는다면) 보지 못한다는 사실에서 유래하는 것처럼 보인다. 그리고 이러한 유래로 해서, 그것은 "그는 본다", "그는 보지 못한다"라는 우리의 문장에 대응한다고 우리가 해석하는 그림이 틀림없는 것처럼 보인다. — 내가 내 몸을 그의 몸으로, 그리고 성냥을 잡는 것을 펜을 잡는 것으로 대체할 때처럼 말이다. — 그러나 내 몸을 그의 몸으로 대체한다는 것은 내 몸이 이제 그의 몸과 같이 되도록 변화했다(그리고 아마 그 역도 될 것이다)는 것을 뜻할 수 있을 것이다. "나에게 있는 것이 그에게 있다고 생각하는 것"을 이해하는 것은 직접적이고 단순한 일로 보이지만, 그것은 전혀 그렇지 않다. 그 경우는 우리가 예컨대 생리학적 과정들에 관해 말할 때만 단순하다. "나는 그가 무엇을 보는가를 단지 간접적으로 알지만, 내가 무엇을 보는가는 직접적으로 안다"는 절대적으로 우리를 오도하는 그림을 구현하고 있다. 내가 나는 치통이 있다는 것을 알지 못한다고 말할 수 없다면, 나는 내가 치통이 있다는 것을 안다고 말할 수 없다. 다른 사람에게 있는 것을 내가 직접적으로 안다고 말할 수 없다면, 다른 사람에게 있는 것을 내가 간접적으로 안다고 말할 수 없다. 우리를 오도하는 그림은 이러하다: 나는 내 소유의 성냥갑을 보지만, 그의 성냥갑이 어떠한지는 오직 소문으로만 안다. 우리는 다음과 같이 말할 수 없다: "내가 그는 치통이 있다고 말하는 것은 내가 그의 행동을 관찰하기 때문이지만, 내가 나는 치통이 있다고 말하는 것은 내가 치통을 느끼기 때문이다." (이것은 혹자로 하여금 '치통'은 나에 대한 의미와 다른 사람에 대한 의미라는 두 가지 의미를 지닌다고 말하도록 이끌 수 있을 것이다.)

"나는 치통을 느끼기 때문에 '나는 치통이 있다'라고 말한다"는 이 경우를 이를테면 무대 위에서 연기하는 경우와 대조하지만, '치통이 있다는 것'이 무엇을 의미하는가를 설명할 수는 없다. 왜냐하면 치통이 있음 = 치통을 느낌이고, 그 설명은 다음과 같이 될 터이기 때문이다: "내가 나는 치통이 있다고 말하는 것은 내가 치통이 있기 때문이다" = 내가 나는 치통이 있다고 말하는 것은 그것이 참이기 때문이다 = 내가 나는 치통이 있다고 말하는 것은 내가 거짓말하지 않기 때문이다. 우리들은 다음과 같이 말하기를 원한다: 내가 나는 치통이 있다고 말할 수 있기 위해서, 나는 내 행동을 — 이를테면 거울 속에서 — 관찰하지 않는다. 그리고 이것은 옳다. 그러나 당신이 어떤 다른 종류의 관찰을 기술한다는 것은 따라 나오지 않는다. 신음함은 관찰의 기술이 아니다. 즉, 당신이 관찰하는 것으로부터 당신이 당신의 표현을 도출한다고 말할 수는 없다. 당신이 '초록'이란 낱말을 당신의 시각적 인상이 아니라 단지 어떤 견본으로부터 도출한다고 말할 수 있는 것과 꼭 마찬가지로 말이다. ─ 이제 이에 반대하여 우리들은 다음과 같이 말하는 경향이 있다: "분명 내가 어떤 색깔을 초록이라고 부른다면, 나는 그 낱말을 그저 말하는 것이 아니라, 그 낱말이 특수한 방식으로 오는 것이다", 또는 "내가 '나는 치통이 있다'라고 말한다면, 나는 이 문구를 그저 사용하는 것이 아니라, 그것이 특수한 방식으로 와야만 하는 것이다!" 이제 이것은 아무것도 뜻하지 않는다. 왜냐하면, 그렇게 말하고 싶다면, 그것은 항상 특수한 방식으로 오기 때문이다. "그러나 분명, 어떤 것을 봄과 말함이 **전부일 수는 없다!**" 여기서 우리는 우리가 언급하지 않은 어떤 대상이 여전히 있다고 하는 혼동을 범한다. 당신은 **순수한 봄과 말함**, 그리고 하나 + 다른 어떤 것이 있다고 상상한다. 그러므로 당신은 a, a+b, a+c 등을 구별하는 것처럼 모든 구별이 행해져야 한다고 상상한다. 이러한 부가(附加)의 관념은 대부분 우리의 신체 기관들에 대한 고려에서 유래한다. 당신이 관심 가져야 할 모든 것은 내가 당신이 하는 모든 구별을 하는지다: 예를 들면, 속이는 것과 진실을 말하는 것을 내가 구별하지 않는지 하는 것 말이다. ─ "다른 어떤 것이 있다!" ─ "다른 아무것도 없다!" ─ "그러나 다른 무엇이 있는가?" ─ "자, 이것↗!"

"그러나 분명 나는 내가 단지 자동인형이 아니라는 것을 안다!" ─ 내가 자동인형이라면 그것은 무엇과 같을까? ─ "내가 나 자신이 경험하고 있지ª 않다고 상상할 수 없는 것은 어찌 된 일인가!" ─ 우리는 상식적인 사용과 형이상학적인 사용을 끊임없이 혼동하고 바꾼다.

"나는 내가 본다는 것을 안다." ─

"나는 본다." ─ 당신은 이것을 어떤 사실에서 읽어 내는 것처럼 보인다;

ª 보고, 듣고 등등을 하고 있지

마치 당신이 "이 구석에 의자 하나가 있다"라고 말하듯이 말이다.

"그러나 예컨대 어떤 실험에서 내가 '나는 본다'라고 말한다면, 나는 왜 그렇게 말하는가? 분명 나는 보기 때문이다!"

개인적인 경험에 대한 우리의 표현들은 규칙적으로 되풀이되는 내적인 경험들로부터 나올 필요조차 없고 그저 어떤 것으로부터 나오면 되는 것 같다.

기술(記述)과 견본들의 혼동.

'의식의 영역'이란 관념.

6
원인과 결과: 직관적 포착[1]

1937년 9월 24일

"그가 그렇게 무섭게 보이기 때문에, 나는 두렵다", 이렇게 어떤 사람이 말한다면 ─ 여기서 일견 하나의 원인이 반복적 실험 없이 즉시 인식된다.

러셀은 어떤 것이 반복적 경험을 통해 원인으로 인식되기 전에, 어떤 것이 직관을 통해 원인으로 인식되어야 한다고 말했다.[2]

---

1 (옮긴이주) 이 글은 비트겐슈타인의 《철학적 탐구》와 《수학의 기초에 관한 소견들》에 궁극적으로 사용된 소견들을 많이 담고 있는 유고 MS 119에서 「원인과 결과, 직관적 포착에 대해」라고 제목이 붙은 한 절과 그것과 연관된 약간의 소견들로 구성된 것으로, 1937년 9월 말과 10월 말 사이에 작성되었다. 이 글은 같은 제목으로 1976년에 러시 리스에 의해 《철학》(*Philosophia*)지 6권 pp.391~445에 처음 발표되었다. 리스는 이 글의 부록으로 MSS 159와 160의 관련 소견들과 또 자신이 1938년에 비트겐슈타인의 강의 시간에 받아 적은 노트들을 포함시켰는데, 여기(*PO*판)서는 MS 159의 관련 소견들 약간이 더 추가되었다. 이하에서 따로 표시 없는 한, 모든 각주는 *PO*판에 있는 것이다. (그리고 그 대부분은 러시 리스의 각주이다.)

2 내(러시 리스─옮긴이) 생각에, 이것은 《아리스토텔레스 학회보》(*Proceedings of the Aristotelian*

그것은 어떤 것이 측량을 통해 2m로 승인되기 전에 어떤 것이 직관을 통해 1m로 인식되어야 한다고 말하는 것과 비슷하지 않은가?

_____

Society) 1935/36에 실린 버트런드 러셀의 논문 "경험주의의 한계들"을 지시한다.—"직관"은 러셀의 말이 아니다. 그는 우리가 인과 관계를 "지각"할 수 있어야 한다고, 또는 산출 관계를 "볼" 수 있어야 한다고 말한다. 이들 낱말을 이렇게 사용하는 것은 드문 일이다; 그런데 비트겐슈타인이 "직관"에 관해 말하는 많은 것이 그 낱말들의 이러한 사용에 적용될 것이다. 다음은 "경험주의의 한계들"에서 뽑은 단락들이다.

"만일 내가, '나는 고양이를 보았기 때문에 "고양이"라고 말했다'라고 말한다면, 나는 보증된 것보다 더 많이 말하고 있다. 우리들은 이렇게 말해야 한다. 즉, '내가 고양이의 성질을 지닌 것으로 분류한 시각적인 사건 발생이 있었기 때문에, 나는 "고양이"라고 말하고자 했다'라고 말이다. 이 진술은 어쨌든 '때문에'를 가능한 한 분리한다. 내가 주장하고 있는 것은, 우리는 이 진술을 우리가 고양이의 성질을 지닌 현상이 있었다는 것을 아는 것과 같은 방식으로 알 수 있다는 것이다. 그리고 만일 우리가 그렇게 할 수 없다면, 언어적인 경험적 지식은 존재하지 않을 거라는 것이다. 나는 이 문장에서 '때문에'라는 낱말은 다소간 인과적인 관계를 표현하고 있는 것으로 이해되어야 한다고 생각한다. 그리고 이 관계는 **지각**되어야지, 빈번한 동시 발생으로부터 단지 추론되어서는 안 된다고 생각한다. 따라서 "원인"은 "불변적 선행자(先行者)"와는 다른 어떤 것을 의미해야 한다."(p.137)

"〔……〕'때문에'라는 낱말은 경험주의자가 알아야 하는 것 너머로 나를 데려가는 것처럼 보인다."(p.136)

"우리는 다음과 같이 믿을 이유가 있다: 어떠한 언어적 지식이건 감각 경험에서 어떤 뜻으로건 도출된다는 것이 알려질 수 있다면, 우리는 인과 관계와 유사한 관계를 하나의 체험된 현재(specious present)의 두 부분 사이에서 때때로 '볼' 수 있어야 한다. 〔……〕 우리가 경험에 앞서 지식에 도달할 수 있다고 주장할 필요는 없다; 오히려 경험은 순수한 경험주의가 가정하는 것보다 더 많은 경험을 준다고 주장할 필요가 있다."(pp.148f)

"내가 다쳐서 울부짖을 때, 나는 그 상처와 울부짖음만이 아니라, 그 하나가 다른 하나를 '일으킨다'는 사실도 지각할 수 있다. 내가 하나의 시간 순서 속에서 세 가지 사건을 지각할 때, 나는 선행함이 이행적 관계라는 것을—그 예가 현재의 감각 자료에 포함된 하나의 일반적 진리를—지각할 수 있다. 〔……〕 우리가 인과 관계와 유사한 관계들을 때때로 지각할 수 있다면, 인과 법칙들의 증명에서 우리는 예들의 열거에 전적으로 의존하지 않는다. 〔……〕 기껏해야 개연적일 수밖에 없는 문제들에 관해 말하자면, 지각된 일반 명제들의 조직은 개연적 추론의 작동을 위해 필요한 선천적(a priori) 개연성을 주기에 충분할 수 있다. 이것이 어떻게 될 수 있는지에 관해서 나는 세부적으로 안다고 공언하지 않는다. 그러나 어쨌든 그것은 더 이상 순수 경험주의에서처럼 명백한 논리적 불가능성은 아니다."(pp.149f)

러셀은 "검증에 관하여"(《아리스토텔레스 학회보》, 1937/38)라고 하는 또 하나의 논문과 "논리학에 대한 심리학의 관련성"(《아리스토텔레스 학회 증보판》, 1938)에 관한 심포지엄에서, 그리고 《의미와 진리에 관한 탐구》의 3장에서 이 논문에서의 문제들 가운데 일부로 되돌아갔다. 1938년 심포지엄의 p.46에서 그는 다음과 같이 말했다:

"나는 내가 의도하는 관계가 인과적이 아니라 준-인과적이라고 주장해야겠다. 나는 일상적으로 이해되는 바 원인과 결과의 관계는, 기하학의 공간적 관계들이 지각 대상들의 좀 덜 규칙적인 관계들로부터 제조되는 것과 같은 종류의 방식으로 더 거친 재료들로부터 제조되어 매끄럽게 된 논리적 관계라는 생각이 들곤 한다."

왜냐하면 만일 저 직관이 반복적 실험을 통해 반박된다면 어떻게 되는 가? 그 경우 누가 옳은가?

그리고 우리가 '원인으로 인식하는' 경험에 관해서 직관이 우리에게 말하 는 것은 무엇인가? 거기서 중요한 것은 대상 즉 원인에 대한 우리 편에서의 반응과는 다른 어떤 것인가?

우리는 우리가 받는 일격으로 인해 고통이 생긴다는 것을 즉각 인식하지 않는가? 그 일격이 원인이 아닌가? 그리고 그게 그러하다는 것에 대해 의심 이 있을 수 있는가? ― 그러나 이에 관해 어떤 경우에 우리가 착각에 빠지는 일이 아주 잘 생각될 수 있지 않은가? 그리고 나중에 그 착각을 인식하는 일이. 어떤 것이 우리를 치는 듯 보이면서 그와 동시에 우리에게 고통이 야 기된다. (때때로 우리들은 어떤 움직임을 통해 소음을 야기한다고 믿는다. 그러고는 그것이 우리와는 무관함을 깨닫게 된다.)

그리고 물론, 여기에는 실로 '원인의 경험'이라 불릴 수 있는 진정한 경험 이 있다. 그러나 그것이 우리에게 틀림없이 원인을 보이기 때문이 아니라, 원인을 고대하는 여기에, 원인-결과 언어놀이의 한 뿌리가 있기 때문이다.

우리는 원인에 대해 반응한다.

어떤 것을 "원인"이라고 부르는 것은, "그에게 책임이 있다!"라고 가리켜 말하는 것과 비슷하다.

우리가 결과를 원하지 않을 때, 우리는 본능적으로 원인을 떼어 놓는다. 본능적으로 우리는 맞은 것으로부터 때린 것 쪽으로 바라본다. (나는 우리 가 그렇게 한다고 가정한다.)

이제 만일 내가, 우리가 원인과 결과에 관해 이야기할 때, 우리는 모든 것을 충격의 경우에 비교한다, 그것이 원인과 결과의 원형이다, 이렇게 말한다면 어떻게 될까? 그러면 우리는 충격을 원인으로 **인식**한 걸까? '원인' 대신에 언제나 '충격'이라고 말하는 언어를 생각하라!

1937년 9월 26일

상이한 두 식물 종류 A와 B를 상상하라. 그 둘로부터 씨앗들이 얻어진다. 그리고 그 두 종류의 씨앗은 전적으로 같게 보이며, 가장 정확한 탐구라도 그것들 사이의 차이를 확인할 수 없다. 그러나 식물—A의 씨앗들로부터는 다시 식물—A들이 나오고, 식물—B의 씨앗들로부터는 식물—B들이 나온다. 이러한 씨알 하나로부터 어떤 종류의 식물이 생길지는, 그것이 어느 식물로부터 나왔는지를 우리가 알 경우에만 우리는 예언할 수 있다. — 이제 우리는 그것으로 만족해야 하는가; 아니면 우리는 이렇게 말해야 하는가: "그 씨앗들 자체 속에 어떤 차이가 있어야 **한다**. 그렇지 않으면 그것들은 서로 다른 식물들을 산출할 수 **없을** 것이다. 그것들의 전사(前史)만으로는, 그 전사가 씨앗 자체 내에 흔적들을 남기지 않았다면, 그것들의 더 이상의 발전의 원인일 수 **없다**."

그러나 이제 우리가 그 씨앗들 속에서 아무런 차이도 발견하지 못한다면! 그리고 사실은 이제 이러하다. 즉 우리는 씨앗의 특질들로부터가 아니라 그것의 전사로부터 그 발전을 예언한다. — 내가 이 전사는 그 발전의 원인일 수 없다고 말한다면, 그것은 그러니까 내가 그 전사로부터 그 발전을 예언할 수 없다는 것을 뜻하지는 않는다; 왜냐하면 나는 그런 예언을 하니까. 그러나 그것은 우리가 그것을 '인과적 연관'이라고 부르지 않는다는 것, 바로 여기서 우리는 원인으로부터 결과를 예언하지 않는다는 것을 뜻한다.

그리고 "우리가 그 차이를 발견할 수 없더라도, 씨앗들 속에는 어떤 차이가 있어야 한다"라는 단언으로 사실들이 바뀌는 것은 아무것도 없다. 그러나 그것은 모든 것을 원인과 결과의 도식을 통해 보려는 충동이 우리 내부에서 얼마나 강력한지를 나타낸다.[3]

필적학, 관상학 따위에 관해 이야기할 때, 우리들은 되풀이해서 다음과 같은 문장을 듣는다: "……물론 성격은 필적 속에 **어떤 식으로든** 나타나야 한다……." '해야 한다', 즉 이러한 그림을 우리는 어떤 사정이 있더라도 적용하고자 한다.

(철학은 해야 한다(müssen)와 할 수 있다(können)란 낱말들의 문법이라고 말하는 것이 전적으로 무의미하지는 않으리라; 왜냐하면 그렇게 해서 그것은 무엇이 선천적이고 무엇이 후천적인지를 보여 주기 때문이다.)

그리고 그렇게 해서 당신은, 식물 A의 씨가 식물 B를 산출하고, 첫 번째 식물의 씨와 똑같은 이 식물의 씨는 다시 A-식물을 산출하고 하는 등등이 번갈아 일어나는 것을 상상할 수 있다 — 비록 '왜' 그러한지 우리는 알지 못하지만 말이다. 등등.

그리고 이제 앞의 예에서 어떤 사람이 결국 A 식물과 B 식물의 씨들 사이의 차이를 발견하는 데 성공했다고 가정하자. 그는 틀림없이 이렇게 말할 것이다: "이제 우리는 **하나의** 씨가 이 식물 저 식물로 되는 것이 어쨌든 가능하지 않다는 것을 본다." — 그런데 만일 내가 다음과 같이 대꾸한다면? "당신은 당신이 발견한 그 표지(標識)가 순전히 우연적이 아니라는 것을 어떻게 아는가? 그것이 언젠가 저 식물이 그 씨에서 생긴다는 것과 뭔가 관계

---

3 이형(異形): "……원인과 결과의 도식이 우리 내부에서 얼마나 강력한지를……"

가 있다는 것을 당신은 어떻게 아는가?" ―

10월 12일
〔원인과 결과, 직관적 포착에 대해〕

소리의 원천이 (물리학적으로) 어디에 있는지를 내가 탐구하기 전에도 소리는 저기로부터 오는 듯이 나에게는 보인다. 영화관에서 말소리는 스크린 위 인물의 입으로부터 나오는 것처럼 보인다.

이러한 경험은 무엇에 존재하는가? 가령, 우리가 소리를 들을 때, 우리가 부지불식간에 특정한 곳을 ― 그 소리의 외견상의 원천을 ― 응시한다는 것에. 그리고 영화관에서는 누구도 확성기가 설치되어 있는 쪽으로 바라보지 않는다.

우리의 놀이의 **근본 형식**은, 그 속에 의심이 존재하지 않는 것이라야 한다. ―어디에서 이러한 확신이 나오는가? 그것은 분명 역사적인 것일 수 없다.

'놀이의 근본 형식은 의심을 포함할 수 없다.' 여기서 우리는 무엇보다도 근본 형식을 **상상한다**; 가능성, 게다가 **매우 중요한** 가능성을. (우리는 중요한 가능성을 역사적 진리와 실로 매우 자주 혼동한다.)

10월 13일
"의심은 ― 나는 말할 수 있을 것이다 ― 어디에선가 끝나야 한다. 어디에선가 우리는 ― 의심함이 없이 ― 말해야 한다, **그것은 이 원인으로부터 일어난다**고 말이다."

비슷하게: "이 의자에 앉으시오!"라고 말하면서, 우리가 오류를 범하고 있으리라고 하는 생각, 실제로는 아마 의자가 없을 것이라고 하는 생각, 나중의 경험이 우리에게 다른 어떤 것을 가르칠 수 있을 것이라고 하는 생각은 결코 우리에게 떠오르지 않는다. 여기서 하나의 놀이는 오류의 가능성 없이 행해지고, 다른 하나의 더 복잡한 놀이는 이러한 가능성을 갖고서 행해진다.

우리가 어떤 말들을 발화하고 그것들에 따라 규칙적으로 **행동한다**는 것은 우리가 하는 놀이에 매우 본질적이다. **그렇지 않은가?**
의심은 지연시키는 하나의 계기이다. 그리고 매우 본질적으로, 규칙에 대한 하나의 예외이다.
대부분의 차와 보행자들은 각자 변함없는 방향에서 목표를 향해 나아가지, 매 순간 생각을 바꾸어, 처음에는 A에서 B의 방향으로 가고, 그다음에는 거꾸로 몇 걸음 뒤로 가고, 그다음에는 다시 거꾸로 가고 (등등) 하는 어떤 사람처럼 가지 않는다는 것, 이것은 우리의 거리 교통에 본질적이라고 말할 수 있을 것이다. ─ 그리고 "이것은 우리의 거리 교통의 본질적 특징이다"가 뜻하는 것은, 그것이 중요하고 성격적인 특징이라는 것, 만일 이게 달라진다면 엄청나게 많은 것이 바뀌어야 할 것이라는 것이다.

놀이는 처음에는 의심 **없이** 시작해야 한다고, 의심은 오직 나중에야 등장할 수 있다고 말한다면, 그것은 무엇을 뜻하는가? ─ 실로 왜 처음부터 의심해서는 안 되는가? 그러나 잠깐, ─ 그 경우 의심은 어떤 모습을 하고 있는가? ─ 그렇다, 의심의 느낌이나 의심의 표명이 어떠하건 간에, 그것은 이제 우리가 알고 있는 것과는 전혀 다른 **환경**을 가진다. (왜냐하면 예외로서의 의심은 규칙을 환경으로 가지기 때문이다.) (얼굴 속에 있지 않다면, 이 두 눈은 표정이 있는가?)

의심의 **근거들**은 익숙해진 궤도를 벗어나는 근거들이다.

다른 가능성들로 둘러싸이면, 우리의 세계는 전혀, 전혀 다르게 보인다.

우리는 아이에게 가르친다: "이것은 의자다." 이것이 의자인지에 대한 의심을 우리는 처음부터 아이에게 가르칠 수 있었을까? 우리들은 말할 것이다: "불가능하다! 이것이 의자라는 것을 의심할 수 있으려면, 아이는 무엇이 의자인지를 먼저 알아야 한다." ─ 그러나 아이가 처음부터, "그것은 의자처럼 보입니다 ─ 그러나 그것은 실제로 의자인가요?"라고 말하는 법을 배우는 것이 생각될 수 없는가? 또는 어쨌든 아이가 처음부터, "여기에 의자가 있습니다"라고 주장하는 어조로 말하지 않고, "나는 여기에 의자가 있다고 **믿습니다**"라고 의심하는 어조로 말하는 법을 배우는 것이 생각될 수 없는가?

"우리들은 의심으로 시작할 수 없다"는 이제 어떠한가? 그러한 "할 수 없다"는 언제나 수상쩍다.

10월 14일

그렇다면 우리들은 이렇게 말할 수 있다: 의심은 그것이 없으면 놀이가 명백히 불완전하고 올바르지 않은, 놀이의 **필수적** 요소일 수가 없다. 왜냐하면 당신의 놀이에는 의심의 정당성을 위한 기준들이, 그 반대를 위한 기준들이 존재하는 것과 **다르지 않게** 존재하기 때문이다. 그리고 의심을 포함하는 놀이는 의심을 포함하지 않는 놀이보다 말하자면 단지 좀 더 복잡한 것일 뿐이다.

우리들은 쉽게 이렇게 생각한다. 즉 의심이 놀이를 비로소 **자연에 충실한** 것으로 만든다고 말이다.

(기차의 길고 짧은 주행 구간에 대해 같은 운임이 지불되어야 한다면 — 이것은 명백히 부당한, 불합리한 규정일까?)

"어떤 사람이 고통이 있는지를 우리들은 알 수 없다? — 웬걸, 우리들은 그걸 **알 수 있다!**" 그럼에도 불구하고 이 말은, "우리는 이 고통에 대한 어떤 '직관적 앎'을 지닌다"는 것이 아니다. 그것은 단지, "······ 우리들은 알 수 없다"라고 말하는 사람들에 대한 하나의 — 정당한 — 반항이다. 그러나 그것은 저들이 부인하는 어떤 자연 능력을 주장하지는 않는다. —

"놀이는 의심으로 시작할 수 없다." — 이는 놀이가 의심으로 시작하지 않는다는 뜻이어야 할 것이다. — 또는, 그 "할 수 없다"는 다음 문장에서와 동일한 정당성을 지닌다는 뜻이기도 해야 할 것이다: "교통은 모든 사람이 이리로 가야 할지 저리로 가야 할지를 의심하는 것으로 시작할 수 없다; 즉 그 경우 우리가 '교통'이라고 부르는 것에 결코 이를 수 없을 것이고, 그 경우 우리는 그 망설임을 '의심'이라고 부르지도 않을 것이다."

"우리는 저기에 의자가 있다는 것을 **안다**"라고 하는 철학적 단언은 실로 하나의 놀이를 기술할 뿐이다. 그러나 그것은 내가 어떤 사람에게 "저기 의자를 나에게 가져오라"라고 말할 때, 바위같이 굳은 확신의 느낌들이 나를 움직인다고 말하는 것처럼 **보인다**.

놀이는 어떤 사람이 치통이 있는지에 대한 의심으로 시작하지 않는다. 왜냐하면 그것은 — 말하자면 — 우리의 삶에서 놀이의 생물학적 기능에 상응하지 않을 것이기 때문이다. 놀이의 가장 원시적인 형태는 타자의 애처로운 소리와 몸짓들에 대한 어떤 반응, 즉 동정의 반응이나 그와 같은 어떤 것이다. 우리는 위로하고 도우려 한다. 우리들은 의심이 어떤 뜻에서 하나의 정교화, 즉 놀이의 개선이기 때문에, 곧바로 의심으로 시작하는 것이 가장 올바른 것일 거라고 생각할 수 있다. (판단에 근거가 있다면 종종 좋기 때문에, 판단의 완전한 정당화를 위해서는 근거의 사슬이 무한에까지 계속 나가야 하리라고 생각하는 것과 비슷하게 말이다.)

　의심과 확신이 언어로가 아니라 단지 행동들, 몸짓들, 표정들로 표현된다고 상상하자. 가령 매우 원시적인 사람들이나 동물들에서는 사정이 그러할 것이다. 그러니까 어떤 어머니의 아이가 울부짖으면서 동시에 뺨을 붙잡고 있는 것을 상상하자. 한 종류의 반응은, 어머니가 아이를 달래려고 애쓰고 아이를 어떤 방식으론가 돌보는 것이다. 여기에는 그 아이가 실제로 고통이 있는지에 대한 의심에 해당하는 것은 아무것도 없다. 다른 한 경우는 이러할 것이다: 아이의 불평에 대한 반응은 통상 방금 기술된 것이지만, 어떤 상황에서 어머니는 회의적으로 행동한다. 그 경우 그녀는 가령 의심하면서 머리를 흔든다, 아이를 달래고 돌보는 것을 중단한다, 심지어 분노와 무관심을 표명한다. 그러나 이제 처음부터 회의적인 어머니를 상상해 보자. 아이가 울부짖으면, 그녀는 어깨를 으쓱하고 머리를 흔든다; 때때로 그녀는 아이를 검사하면서 바라본다, 아이를 탐구한다; 예외적으로 그녀는 또한 달래고 돌보는 모호한 시도들을 한다. ― 만일 우리가 이러한 행동을 본다면, 우리는 그것을 전혀 회의라고 부르지 않을 것이다. 그것은 우리에게 그저 이상하고 어리석은 느낌을 줄 것이다. "놀이는 의심으로 시작할 수 없다"가 뜻하는 것은, 만일 놀이가 의심으로 시작한다면, 우리는 그것을 '의심'이라고 부르지 않을 것이라는 것이다.

이러한 물음을 생각해 보라: "놀이하는 사람 중 하나가 이기고(또는 패하고) 난 다음에 놀이가 실제로 시작됨으로써 놀이의 한 판이 **시작될 수 있는가**?" 놀이 비슷한 과정이 놀이에서 이기고 졌을 때 통상 바로 일어나는 것으로 시작해서는 왜 안 되는가? 예를 들어, 한 사람에게 돈이 전액 지급된다, 그는 자신의 성공에 대해 축하의 말을 듣는다, 등등. 다만, 그럼에도 불구하고 우리는 이것을 "놀이에서 이겼다"라고는 부르지 않을 것이며, 아마 그 전체를 "놀이"라고 부르지를 않을 것이다. 만일 우리가 그러한 관습을 본다면, 그것은 우리에게 '이해 불가능'할 터이고, 아마 우리는 "이 사람들은 놀이 시작 때 이기고 진다"라고 말하지 않을 것이다.

"그런 일이 일어날 수 있는가?" — 물론이다. 그것을 상세한 점들에 이르기까지 그저 기술하기만 하라. 그러면 당신은 당신이 기술하는 그 과정이 쉽게 상상될 수는 있지만, 당신이 이러이러한 표현들을 그것에다 적용하지는 않을 것임을 틀림없이 볼 것이다.

"시(詩)에서의 각운(脚韻)이 시행의 끝에 놓이는 대신에 처음에 놓일 수 있을까?"

"그러니까 당신의 원시적 놀이에서는 아무 의심도 나타나지 않는다 — 그러나 그가 치통이 있다는 것은 대체 **확실한가**?" — 놀이란 **그런** 것이다. — 그리고 그로부터 당신은, 당신이 원한다면, "치통"이란 낱말이 어떻게 쓰이는지를 추측해 낼 수 있다; 그러니까, 그것이 어떤 의미를 지니는지를 말이다.

"만일 그가 속인다면 어쩐다?" — 그러나 그가 행하는 것이 놀이에서 **속이는** 것이 아니라면, 그는 전혀 속일 수가 없다.

10월 15일

"의자가 여기에 있다는 것은 도대체 확실한가?" ─ 실로 내가 확신함과 의심함, 이 둘을 할 수는 없는가? 그것은 나에게 무엇인가가 의심의 정당화로 여겨지는지에 달려 있지 않은가?

이러이러한 것이 적중하지 않는다면, 우리는 말한다. 우리가 **오류를 범했** 다고, 잘못된 가정을 했다고 말이다. 오류는 하나의 결함이다; 우리는 그것 때문에 비난받으며, 우리 자신을 책망한다.

그것과 다음의 것을 비교하라: 우리는 A와 B 두 곳의 중간을 다음과 같은 방식으로 여러 번 어림잡음으로써 결정한다:

우리는 "나는 그것이 C쯤에 놓여 있다고 가정한다"라고 말하고, 다소 중간쯤에 점 하나를 찍는다. ─ 그다음 B로부터 $\overline{AC}$를 긋고는 C′를 얻는다. 그 다음 우리는 $\overline{CC'}$의 중간 쪽으로 그 과정을 반복한다. ─ 첫 번째 가정은 오류였는가? 당신은 그것을 그렇게 부를 수 있다 ─ 그러나 이 '오류'는 여기서 잘못으로 취급되지 않는다.

우리가 의심하지 않는다면, 우리는 이것을 잘못으로, 어리석음으로 간주한다 ─ 의심은 문제의 본성에 대한 더 깊은 통찰인 것처럼 우리에게는 보인다.

이집트 미술과 비교하면 우리에게는 사람들(등등)에 대한 원근법적 묘사가 올바른 것으로 보인다. 자명하다; 어쨌든 사람들은 그렇게 보이지 않는다! — 그러나 이것을 논증이라고 해야 하는가? 내가 종이에 그려진 사람을 그가 실제로 보이는 것처럼 보려 한다고 말하는 사람이 누가 있는가?

"의심하지 않는 사람은 사정이 달리 될 수 있는 가능성을 단순히 간과하는 것이다!" 전혀 그렇지 않다, — 이러한 가능성이 그의 언어 속에 전혀 존재하지 않는다면 말이다. (긴 노동 시간과 짧은 노동 시간에 대해 같은 임금을 주거나 요구하는 사람이 반드시 어떤 것을 간과하는 것은 아니듯이 말이다.) "그러나 그 경우 그는 바로 그 노동 수행의 값을 지불하지 않는 것이다!" — 그건 그러하다. —

왜 우리들은 즉시 인식되는 것을 동시 발생의 반복적 경험이 우리에게 가르쳐 주는 것과 똑같이 부르는가? 그것은 도대체 **어디까지** 동일한 것인가? (다른 인식 원천으로부터는 다른 인식이 흘러나온다.)

"어떤 기제(機制)의 존재는 두 가지 방식으로 인식될 수 있다: 첫째는 우리가 그것을 **본다**고 하는 것에 의해서, 둘째는 우리가 그것의 결과를 본다고 하는 것에 의해서." 다음과 같이 말할 수 있지 않을까: '여기에 이러이러한 종류의 기제가 존재한다'라고 하는 진술은 두 가지 방식으로 사용된다. 즉 a) 그러한 기제가 보일 수 있다면 — b) 그러한 기제가 야기할 결과들이 인식된다면.

"원인에 대한 반응"이라고 일컬어질 수 있는 반응이 존재한다. — 우리들은 원인을 '추적한다'라고 하는 것에 관해서도 이야기한다; 단순한 경우에 우리들은 가령 어떤 끈을 누가 끌어당기고 있는지를 보기 위해 그 끈을 추적한다. 그런데 내가 그를 발견한다면 ─ 나는 어떻게 그가, 그가 끌어당김이, 그 끈의 움직임에 대한 원인이라는 것을 아는가? 나는 그것을 일련의 실험들을 통해 확립하는가?

10월 16일

그런데 그 끈을 추적하여 그것을 끌어당기고 있는 사람을 발견하는 사람은, "그러니까 그것이 원인이다"라고 추론함으로써 진일보하는가, ─ 또는 그가 발견하고자 한 것은 어떤 사람이 그 끈을 끌어당기는지, 그리고 누가 그것을 끌어당기는지 하는 것이 전부가 아닌가? "원인"이란 낱말을 가지고 행해지는 언어놀이보다 더 단순한 언어놀이를 다시 한번 상상하자.

다음과 같은 두 과정을 생각해 보자: 그 한 과정은 어떤 사람이 끈에서 끌어당김을 느끼거나 그 비슷한 종류의 경험을 할 때, 그 끈을 ─ 그 기제를 ─ 추적하고, 이런 뜻에서 원인을 발견하고, ─ 그리고 가령 그 원인을 제거하는 데 있다. 그는 또한 "왜 이 끈이 움직이지?"와 같은 것들을 물을 수도 있다. ─ 다른 경우는 다음과 같을 것이다: 그는 자신의 염소들이 이 언덕 위의 먹이를 먹는 이래로 우유 생산이 줄었다는 것을 알아차린다. 그는 머리를 흔들며, "왜"라고 묻는다 ─ 그러고는 시험들을 해 본다. 그는 이러이러한 먹이가 그 현상의 원인임을 발견한다.

"그러나 이 경우들은 같은 종류가 아닌가? 그는 실로 그 끈을 끌어당기는 사람이 실제로 그 움직임의 원인인지, 아니면 그가 결국 그 끈에 의해 움직이고 있고, 이것은 다른 원인으로 움직이고 있는 것은 아닌지에 관해 실험들을 해 볼 수도 있었을 것이다!" ─ 그는 실험들을 해 볼 수 있었을 것이다 ─ 그러나 나는 그가 아무런 실험도 하지 않는다고 가정한다. 이것이 그가 행하는 놀이이다.

이러한 경우에 내가 늘 하는 것은 도대체 무엇인가? 이성은 — 나는 이렇게 말했으면 하는데 — 우리가 행하는 모든 것, 모든 언어놀이들이 그에 비추어 자기 자신을 측정하고 판단하는 탁월한 척도로서 우리에게 주어진다. — 우리는 다음과 같이 말할 수 있다: 우리는 그 척도의 고찰에 몰입해 있어서 우리의 시선을 어떤 현상들이나 그림들에 머물게 할 수 없다. 우리는, 말하자면, 이것들은 비이성적이다, 낮은 단계의 지능에 대응한다, 등등이라고 함으로써 이것들을 '처리'하는 데 익숙하다. 그 척도는 우리의 시선을 사로잡고, 되풀이해서 이 현상들로부터 말하자면 위쪽을 향하도록 떼어 놓는다. — 어떤 건축의 양식이나 행동의 양식이 우리를 사로잡아 우리가 우리의 시선을 다른 것에 완전히 돌리지 못하고 단지 비스듬히 시선을 줄 수밖에 없는 경우처럼 말이다. (그것과 관계있음: 관성의 법칙에 관해 에딩턴이 행한 매력적인 고찰.)

한 경우에는 "그가 원인이다"가 뜻하는 것은 단순히, 그가 끈을 끌어당겼다는 것이다. 다른 경우에는 대략, 그것이 내가 이 현상을 제거하기 위해서는 바꾸어야 할 환경들이라는 것이다.

"그러나 도대체 어떻게 해서 — 어떻게 그는 이러이러한 현상을 제거하기 위해서는 환경을 바꾸어야 한다는 관념에 이를 수 있었는가? 분명 그것은 그가 무엇보다도 언젠가 어떤 연관을 낌새챘다는 것을 전제한다! 어떤 연관을 가능한 것으로 간주한다; 아무런 연관도 볼 수 없는 곳에서 말이다. 그러므로 그는 그러한 인과적 연관의 관념을 이전에 이미 얻었어야 한다." 그렇다, 그것은 그가 원인을 탐색한다는 것을 전제한다고 말해질 수 있다; 그가 이 현상으로부터 다른 한 현상을 주시한다는 것을 말이다. —

10월 17일

직관. 직관을 통해 원인을 알기. "직관"이란 낱말로 어떤 놀이가 행해지는가? 그것으로 어떤 종류의 재주가 부려지는가?

여기서 우리는 다음과 같은 견해를 갖는다: 이 사태에 대한 앎은 하나의 정신 상태이다; 그리고 **어떻게** 그 앎이 이러한 상태에 도달했느냐는, 우리가 어떤 사람이 이러이러한 것을 안다고 하는 것에만 관심을 가지는 경우, 아무래도 좋다. 두통이 여러 가지 원인에서 발생할 수 있듯이, 앎도 역시 그러하다. 그렇다면 우리가 논리학에서 도대체 이러한 상태에 관심을 가진다는 것은 물론 이상하다. 그러한 상태들이 우리에게 무슨 상관인가? — "언제 사람은 (예를 들어) 누군가가 옆방에 있다는 것을 아는가?"라고 하는 물음을 기억하라. —— 그가 그 생각을 하는 동안에? (그리고 그가 그 생각을 한다면) 그 생각의 모든 부분(낱말들) 동안에?

"나는 누군가가 방에 있다는 것을 안다"라고 내가 말한다면, 그리고 내가 틀렸음이 판명된다면, 나는 그러니까 그것을 **알지** 못했다 — 그때 나는 내 정신 상태에 대한 내성(內省)에서 틀렸는가? 내가 속을 들여다보았고 어떤 것을 **앎**이라고 보았는데, 그게 그런 게 아니었다! — 또는 나는 그런 어떤 것을 **본래** 알 수 없고, 단지 "나는 어떤 붉은 것을 본다", "나는 고통이 있다" 따위와 같은 사실들만을 알 수 있는가? 그러니까 "안다"라는 낱말은 아무도 그것을 적용하지 않는 곳에서만 — 즉 "나는 p임을 안다"가 가령 "p"와 같은 것을 뜻하지 않는다면 아무것도 뜻하지 않으며 "나는 p임을 알지 못한다"란 형식은 허튼소리인 곳에서 — 적용되어야 할 것인가?

"나는 …… 안다"라는 말의 실제적 사용을 그저 바라보기만 하지 말고, 제발 그 말을 바라보고 그것이 어떤 사용에 적합할지를 사색하라. —

그 언어놀이는 대체 어떻게 돌아가는가 — 도대체 언제 우리는 우리가 '안다'라고 말하는가? 실제로 우리가 특정한 상태에 있음을 우리가 발견할 때? — 우리가 모종의 증거를 가지고 있을 때가 아니라? — 그렇다면 거기서 중요한 것은 그러니까 증거이고, 그것 없이는 앎이 아니다!

그런데 직관이란 무엇인가? 그것은 우리가 사물들을 경험하고 앎을 획득하는, 통상적인 삶에서 우리에게 잘 알려져 있는 하나의 방식인가? 또는 그것은 우리가 단지 철학에서만 사용하는 하나의 환영(幻影)인가? — 이러이러한 경우에 직관이 작용하고 있다고 하는 견해는 이러이러한 질병이 어떤 곤충에게 물린 것 때문에 발생했다고 하는 견해와 비교될 수 있는가? (이 후자의 견해는 옳거나 그를 수 있지만, 어쨌든 우리는 이런 종류의 경우들을 알고 있다.) 또는 여기서 우리의 경우는 다음과 같은 말이 적용되는 경우인가?

왜냐하면 개념들이 결여된 바로 그곳에서
어떤 낱말이 적시에 나타나기 때문에.[4]

("누가 이것을 했는지 알려져 있지 않다"라고 말하지 않고 — 어떤 것을 모른다고 말하지 않아도 되게끔 — "무명 씨가 그것을 했다"라고 말하는 언어 사용이 생각될 수 있을 것이다.)

10월 18일

직관에 관해 도대체 우리는 무엇을 아는가? 직관에 관해 우리는 어떤 개념을 갖고 있는가? 그것은 아마 일종의 봄(視), **한눈에** 인식함일 것이다; 더 이상은 나는 알지 못할 것이다. — "그러므로 실로 당신은 직관이 무엇인지 어쨌든 알고 있다!" — 가령 "하나의 물체를 모든 면에서 한눈에 동시에 본다"가 무엇을 뜻하는지를 내가 아는 것처럼 그렇게. 나는 이 표현이 그 어떤

---

4 괴테, 《파우스트》I부, 서재에서의 메피스토펠레스와 학생.

과정에 그 어떤 좋은 근거에서 사용될 수 없다고 말하지는 않을 것이다 ─ 그러나 그 때문에 내가, 그것이 무엇을 의미하는지를 아는가? ─

'원인을 직관적으로 인식하다'는, 원인을 **어떻게 해서든지 안다**(그것을 통상적인 방식과는 다른 방식으로 경험한다)를 뜻한다. ─ 이제 원인을 어떤 사람이 안다 ─ 그러나 그의 앎이 **입증되지** 않는다면, 그게 무슨 소용인가? 요컨대, 그의 앎은 시간이 흐르면서 통상적인 방식으로 입증되지 않는다면 소용이 없다. 그러나 그렇다면 실로 그는 원인을 그 어떤 방식으로 **올바로 추측한** 사람과 전혀 다른 경우에 있지 않다. 즉:─ 우리는 원인에 대한 이 특수한 **앎**에 관해서는 실로 아무런 개념도 가지고 있지 않다. 우리는 어떤 사람이 영감을 받았다는 표시를 하면서, 자기는 이제 원인을 **안다**고 말하는 것을 상상할 수 있다; 그러나 그것이, 그가 올바로 알고 있는지를 이제 우리가 검사하는 것을 방해하지는 않는다.

앎은 오직 놀이 속에서만 우리의 관심사가 된다.

(그것은 마치 어떤 사람이, 자기는 인간에 대한 해부학적 지식을 직관을 통해 소유하고 있노라고 주장했을 때와 같다. 우리는 다음과 같이 말한다: "우리는 그것을 의심하지 않는다; 그러나 당신이 의사가 되고자 한다면, 당신은 다른 모든 사람과 마찬가지로 모든 시험을 치러야 한다.")

10월 20일
어째서 '의심은 언젠가 그 어디에선가 끝나야' 하는가? ─ 왜냐하면 의심으로 시작한다면, 놀이는 결코 시작할 수 없기 때문에?

그럼에도 불구하고, 어떤 사람이 이러이러한 것의 원인이 무엇인가에 관해 골똘히 생각하는 것으로 놀이가 시작한다고 생각해 보라. 이 골똘히 생각함, 이 숙고들은 어찌 생각되어야 할까? 어쨌든 단순한 방식으로. 그것은 그러니까 가령 그 어떤 한 대상(원인)을 **찾음**이며, 결국 발견함이다. 그럼 놀이가 의심으로 시작할 수 없다는 것은 어찌 되는가?

의심은 그 어떤 얼굴을 지녀야 한다. 어떤 사람이 의심을 한다면, 그의 의심은 어떤 모습을 하고 있는가 하는 물음이 존재한다. 예를 들어, 그가 행하는 탐구는 어떤 모습을 하고 있는가? ― 우리들이 말하고자 하는 것은 단지, 놀이는 어떤 사람이 "어떤 것의 원인이 무엇인지는 결코 알 수 없다"라고 말하는 것으로 시작할 수는 없다는 것인가? ― 그러나 그는 그 경우 대담한 한 걸음을 내딛는 것뿐이라면, 왜 그가 그런 말도 해서는 안 된단 말인가? ― 그러나 그 경우 우리는 실로 놀이의 **시초들**에 관해 이야기할 필요가 없다. 오히려 우리는 다음과 같이 말할 수 있다: '원인을 찾아내기' 놀이는 무엇보다도, 그리고 주로, 어떤 실천에, 어떤 방법에 **존립한다**. 우리가 의심과 불확실함이라고 부를 수 있는 어떤 것도 역시 거기에서 역할을 하지만, 그러나 이것은 그 크기에 있어서 둘째가는 특징이다. 재봉틀의 부분들이 마모되고 구부러질 수 있고 베어링 축이 헐렁일 수 있다는 것이 재봉틀의 기능에 특징적이지만, 그럼에도 불구하고 그 기계의 정상적인 작동과 비교하면 둘째 등급의 특징인 것처럼 말이다.

다음과 같은 이상한 가능성을 생각해 보라: 우리는 지금까지 언제나 12×12라는 곱셈에서 잘못 계산해 왔을 거다. 그렇다, 그런 일이 어떻게 일어날 수 있었는가는 이해할 수 없지만, 사정은 그러하다. 그러니까 우리들이 그렇게 계산해 왔던 모든 것은 잘못이다! ― 그러나 그게 무슨 문제가 되는가? 그것은 실로 전혀 아무 문제도 되지 않는다! ― 그렇다면 산수 명제들의 참과 거짓에 관한 우리의 관념 속에는 뭔가 잘못된 것이 있음이 틀림없다.

10월 21일

언어놀이의 원천과 원초적 형식은 어떤 하나의 반응이다 ; 이것에 기초해서 비로소 더 복잡한 형식들이 자라날 수 있다.

언어는 — 나는 이렇게 말하고 싶은데 — 세련(洗練)된 것이다, '태초에 행위가 있었다.'[5]

집을 짓기 위해 처음에는 확고한, 단단한 돌이 있어야 한다. 그리고 돌덩어리들은 **다듬어지지 않은 채로** 포개어져 놓인다. 그다음에는 물론, 돌이 다듬어질 수 있다는 것, 돌이 너무 단단하지 않다는 것이 중요하다.

언어놀이의 원초적 형식은 불확실함이 아니라 확실함이다. 왜냐하면 불확실함은 행위로 이끌 수 없을 것이기 때문이다.

나는 이렇게 말하고 싶다. 즉 우리의 언어에 특징적인 것은, 우리의 언어가 확고한 삶의 형태들, 규칙적인 행동들의 기반 위에서 성장한다는 것이라고 말이다.

언어의 기능은 **무엇보다도 먼저**, 그것의 반려자인 행동에 의해서 결정된다.

우리는 어떤 종류의 삶의 형태들이 원초적인지, 그리고 어떤 삶의 형태들이 그러한 삶의 형태들로부터 비로소 유래할 수 있었는지에 관해 어떤 개념을 갖고 있다. 우리는 가장 단순한 쟁기가 복잡한 쟁기에 앞서서 있었다고 믿는다.

인과놀이의 단순한 형식(그리고 그것은 원-형식이다)은 원인의 결정이

---

5 괴테,《파우스트》I부. 서재에서의 개막 장면.

지, 의심이 아니다.

("…… 어디에선가 우리는 — 의심함이 없이 — 다음과 같이 말해야 한다 : 그것은 이 원인으로부터 생긴다.")[6] 가령 **무엇**과 대조적으로? 우리들이 매듭을 결코 **잡아당기지** 않고, 그 현상의 원인이 실제로 무엇일까 하고 언제나 의심하는 채로 있는 것과 대조적으로. 마치, 엄밀히 말하면, 우리들은 결코 확실하게 알 수 없다고 말하는 것이 뜻을 지닐 거라는 듯이. 그래서, 말하자면, 문제를 결정하지 **않는** 것이 **진리**에 가장 엄격하게 대응할 것이라는 듯이 말이다. 그러한 관념은 정확성과 의심에 귀속되는 역할들에 대한 전적인 오해에 기초하고 있다.

10월 22일
놀이의 근본 형식은 그 안에서 행동이 이루어지는 그런 어떤 것이어야 한다.

"언제나 의심하게 된다면 어떻게 '원인' 개념이 설립될 수 있을까?"

"근원적으로 원인은 분명히 감지될 수 있는 어떤 것이어야 한다."

그것이 뜻하는 것은 실제로는, 우리들은 **철학적 사변**으로 시작할 수 없다는 것 아닌가?

만일 내가 어떤 것의 원인이 무엇인지를 전혀 알지 못했다면, 그 경우 나

---

6 앞 10월 13일의 첫 소견 참조.

는 어떻게 이 개념에 도달했을까? — 그렇지만 그것이 뜻하는 바는 이런 것이다. 즉: 만일 내가 이미 어떤 것의 한 원인을 보지 않았다면, 어떻게 나는 이러이러한 것에 대해 무엇이 그 원인인가 하고 의아해할 수 있을까? — 그러니까, 이 '할 수 있다'는 실로 논리적인 것이어야 한다 — 왜냐하면 그렇지 않다면 실로 모든 가능한 설명들이 생각될 수 있을 것이기 때문이다. 그러나 그 경우 그것이 뜻하는 것은 단지, 이 '의아해함'을 기술할 적에 당신은 실제로 어떤 것을 기술하고 있다는 것에 주의하라는 것이다!

언어놀이에서 본질적인 것은 실천적 방법(행동의 방식)이다 — 사변이 아니라, 잡담이 아니라.

* * *

9월 26일[7]
자신의 작용 방식에 대한 상징으로서의 기계(그것의 구조). 기계는 — 나는 우선 이렇게 말할 수 있을 것이다 — '자신의 작용 방식을 이미 자신 속에 지니고 있는 것처럼 보인다.' 이것은 무엇을 뜻하는가?

우리가 기계를 안다면 나머지 모든 것, 즉 기계가 하게 될 운동들은 이미 완전히 결정되어 있는 것처럼 보인다.

"우리는 마치 이 부분들은 오직 그렇게만 움직일 수 있을 것처럼, 마치 그것들이 다른 일은 아무것도 할 수 없을 것처럼 그렇게 이야기한다."

어떻게 그러한가 — : 그러니까 우리는 그것이 구부러지고, 부서지고, 녹아 버리는 등등의 가능성을 잊는가? 그렇다; 많은 경우에 우리는 그런 것은

---

7 이하 아홉 단락, 《수학의 기초에 관한 소견들》 1부 §122 및 《철학적 탐구》 §193 참조.

전혀 생각하지 않는다. 우리는 기계, 또는 기계의 그림을 특정한 작용 방식에 대한 상징으로서 사용한다. 예컨대 우리는 어떤 사람에게 이러한 그림을 전달하고, 그가 그것으로부터 부분들의 운동 현상들을 도출한다고 전제한다. (우리가 어떤 사람에게 어떤 수를, 그것은 1, 4, 9, 16, ……라는 수열의 25번째 수라고 말함으로써 전달할 수 있는 것과 같이 말이다.)

"기계는 자신의 작용 방식을 이미 자신 속에 지니고 있는 것처럼 보인다"가 뜻하는 것은, 당신은 기계의 미래의 정해져 있는 운동들을, 서랍 속에 이미 놓여 있는데 이제 우리가 끄집어내는 대상들과 비교하는 경향이 있다는 것이다.

그러나 기계의 실제 행동을 예언하는 것이 문제가 될 때는, 우리는 그렇게 이야기하지 않는다. 그때는 일반적으로 우리는 부분들의 변형 가능성 따위를 잊지 않는다.

그러나 우리가, 대체 우리는 어떻게 기계를 운동 방식의 상징으로서 사용할 수 있는가 ― 왜냐하면 그럼에도 불구하고 그것은 또한 전혀 **다르게** 움직일 수 있기 때문에 ― 라고 놀라워할 경우에는, 우리는 그렇게 이야기한다.

자, 여기서 기계 또는 그것의 그림은 우리가 이 그림으로부터 도출하는 법을 배운 일련의 그림들의 시작으로서 있다고 우리는 말할 수 있을 것이다.

그러나 우리가 기계는 다르게도 움직일 수 있었음을 염두에 둘 때, 그 운동 방식은 현실의 기계보다 상징으로서의 기계에 훨씬 더 확정적으로 포함되어 있어야 할 것처럼 우리에게는 보이기 쉽다. 그럴 경우, 이것은 경험적으로 미리 결정된 운동들이라고 하는 것은 충분하지 않을 것이고, 오히려 그 운동들은 실제로는 ― 어떤 신비스러운 뜻에서 ― 이미 **현재적**이어야 할 것이다. 그런데 상징으로서의 기계의 운동이 주어진 현실적 기계의 운동과는 다른 방식으로 미리 결정되어 있다는 것, 이것은 과연 참이다.

그러나 이 모든 경우에 난점은 "이다/있다(ist)"와 "……라고 부른다 (heißt)"의 혼동 때문에 발생한다.

9월 28일

우리들은 말한다 : "이 약이 실제로 효과가 있는지 없는지는 알기가 어렵다. 왜냐하면 만약 우리들이 그것을 복용하지 않았더라면, 우리들은 코감기가 더 오래갔거나 아니면 더 심해졌을지를 알지 못하기 때문이다." 그것에 대해 실제로 아무런 논거가 없다면, 그것은 단순히 알기가 어려운가?

내가 어떤 약을 발명했다고 하자. 나는 이 약이 그것을 몇 달 계속 복용하는 **모든** 사람의 생명을 한 달간 연장한다고 말한다. 만약 사람이 그 약을 복용하지 않았다면, 그는 한 달 일찍 죽을 것이다. "그것이 실제로 그 약 때문이었는지, 그 약 없이 사람이 똑같은 정도로 오래 살았을지를 우리들은 알 수 없다." — 이 표현 방식은 오해를 일으킬 수 있지 않은가? "이 약에 대해 그것이 생명을 연장한다고 말하는 것은, 만약 그 주장을 검사하는 것이 이런 식으로 배제되어 있다면, 아무것도 뜻하지 않는다"라고 말하는 것이 더 낫지 않을까? 즉 : 종종 사용되는 문장들을 본떠서 여기서 우리가 올바른 국어 문장 하나를 형성하기는 했지만, 당신은 이 문장들의 사용에서의 **근본적인** 차이에 관해 분명히 알고 있지 못하다. 이 사용을 조망하기는 쉽지 않다. 문장은 당신 눈앞에 있지만, 그것의 사용에 대한 일목요연한 묘사는 그렇지가 않다.

"……라고 말하는 것은 아무것도 뜻하지 않는다"로써 말해지는 것은 그러니까, 그 말은 가령 당신을 오도하는 말이라는 것, 그 말은 그것에 없는 쓰임이 있는 양 꾸민다는 것이다. 그 말은 아마 어떤 표상(생명의 연장 등의)도 또한 불러일으킬 것이다. 그러나 그 문장으로 하는 놀이는, 비슷하게 구성된 문장들로 하는 놀이에 유용성을 주는 본질적인 점들을 지니지 않게

끔 설치되어 있다. (토끼와 거북이의 경주[8]가 하나의 경주처럼 보이지만, 경주가 아닌 것처럼 말이다.)

당신은 자문해 보아야 한다: 우리들은 무엇을 어떤 약이 효과가 있었다는 것에 대한 기준으로 받아들이는가? 상이한 경우들이 존재한다. 어떤 경우에 우리들은 "그것이 효과가 있었는지는 말하기 어렵다"라고 말하는가? 어떤 경우에 다음과 같은 어법은 뜻이 없는 것으로서 배척되어야 하는가? "물론 우리들은 효과가 있었던 것이 그 약이었는지를 결코 확신할 수 없다."

언제 우리는 두 물체가 무게가 같다고 말하는가? 우리가 그것들의 무게를 재었을 때, 또는 그것들의 무게를 재는 동안에?
만약 무게를 재는 것이 무게에 대한 유일한 기준이라면, ― 어떤 물체의 무게를 재었을 적에 그것이 그 이전에 재었을 적보다 더 무겁다면, 그 물체의 무게는 도대체 **언제** 변했는가? 우리들의 언어 사용은 **이러할** 수 있을 것이다. 즉 그 무게를 재었을 적에 그것이 다른 무게를 보이기 전까지는, 그 물체는 이러이러한 무게를 지닌다; "언제 그것의 무게가 변했는가?"라고 하는 물음에 대해서는, 우리들은 이 무게를 잰 시점을 진술한다. ― 또는 우리는 이렇게 말한다: "그것의 무게가 언제 변했는지는 알 수 없다; 우리는 단지, 처음에 무게를 재었을 적에 그것은 이러한 무게를 지녔고, 두 번째로 무게를 재었을 적에는 또 다른 무게를 지녔다는 것을 알 뿐이다." ― 또는: "그것의 무게가 언제 변했는가를 묻는 것은 뜻이 없다; 우리들은 무게 변화가 언제 보였는지를 물을 수 있을 뿐이다."

---

8 원래는 '토끼와 고슴도치의 경주'로, 그림(Grimm)의 동화집 #187에 나오는 이야기.

9월 29일

"그러나 어쨌든 물체는 어느 시점에서이건 그 어떤 **하나**의 무게를 지녀야 한다, 그러니까 그것의 무게가 언제 변했는지 우리는 **알지** 못한다고 하는 대답은 어쨌든 올바른 대답이었다."—

그런데 만일 우리가, 물체는 그것의 무게가 어떤 식으로든지 보일 경우를 제외하면 전혀 무게를 지니지 않는다거나, 무게가 측정되는 경우 외에는 **특정한** 무게를 지니지 않는다고 말하면 어떻게 될까? 우리는 또한 이러한 놀이도 할 수 있지 않을까?

우리가 어떤 재료를 '무게에 따라' 팔며, 그 관례는 다음과 같다고 생각해 보라. 즉 우리는 5분마다 그 재료의 무게를 재고, 그런 다음 최종적으로 무게를 잰 결과에 따라서 가격을 계산한다. 또는 다른 한 관례: 우리는 거래 이후에 무게를 재었을 적에 무게가 같을 경우에만 그런 방식으로 가격을 계산하고, 무게가 변했을 경우에는 그 두 무게의 산술적 중간에 따라서 가격을 계산한다. 어느 방식의 가격 결정이 더 옳은 것인가? —

(어떤 상품의 가격이 어제부터 오늘 사이에 변했다면, 언제 가격이 변했는가? 아무도 사지 않은 자정 12시에 그 가격은 얼마였는가?)

해답: "그 물체의 무게는 지금 ……이다", "그 물체는 지금 대략 ……의 무게가 나간다", "나는 그것이 지금 무게가 얼마나 나가는지 모른다"란 표현들을 무게를 잰 결과들과 결합하는 것은 전혀 단순한 일이 아니고, 다양한 상황에 좌우된다. 우리는 무게를 재는 일이 삶을 영위하는 데서 할 수 있는 상이한 역할들을 쉽게 상상할 수 있다; 그러니까, 무게를 재는 놀이에 동반되는 표현들에 대해 상이한 역할들을 쉽게 상상할 수 있다.

〔부록 A〕
원인을 즉시 알아차림

비트겐슈타인의 수기 MS 159 중에서[9]

"즉시 알아차리다."

"내가 그에 관해 틀릴 수 없는 것을 나는 즉시 알아차린다."

"어떤 사람이 이 방으로 들어갔는지는 나에게 확실하지 않다, 그러나 어떤 사람이 그랬다고 나에게 보였다는 것, 내가 그러한[a] 표상을 보았다는 것

---

a 그

9 (옮긴이주) 작은 포켓 노트북 MS 159 속의 노트 중 대략 반은 독일어로 씌어 있고 괴델(Gödel)의 증명 (1937년 가을 비트겐슈타인 강의의 주제)을 언급하고 있다. 여기 번역된 노트들은 영어로 작성되어 있는데, 이것들은 1938년의 겨울과 봄의 강의를 위한 비망록으로 추정되고 있다.

은 나에게 확실하다."

만일 내가 나의 인상을 그저 말로 기술하는 대신에 그림으로 그린다면, 나는 이제 내 그림을 가리키며 다음과 같이 말할 수 있을 것이다 : "이것이 내가 본 것이라는 것은 나에게 확실하다." (물론 "나에게 확실하다"는 정말로 불필요하다.) 그러나 더 나아가: 나는 나의 인상을 그림 그렸다, 묘사했다 — 그러나 나는 그것을 올바로 묘사했는가, 투사했는가? 당신이 제시하려고 시도할지 모르는 정당화들은 모두가 헛바퀴들이다, 그것들은 어떤 것도 움직이지 못한다. — 자, 이것이 "즉시 알아차림"이나 "앎"이란 표현들이 이런 경우에 오도할 수 있는 까닭이다.

그 명제는 그것이 어떤 것에 매우 안전하게 의지하기 때문에 의문의 여지가 없는 것이 아니라, 그것이 어떤 것에 의지한다고 하는 문제가 없는 것이다. 우리가 이런 인상을 받는다는 것을 우리가 **확신한다**고 말하는 것은 지구가 그 자체로 확고한 어떤 것에 의지하고 있다고 말하는 것과 같은 것이다.

"나는 내 외침이 어떤 것에 의해 야기된다는 것을 즉각 알아차린다." — 그러니까 나는 "야기한다"라는 낱말이 그 경우에 걸맞다는 것을 즉각 알아차린다? 그러나 **낱말들**은 공적인 속성이라는 것을 기억하라.

사적 언어: 상상 속에서 체스 게임을 함. 상상 속에서 축구 시합을 함.

'원인'이란 낱말은 나의 인상에 사적으로 걸맞다고 내가 말한다면 어찌될까? — 그러나 '걸맞다'는 공적인 낱말이다.

당신 자신에게 물어보라: 무엇 때문에 우리는 말로 이런 소란을 떨고 있는가?

"당신은 …… 즉각 알아차린다"는 우리들로 하여금, 당신이 어떤 것에 관해 옳다고, 어떤 것에 관해 당신이 **옳다**는 것을 보여 줄 수 있다고 생각하게 만든다 ; 하지만 요점은, 그것에 관해서는 **옳다**(또는 그르다)가 없다는 것이다. (그리고 물론 아무도 다음과 같이 말하지 않을 것이다 : 나는 내가 고통이 있는 게 옳다고 확신한다.)

"거기가 아픈 곳이야!" 하고 당신이 말할 때, 원인을 즉시 알아차림.

공포, 기쁨 등의 원인을 즉시 알아차림.

어떤 기제에서 원인을 즉시 알아차림.
인과적 '연관'.
'원인—반응'.

"원인은 그저 시간적 동시 발생이 아니라 영향이다."

"한 사물이 다른 한 사물에 의지하는 일이 계속될 수는 없다 ; 결국에는 그 자신에 의지하는 어떤 것이 있어야 한다." (선천적인 것.) 그 자체로 확고한 어떤 것.
　나는 이런 말하기 방식을 버릴 것을 제안하는데, 왜냐하면 그것은 난문제들로 인도하기 때문이다.

"만일 돌이 생각할 수 있다면, 그것은 자기가 떨어지기를 원한다고 생각할 것이다."

'동기를 즉시 알아차림.'

농담에서 나를 웃게 만드는 것을 즉시 알아차림.

〔……〕

1938년 렌트(Lent) 학기의 비트겐슈타인 강의들 중 한 강의에서 러시 리스가 받아 적은 것.

우리가 "표명[10]"이라고 불러 온 것 — 예를 들면, "그는 고통이 있다"와 대조적인 것으로서 "나는 고통이 있다" — 을 고찰하라.

"우리들이 표명을 하면, 우리들은 그것이 원인을 가지고 있다는 것을 즉시 알아차린다." 이 "즉시 알아차린다"는 싸구려 설명으로 보인다. — 그러니까 당신은 '원인'이란 낱말이 걸맞다는 것을 즉시 알아차린다. 그리고 이것은 기묘하다; 왜냐하면 그것이 어디에서 걸맞은지 또는 걸맞지 않은지는 (당신이 정의를 내리고 있지 않은 한) 당신이 결정하는 것이 아니기 때문이다. 그것은 공적 속성의 문제이다.

"자, 그것은 어쨌든 주관적으로 걸맞다, 즉 나의 관념에 걸맞다"라고 당신은 말할지 모른다. 그렇다면 걸맞음이란 그 관념은 어떠한가? 그 낱말은 당신의 관념에 걸맞다고 당신이 말한다면, 그것을 가지고 우리가 무엇을 할 수 있는가? 나는 당신의 관념이 무엇인지 알지 못하며, 또 '걸맞음'이 무엇인지도 알지 못한다. 당신은 나에게 아무것도 말하지 않았다.

---

10 (옮긴이주) 원말은 보통 '발언', '발화'를 뜻하는 'utterance'이나, 여기서 이 말은 독일어 'Äußerung'의 뜻으로 사용되고 있다. 이 말에 대해서는 《철학적 탐구》 §245의 옮긴이주 참조.

나는 어떤 사람이 방 안으로 걸어 들어가는 것을 본다. 나는 무엇을 확신하는가? 내가 단지 다음과 같이 말할 경우들이 있다 : "나는 확신하거니와, 나에게는 어떤 사람이 걸어 들어간 것처럼 보였다." 이것은 "나는 어떤 인상을 확신한다"로 된다. ― 그 인상을 기술하는 대신에 우리들은 그것을 **그림으로 그리고**, 나는 이것이 나의 인상이었다고 확신한다고 말할 수 있을 것이다. 그러나 당신은 그것(그림)이 당신의 인상에 걸맞다는 것을 알아차리는가? 그리고 어떤 방식으로 그것은 걸맞은가? 당신에게는 다양한 척도들 또는 투사(投射)들이 있다.

저 그림을 넘어서려고 시도하는 것은 전혀 소용이 없다. 그런 종류의 어떤 것도 그저 헛바퀴일 뿐이다.

그런 경우에 "안다", "즉시 알아차린다"라고 하는 표현들은 우리를 오도할 수 있다. (정상적으로는 물론 우리들은 "나는 내가 고통이 있다는 것을 안다"거나 "나는 내가 고통이 있다는 것에 대해 내가 옳다는 것을 안다" 등으로 말하지 않는다.) ― 우리는 그 표현이 어떤 사슬의 끝을 표시한다고 말할 수 있을 것이다. 그리고 "내가 아는 모든 것은 내가 치통이 있다는 것이다"는 "나는 치통이 있다는 하나의 표명이다"와 꼭 같은 것으로 된다. 그러나 그것은 우리를 오도할 수 있다. 당신이 다음과 같이 말했다고 하자: "한 사물은 다른 한 사물에 의지해야 한다 ― 쿠션은 의자 위에, 의자는 땅 위에…… 그러나 결국 어떤 것은 자기 자신에 의지해야 한다." 당신은 이렇게 말할 수 있다. 그러나 그것은 난문제를 낳는데, 왜냐하면 그것은 정상적 진술이 아니기 때문이다. 우리들은 오히려 "그것은 아무것에도 의지하지 않는다"라고 말할 것이다; 그러나 이것은 안전하지 못하다는 느낌을 주는 데 반해서 저 다른 것은 안전하다는 느낌을 준다. "땅이 아무것에도 의지하지 않는다면, 당신 집에 아무런 기초가 없어도 될 것이다." ― 이것이 '선천적'이라는 관념의 원천이다.

러셀의 주안점, 즉 우리가 언제나 규칙적인 계기(繼起)들을 관찰함으로써 "이것은 저것의 원인이다"라는 명제에 도달하는 것은 아니라는 것을 고찰해 보라. 우리들은 먼저 어떤 원인들을 직관적으로 인지해야 한다 — 나는 이 것이 원인이라는 것을 즉시 알아차려야 한다.

우리는 그 낱말을, '원인을 확인한다'가 실험을 한다거나 통계 자료를 가지 고 작업한다거나 하는 그와 같은 어떤 것도 뜻하지 않는 경우들에 사용한다.

내가 흠칫 놀란다. 어떤 사람이 "당신은 왜 흠칫 놀라는가?" 하고 묻는 다. — "왜냐하면 나는 저기서 빛을 보았기 때문이다." — 여기에는 어떤 종 류의 실험도 포함되어 있지 않다. 그러나 여기서 "나는 그 원인을 즉시 지각 한다"는 무엇을 뜻할까? 나는 '원인'이나 '왜냐하면'이란 낱말을 이 경우에 어 떻게 배우는가?

어떤 사람이 방에 들어가는 것을 보고 내가 흠칫 놀란다면, 이것은 뭔가 에 찔렸을 때 내가 움찔하는 것과 어떻게 다른가? 그것은 실제로 그를 바라 봄을 포함한다. 나로 하여금 움찔하게 만든 인물은 내가 내 눈에 공포를 띠 고 바라보는 인물이다. 나는 그 낱말을 이런 식으로 사용하도록 배웠다.

당신이 단도로 나를 위협하자 내가 어떤 몸짓을 한다 — 그것은 어떤 원 인에 대한 하나의 반응이라고 일컬어질 수 있을 것이다. 여기서 '원인'은 내 가 밀쳐내고 있는 것이다. '즉시 알아차리는'이라고 말하는 것은 잘못된 인 상을 준다. 나는 내가 밀쳐내고 있는 것을 "원인"이라고 일컫는다.

"당신은 무엇에 대해 그렇게 기뻐하는가?" — 이러저러한 것에 대해서. — "확실한가?" — "물론 확실하다"라고 대답한다면, 당신은 매우 어리석을 수 있을 것이다.

어떤 모습을 "고양이"로 분류한 러셀. 분류한다는 것은 무엇으로 이루어 져 있을까? 그는 ☺ 을 보고 그것을 분류한다. 이것은 그저 그것에 "고양이"란 이름을 주는 것을 의미할 수 있을 것이다. 그러나 그것은 아마도 그것을 어떤 사람의 마음속에 있는 범주 표에 집어넣는 것을 의미할 것이다. 모습에서 모형으로 하나의 선을 긋는 것과 같은 어떤 것.

그러나 왜 그가 이런 의식(儀式)을 거쳐야 할까? ─ 혹자는 이렇게 말할지 모른다: "그러나 여기에 당신은 '고양이'란 낱말을 가지고 있다, 그리고 당신은 그 꼭대기에 '고양이'란 낱말이 있는 그림으로 선을 긋는다." '고양이'란 낱말은 다른 그림의 꼭대기에 있었을 수도 있다.

체스를 두는 두 사람. 나는 이것이 일어나는 모든 것이 아니라고 말한다. 진실은 각자가 사적인 놀이를 한다는 것이다. 어떤 수를 두더라도 그 전에 그들 각각은 상상의 공책에서 어떤 정신적 연산을 수행한다. 당신은 이렇게 말할 수 있을 것이다: "이 사적인 놀이들은 무엇과 같은가? 당신은 다른 어떤 것보다 이것을 상상하는 어떤 이유가 있는가? 그렇지 않다면, 당신이 도대체 그것을 하나의 놀이라고 부를 어떤 이유가 있는가? 그것은 어떤 것이라도 될 수 있을 것이다."

"분류하다"의 경우도 비슷하다.

그것이 고양이인지를 보기 위해 당신이 참조하는 전적으로 사적인 일람표를 당신이 갖고 있다고 하자. 우리는 그것이 다른 방식으로가 아니라 이런 방식으로 정돈되어 있다고 생각할 어떤 이유가 있는가? 그것에 관해 우리는 아무것도 알지 못한다.

	그림들	
개		
고양이		
코끼리		

그가 규칙들을 자꾸 바꾼다고 하는 등등의 가정을 내가 해서는 왜 안 될까?

그러니까 그 일람표는 전혀 아무것도 되지 않는다. 내가 그 일람표에 관해 아무것도 모른다면, 왜 그것을 하나의 일람표로 불러야 하는가? 그것은 **어떤 것이라도** 될 수 있을 것이다 — 또는 아무것도 아닐 수 있을 것이다. — 우리는 우리가 잘 아는 일람표라는 관념을 가지고 출발한다. 그러나 마침내, 어떤 것도 가정할 이유가 없다는 것이 드러난다. 그리고 중요한 것은 결과, 즉 그가 우리가 고양이라고 부르는 것을 고양이라고 부르느냐이다.

"원인을 찾아냄"이라고 우리가 부르는 것 가운데 하나는, **특정한 종류의 기제를 따라가는** 것이다. 나는 줄에서 잡아당김을 느낀다; 나는 줄을 따라가서 원인을 찾아낸다. 그런데 이것은 실험에 의한 것이 아니다.

내가 이 바퀴를 돌린다면, 그러면 이 바퀴가 돌고 레버는 벨을 두드릴 것이다. —"여기서 우리가 실험들을 하지 않았을 수 있을까?" — 그렇다, 했을 수 있다; 그러나 당신은 하지 않았다. 당신은 여기서 "원인"이란 낱말을 사용하는 법을 **기제를 따르는** 가운데 배웠다. — 그런데 우리가 '인과적 연관'이란 관념을 가지는 것은 이로부터이다.

인과는 단지 계기(繼起)가 아니라 **연결**이라는 관념. 그러나 그 연결은 하나의 줄이거나 톱니바퀴이다.

"원인을 추적함"은 빈번한 실험을 하는 것과는 완전히 다른 과정이다.

한 사물로부터 다른 한 사물로 바라봄이라는 반응. — 어떤 사람이 막대기로 나를 건드린다, 나는 그 막대기를 따라 바라본다. 어떤 사람이 돌을 던진다, 나는 그것을 느낀다, 그리고 그가 특정한 위치에 있는 것을 본다, 나는 되던진다. 이것이 원인에 대한 반응이다.

충격: 역학에서 우리는 이것에 의해 설명하는 경향이 있다. 한 사물이 충

격에 의해 설명되었다면, 그것은 **설명**되었다. 충격을 주는 것을 발견하기. "어떤 것이 충격을 준다."

앞의 벨의 예에서 내가 "원인을 즉시 알아차린다"라고 말하는 것은 오해를 초래할 우려가 있다. 차라리 이렇게 말하라, 이것이 그러한 경우에 내가 "원인"이라고 부르는 것이라고 말이다. — 우리는 일어날 일을 **예언하기** 위해서 실험들과 또한 그러한 관찰들을 사용한다. 그리고 그래서 우리는 같은 낱말을 사용한다.

어떤 사람이 다음과 같이 말했다고 하자: "내가 내 팔을 들어 올리려 의지할 때, 나는 내 팔을 들어 올림의 원인을 즉시 알아차린다." — 일상적으로는 아무도 자기가 어떤 것을 하려고 의지한다고 말하지 않는다. 그가 자신의 팔을 들어 올린다, 그게 전부다. 그러나 우리들은 일반적으로 자신의 몸의 움직임을 예언할 수 있다.

우리가 두 식물에서 나온 씨앗들을 가지고 있다고 상상하라. 우리는 그 두 식물이 정확히 같은 씨앗을 가지고 있다는 것을 발견한다. 그러나 그것이 양귀비에서 나온다면, 그 씨앗은 다시 양귀비를 낳는다; 그것이 장미에서 나온다면 그것은 장미를 낳는다. 그러면 우리는 그 씨앗 자체에 어떤 차이가 있어야만 한다고 말하는 경향이 있다. 그러나 우리가 어떤 차이를 발견한다면, 우리는 그것이 관계가 있는 차이인지(그것이 결과에 영향을 주었는지)를 알지 못할 것이다.

"나는 이 씨앗이 무엇을 낳을지 안다: 그것은 양귀비를 낳을 것이다." "왜?" "왜냐하면 그것은 양귀비에서 나왔기 때문이다."

"그것은 양귀비에서 나왔기 때문에, 양귀비를 낳을 것이다"라고 말하는 것은 마음에 들지 않을 것이다. 반면에 "그것은 양귀비에서 나왔기 때문에, 나는 그것이 양귀비를 낳을 것임을 안다"는 그렇지 않을 것이다.

여기에는 원격 작용과 같은 어떤 것이 있다 — 이것이 사람들에게 충격을 준다. 그 관념은 과학에 혁명을 일으킬 것이다. "양귀비에서 나온 씨앗은 양귀비를 낳을 것이다" — 이것은 괜찮다. 그러나 "그것은 양귀비에서 나왔기 **때문에**, 그것은 양귀비를 낳을 것이다"는 그렇지 않다.

오늘날, 우리가 구별할 수 없는 두 씨앗을 우리가 실제로 발견하였으나, 하나는 양귀비를 낳고 다른 하나는 장미를 낳는 경우, 우리는 광적으로 차이를 찾는다. — 그러나 다른 상황에서는 우리는 이 일을, 즉 차이를 찾는 일을 포기한다. 이것은 불확정성을 인정하는 것만큼이나 위대한, 굉장한 일일 것이다. 우리는 더 이상 차이를 **찾지** 않을 것이고, 그래서 우리는 더 이상 어떤 차이가 존재**해야** 한다고 말하지 않을 것이다. **지금**(오늘날) 우리는 어떤 차이가 있어야 한다고 말할 충분한 이유를 갖고 있다. 그러나 우리는 우리가 이러한 전통을 버리는 상황들을 상상할 수 있을 것이다.

"물론 한 인물의 성격은 그의 필적에서 어떤 방식으로 드러나지 **않으면 안 된다**." "아니다, 꼭 그럴 필요는 없다" — 이렇게 말할 수 있는 것이 중요하다.

우리의 탐구를 끊임없이 떠미는 하나의 방향 — 하나의 이상(理想)이 존재한다. "있지 **않으면 안 된다**"가 이 이상에 해당한다.

〔부록 B〕
우리는 자료들 이외의 어떤 것을
인식할 수 있는가?

비트겐슈타인의 수기 MS 160 중에서

당신은 내가 '감각 인상'으로 무엇을 뜻하는지를 안다: 이것! ―

그런데 당신이 그것을 뜻한다는 것을 당신은 어떻게 아는가? 당신이 그것을 의미로 명중시켰다는 것을 당신은 어떻게 아는가?

기관차를 우리가 그것으로부터 얻는 감각 인상들에 의해 정의하는 것. ― 우리가 어떤 사람에게 기관차를 가리키고, "이것은 기관차다"라고 말할 때, 어쨌든 우리는 그 일을 하지 않는가?

"이것은 기관차이다"라고 말하는 대신에 ― 내가 당신에게 다음과 같이 말할 수는 없을까: "이 감각 인상들을 산출하는 것은 기관차이다." ……

물리적 대상들을 위한 낱말들이 이용되건, 감각 인상들을 위한 낱말들이 이용되건, — 언어는 사용된다.

그러나 감각 인상들은 직접 지각되는 것이 아닌가? 그것들은 우리가 말하는 모든 것이 마지막에 지시해야 하는 직접적 대상들이 아닌가?

건축용 석재들이란 그림. 우리가 건축하는 모든 것은 결국 이들 건축 석재들로 이루어진다. 그러나 그 그림은 잘못인데, 왜냐하면 우리는 '이' 건축 석재들을 다른 건축 석재들과 대비(對比)하지 않기 때문이다.

당신이 어떤 대상에다 이름을 주었는지 당신은 어떻게 아는가?
실로, 당신이 도대체 그 어떤 것에다 이 이름을 주었다는 것을 당신은 어떻게 아는가? ……
여기서, 상이한 두 대상을 번갈아 가리키면서, "나는 이 대상이 아니라 이 대상을 뜻한다"라고 말할 때처럼, 물리적 대상의 이름이 한 대상을 지칭하고 인상의 이름이 다른 한 대상을 지칭한다는 것에 대해서는 전혀 아무런 의문도 없다. 상이한 대상들이란 그림은 여기서 전적으로 잘못 사용되고 있다.
하나는 직접적 대상에 대한 이름이고 다른 하나는 다른 어떤 것에 대한 이름인 것이 아니라, 단순히 그 두 낱말이 상이하게 사용되는 것이다. 이름을 설명할 적에 우리는 한 번은 직접적 대상을 가리키고 또 한 번은 물리적 대상을 가리키고 하지 않는다. ……

"당신은 사물에 관해서 이야기하고 있지만, 본래는 감각 인상들에 관해 이야기하기를 원한다." — 나는 내가 이야기하듯이 이야기하기를 원한다;

그리고 당신은 내가 감각 인상들에 관해 이야기한다고 말할 수 있다. 다만, 감각 인상들에 관해 이야기한다는 것은 당신이 상상하는 것과 같은 그런 것이 아니다. ……

말의 사용 기술(技術)을 우리는 말로 기술(記述)한다. ……

설명의 적용 기술이 실로 여전히 존재한다.

그리고 내가 그 기술(技術)을 기술한다면, 이 기술(記述)의 적용 기술이 존재한다.

선반공이 그가 선반에서 다듬어야 할 물체의 매우 단순한 그림, 작업 도면을 얻는다. 그는 다른 것은 하나도 생각할 수 없을까? 그 작업 도면에 따라 전혀 다른 어떤 것을 산출할 수 없을까—심지어 그의 훈련, 출신 등등이 주어져 있어도?

당신이 사물에 관해 어떤 것을 진술한다면, 당신은 당연히 현상들에 관해 어떤 것을 진술하고자 한다. 그러니까 당신은 사물에 관해 이야기하는 대신에 현상들에 관해 곧바로 이야기할 수 있다. 그러나 나는 현상들에 관해 어떻게 이야기해야 할까?

내가 예컨대 어떤 사람을 기다리는데, 나는 물론 그가 나에게 정확히 어떤 모습을 내밀지 알지 못한다. 그것은 — 이제 내가 엄청난 양의 그림들을 가지고 있다고 가정한다면 — 내가 어떤 사람을 기다릴 적에 이 모든 그림을 죽 훑어보고 그중 하나가 맞을 것이라고 혼잣말할 때 내가 하는 것에 대응하는가? 내가 그 사람의 **어떤 한** 그림을 이용하고, 그는 대충 이렇게 보일 것이라고 덧붙여 말하는 것이 더 낫지 않을까? 나는 이렇게 말하고 싶다: 왜 내가 사물의 이름을 사물의 **모든** 현상으로 대체해야 할까; 사물의 이름을 그것의 **어떤 한** 현상으로 대체하고 나머지는 이 그림의 사용에 맡기지 않고서 말이다.

…… 그러나 우리들은 어떻게 현상들에 관해 직접 말하는가 — 우리들은 무엇을 "현상들에 관해 직접 말함"이라고 부르는가? 그것은 사물들에 관해서 말하는 대신, 그림들에 관해 말하는 것인가? 그리고 사물의 **모든** 그림들에 관해서?

내가 "나는 정원에 가서 큰 호두나무 아래 앉을 것이다"라고 말한다면 — 어떤 그림들이 이 문장에 대응하는가? 자, 나는 그 문장을 어떤 그림으로 잘 도해할 수 있을 것이다. 그러나 이 그림과 그 나무에 대한 나의 인상들과의 관계는 무엇일까?……

1938년 9월 15일
"내가 이 나무에 관해 이야기한다면, 당연히 나는 현상들에 관해 이러저러하게 이야기하고자 한다. 그러니까 현상들에 관해 직접 이야기하고, 나무라는 우회로에 관해서는 이야기하지 않도록 해 보겠다." 그러나 이는 마치, 우리들은 자기가 이야기하고자 하는 (나무의) 다수의 현상들을 앞에 두고 있고, "나무"란 낱말을 일종의 생략 어법으로 이용한다는 그런 투의 말이다.
……

"그러나 내가 물리적 대상들에 관해 말할 때 나의 관심사는 내가 보고, 듣고, 냄새 맡고, 맛을 보고, 느끼는 것이다. 그러니까 나의 관심사는 감각 인상들이다 ; 그러니까 나는 어쨌든 이것들에 관해 당장 이야기할 수 있다.”
— 그게 사실이라면, 내가 물리적 대상들에 관해 이야기함으로써 나는 그러
니까 '감각 인상들에 관해' 이야기하는 것이다.

“어떤 것에 관해 이야기하다”는 정말 아주 많은 것을 뜻할 수 있다. (우리
가 하늘을 가리키고 “곧 비가 올 것이다”라고 말한다면, 우리는 미래적인 것
에 관해 이야기하는 것인가, 현재적인 것에 관해 이야기하는 것인가?)

* * *

비트겐슈타인의 수기 MS 159 중에서

문법과 경험의 통일.

“당신은 이런 종류의 사실에 대해 '안다'라는 관계를 지닐 수 없다.” 앎의
관계는 그와 같은 사실에 걸맞지 않다 ; O가 H의 한 원자와 결합할 수 없는
것처럼, 그것은 올바른 수의 원자가를 갖고 있지 않다. “입방체는 평면에 있
을 수 없다. 또는 하나의 직선에 의해 둘로 잘릴 수 없다. — ” 이런 종류의
사실은 인식되기에 올바른 구조를 지니고 있지 않다.

“아니면 — 당신이 이것을 아는 것이라고 부른다면, 그것은 당신이 감각
자료를 갖고 있다는 것을 아는 것과는 다른 어떤 것이다.”

증거를 모으는 것 ; 증거와 짐작을 구별하는 것. “자, 당신은 실제로 무엇

을 보았는가?"— 당신은 그것을 실제로 만졌는가? — 아니다. —"그렇다면 그것은 ……이었을 수도 있을 것이다."

우리는 **특정한** 하나의 놀이를 취하여 그것을 언제나 행해지는 유일한(*the*) 놀이로 만든다.

"우주의 논리적 구조."

〔……〕

"당신은 그것을 …… **같은 뜻으로** '알' 수 없다."
당신은 20×20＝400이라는 것과 비가 온다는 것을 같은 뜻으로 부정할 수 있는가?

"우리는 ……을 바로 알아차릴 수 없다."

"소리가 오는 방향을 바로 알아차리다."

〔……〕

"당신은 알 수 없다."

여기서 **안다**는 것은 가진다는 것과 비슷하다; 당신 자신 속에 가진다는 것.

당신은 단지 자료만을 **안다**, 나머지 모든 것은 추측이다.

우리는 안다는 것과 자료들을 동일시한다.

비트겐슈타인 강의들 중 한 강의에서 러시 리스가 받아 적은 것.[11]

"우리들은 붉은 반점 따위가 있다는 것을 알 수 있을 뿐이다. 저기에 의자가 있다는 것을 알 수는 없다."

이런 종류의 진술이 일상생활에서 나온다. 당신이 마술의 묘기를 보고 어떤 사람에게 당신이 본 것을 이야기한다고 해 보자. 듣는 사람은 의심하면서, "자, 당신이 아는 것은 당신이 이런 종류의 표상을 지녔다는 것이 전부이다"라고 말할 수 있다. — 당신은 그 사람에게 그러한 경우에 대한 영화를 보여 주고는 "자, 그것이 내가 본 것이다; 이제 당신이 설명하라"라고 말하고 싶을 것이다.

또는: "당신이 무엇을 알든, 당신은 당신의 감각 기관들을 통해 안다. 따라서 당신은 당신의 감각 기관들이 당신에게 말하는 것만을 알 수 있다. 나머지는 모두 추측이다." — 이것이 "감각 증거"에 관한 이야기의 방식인데, 여기서 우리들은 자기가 하나의 은유를 사용하고 있다는 것을 알아차리지 못한다.

우리가 생각하는 첫 번째 감각 기관은 눈이다; 그다음은 귀, 그다음은 ……. — "눈은 우리에게 그림들을 제공한다." 그러나 분명 아니다: 그 경우 그것들은 지속하지 않는 그림들이다 — 즉시 파괴되는 증거와 같이 말이다.

우리는 실제로 일어나는 것을 어떤 과정 — 그 속에서 우리가 손에 넣는

---

11 (옮긴이주) 부록 A에서 언급된 강의를 말함.

첫 번째 것이 채색 그림들과 같은 어떤 것인 그런 어떤 과정 — 과 비교하고, 그다음 우리는 어떤 물체들의 존재에 관해 결론을 끌어낸다. — 이런 일이 일어날 수 있을 것이나, 일반적으로 일어나지는 않는다.

우리가 경험은 우리에게 그림들을 제공한다고 생각한다면, 경험은 이 그림들을 표현하는 문장들을 — 또는 이 그림들을 표현하는 그림들을 — 우리에게 제공하지 않는다. 그 증거는 **사적**이다; 그리고 의심되는 것은, 당신이 "내가 아는 것은 내가 파란 반점을 보고 있다는 것이 전부이다"라고 말한다면, 당신이 "파란"을 올바른 방식으로 사용하고 있는지다.

혼동은 감각들이 증거를 제공한다는 관념에 있다 — 마치 "이 감각은 이러이러하다고 말한다"는 듯이 말이다. 그러나 감각은 아무것도 말하지 않는다. 내가 말하는 것을 제외하고는 아무것도 말해지지 않는다.

실제로는 그렇지 않지만 — 우리는 감각들이 단지 **그림 언어**로 증거를 준다는 관념을 가지고 있다. 원초적 언어들은 그림 언어들이다. 그리고 그렇다면 그 관념은, 우리는 이 그림들을 말로 번역한다는 것이다.

그러나 아무도 감각들의 증거를 보거나 듣지 않는다. 당신이 "나 자신은 보거나 듣는다"라고 말한다면…… 요점은, 아무도 당신이 올바로 번역하고 있는지를 말할 수 없다는 것이다. — 당신이 스케치를 하고 "나는 이것을 보았다"라고 말한다면, 그림은 **스케치된** 것이다. 그리고 **감각들**이 우리에게 그림들을 제공한다고 말하는 것은 하나의 은유이다.

그 관념은, 감각들이 우리에게 말해 주는 것의 경우에는 어떤 의심도 가능하지 않지만, 해석에 대해서는 언제나 의심이 가능하다는 것이다…….

우리가 벌이는 놀이 전체는 우리가 "빨강"이나 "파랑"을 올바로 사용하는지를 의심하지 않는 것에 의존하는 것만큼이나 모든 물리적 사실을 의심하지 않는 것에도 의존한다.

당신은 이렇게 생각할지도 모르겠다. 즉 우리가 말을 올바로 사용하고 있는지를 의심하는 것은 놀이 전체를 불가능하게 만들겠지만, 이것이 소파 인지를 의심하는 것은 놀이를 불가능하게 만들지 않을 것이라고 말이다; 그 것은 단지 놀이를 더 정확하게 만들 것이라고 말이다.

처음에는 내가 마치 판결을 내리기 전에 증인의 증언을 대단히 주의 깊 게 조사하는 재판관이기라도 한 듯이 보인다. ─ 그러나 실제로는 그것은 전적으로 다른 어떤 것이다.

우리가 다음과 같이 표현된 자료를 우리에게 주는 실험들을 했다고 해 보라.

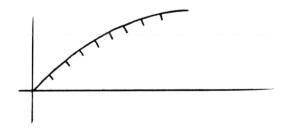

점들을 얻은 다음에 우리는 곡선을 하나 그린다. ─ "곡선을 그리는 것은 언 제나 성급한가?" 하고 내가 묻는다고 하자. ─ 여기서 점 하나를 찍는 것이 성급하지 않은 것과 같이, 곡선을 긋는 것도, 특수한 경우에, 성급하지 않을 수 있지 않을까?

마치 우리는 놀이를 더 주의 깊게 또는 덜 주의 깊게 할 수 있을 것처럼

보였다: 그리고 마치 주의 깊음의 이상(理想)이 존재하는 것처럼 보였다 — 독일어를 영어로 번역할 때 사전에 있는 모든 낱말을 하나하나 찾아보는 것과 같이 말이다. 그렇다면 내가 사전들을 의심하기 시작한다고 해 보자; 좋은 사전들과 나쁜 사전들이 존재한다. 그러나 내가 옥스퍼드 영어 사전을 의심하기 시작한다고 한다면? 나는 무엇을 해야 할까? — 처음에는 마치 놀이를 하는 하나의 올바른 방식이 있는 것처럼 보였다; 이것은 어떤 제한된 영역에서만 참이다.

이 곡선을 그리는 것이 성급하다고 말하는 것은 "당신은 어떤 곡선도 그려서는 안 된다"라고 말하는 것과 같을 것이다. **충분한 증거라는 게 도대체 있다면, 지금 있다.**

그 곡선에는 그 점들에 따라붙는 의심과는 다른 종류의 의심이 따라붙는다고 말할 사람이 있을 수 있다 — 그것들이 점들이라는 것이 주어졌을 때, 여전히 한 점과 다른 한 점 사이에서 동요하는 곡선이 있었을 수 있다는 뜻에서 말이다. — 그러나 "다른 종류의 의심"으로 당신이 "의심스러움의 정도"를 뜻한다면, 이것은 잘못이다. "나는 파란 반점을 본다"라는 문장에는 "나는 파란 조끼를 본다"에 따라붙는 의심과는 다른 종류의 의심이 따라붙는다고 말하는 것과 같이 말이다. 그것이 마음의 어떤 의심스러운 상태를 지시한다면, 그것은 실제로는 잘못이다. 그리고 **올바른** 것은, 우리는 다른 놀이를 하고 있다는 것이다. 우리가 그 하나에 대해 의심스럽다면, 우리는 그것에 관해서 뭔가 다른 것을 한다. — 그래서, 만일 내가 점 하나에 관해 의심스럽다면, 나는 그 실험이 잘못되었는지를 본다. — 내가 "나는 파란 반점을 본다"를 의심한다면, 나는 한국 사람들이 그 낱말을 이런 방식으로 사용하는지를 의심하고 있다; 내가 저것이 파란 조끼인지를 의심한다면, 나는 가서 그것을 만져 본다. 그러나 그것이 의심스러움의 상태가 상이하다는 것을 뜻하지는 않는다.

어떤 사람이 "존스가 거리에서 나를 지나쳐 갔다"라고 말할 때, 그가 뜻하는 바를 내가 말하고 싶다고 하자. 그다음 내가 총천연색 영화를 보여 주고 "이것이 우리들이 뜻하는 것이다"라고 말한다고 하자. — 이것은 우리들이 그 문장으로 뜻한 것에 대한 설명인가? 그렇기도 하고 아니기도 하다. 그것은 수천 가지의 다른 방식으로 보충될 것이다. 우리는 이 말들을 그저 이 그림을 봄으로써 배우지 않는다.

어떠한 지시적 정의도 나에게 낱말의 사용에 대한 **충분한** 설명과 같은 어떤 것을 주지 않는다.

우리는 "이러이러한 물체가 저기에 있다"를 "나는 이러이러한 인상들을 받아 왔다"의 속기(速記)로 취급하는 어떤 놀이를 **상상**할 수 있다. 그러나 이것을 일반적 규칙으로서 취하는 것은 우리의 언어를 단순화하는 것 — 행해지는 놀이가 아닌 놀이를 구성하는 것 — 이다. 그저 단순화가 아니라, 왜곡이다. "인상들"을 받은 다음 결론을 내리는 것으로 기술된 그 놀이와 실제로 행해지는 놀이 사이에는 거의 어떠한 유사점도 없다.

그러나 무엇이 우리들로 하여금 이런 종류의 일을 하도록 유혹하는가? 모든 것은 각각 "정당한 근거가 있는" 것이어야 한다고 말하는 경향이 존재한다. "소파"란 낱말을 가지고 우리가 행하는 놀이는 정당한 근거가 있어야 한다; 그리고 우리는 우리의 감각들이 우리에게 말하는 것 속에 흔들리지 않는 증거가 있다고 상상한다. 감각─자료 진술들에도 의심을 부여할 수 있다는 것을 우리가 볼 때, 이 추론은 사그라진다.

〔부록 C〕
"안다는 것"이 어떻게 물리적 사실에
걸맞을 수 있는가?

비트겐슈타인의 수기 MS 159 중에서

"이것↑은 이것↑에 걸맞다."

일련의 모든 수수께끼가 유익한 것은 아니다.

언어가 헛돈다.

(소크라테스는 죽는다.)

정보.

"이 색깔은 이것과 매우 멋지게 어울린다."

이것 ↑ 은 이것 ＼에 걸맞다.
"사물들은 그것들이 있는 그대로이므로."
'그것이 걸맞지 않는 것을 우리가 상상할 수 있는가?'

"이것 ↑ 은 이것 ↑ 에 걸맞지 않다."

이것이 하나의 진술인지 또는 하나의 규칙인지를 당신은 어떻게 아는가?

그것은 그 하나로서 또는 다른 하나로서 **뜻해져** 있는가?

이것 ↑ 은 이것 ↑ 에 걸맞다.

이제 이것은 이것에 걸맞다.

모든 것은 자기 자신에 걸맞다.

'이것은 걸맞은가?' ─ 실험을 해 보라!

'우리는 이것을 걸맞은 것이라고 불러야 하는가?'

1938년 케임브리지에서의 비트겐슈타인 강의들 중 한 강의에서 러시 리스가 받아 적은 것

······ 마치 감각 자료를 아는 것이 '안다는 것'의 이상적인 경우인 것처럼 보인다; 다른 경우들은 단지 근사치일 뿐이다. 그러나 당신이 이것을 인정한다면, 다음과 같은 문제가 있다: '안다는 것'이 당신이 어떤 인상을 받는다는 사실에 완전히 걸맞다면, 어떻게 그것이 물리적 사실에 걸맞을 수 있는가?

치통이 있다는 것과 같은 뜻에서 나쁜 이가 있을 수 있는가?

여기서 우리는 주어와 술어를 혼동하는 실수를 범하고 있다.

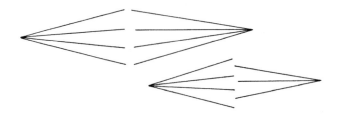

우리가 이와 같은 도형들을 가지고 있고, 왼편 갈퀴가 오른편 갈퀴와 짝이 맞을 때 그것을 '걸맞음'이라 부른다고 해 보자.

"확실히, 가지가 넷인 갈퀴가 가지가 넷인 갈퀴와 걸맞다는 것과 같은 뜻으로 가지가 넷인 갈퀴가 가지가 셋인 갈퀴와 걸맞을 수는 없다." (또는 우리는 '합치다'나 '상호 관계하다'를 말할 수 있을 것이다.) — **구조**의 문제가 들어온다.

이를테면 우리는 '합치다₁'과 '합치다₂'를 구별한다; 그것들이 '합쳐져₁' 있지 않을 때, 그것들은 '합쳐져₂' 있을 수 있다. 예를 들어:

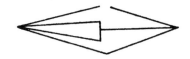

그러면 우리는 그 두 도형을 다음과 같은 방식으로 사용할 수 있을 것이다: 우리는 가지가 넷인 갈퀴와 가지가 셋인 갈퀴의 결합에 대해서 "그것은 합쳐져₂ 있다"라고 말한다. 이것이 무엇을 뜻하는가를 알기 위해서는 도해를 바라보라. 만일 당신이 "그것들은 합쳐져₁ 있다"라고 말한다면 — 그렇다면 나는 이것이 무엇을 뜻할 수 있는지 알지 못할 수 있을 것이다. 나는 그것에 뜻을 줄 수 있을 것이나, 나는 이 일을 하지 않았을 수 있다.

만일 어떤 사람이 가지가 넷인 갈퀴 두 개에 대해 "그것들은 합쳐져₂ 있다"라고 말한다면, 나는 물을 것이다: "이것은 무엇과 같은가? 나는 그것이 어떻게 적용되어야 하는지 모르겠다." 또는 이제 당신이 "가지가 넷인 갈퀴 두 개가 합쳐질₂ 수 있는가?"라고 묻는다면, 나는 모르겠다. 우리가 이 그림을 가지가 넷인 갈퀴 두 개의 합침에 대한 하나의 도해로서 사용한다면, 그것은 매우 **비실용적인** 그림이다. 이것이 중요하다.

우리는 이렇게 말하는 경향이 있다: "이것은 단지 말의 문제가 아니다. 두 갈퀴가 이런 식으로 합쳐질 수 있다는 것은 그것들의 본성 속에 있다."

"······ 본성 속에."

이 서랍 속에 두 개의 갈퀴가 있다고 해 보자. 어떤 사람이 "그것들은 합쳐져, 있는가?"라고 묻는다. 그리고 당신은 "아니, 그것들이 방식,로 합쳐질 수 없다는 것은 그것들의 본성이다"라고 대답한다. — 이것은 "그것들이 지닌 가지의 수가 서로 다르다"를 뜻할 수 있을 것이다. 이것은 하나의 정보 — 범례들에 관해서가 아니라 그 두 개의 갈퀴에 관한 —이다.

"이 두 갈퀴는 합쳐질, 수 없다." = "그것들은 이 방식으로 합쳐질 수 없다."

당신이 "이 갈퀴"와 "이 갈퀴"를 말한다면 — 그것은 무엇을 의미하는가? 이 장소에 있는 갈퀴? — 우리가 그것들을 합치려고 시도할 때, 그것들 가운데 하나에서 새로운 가지가 하나 자라난다고 하자 — 그렇다면 그것은 같은 갈퀴인가?

"우리는 외적 관계가 아니라 내적 관계에 관해서 이야기하고 싶다"라고 당신은 말할지 모른다. 사실, "본성"과 "내적 관계"는 언제나 함께 다닌다.

"이 두 갈퀴는 상이한 본성을 지니고 있다." — 그러나 당신이 이 두 갈퀴를 지시했을 때, 당신은 **상이한 본성을 지닌다**는 것의 범례를 지시할 수 없다. 만일 ⟸⟩ 이 상이한 본성을 **지니고 있음**에 대한 우리의 도해라면 ······ 이 범례에 관해서는 우리는 그 도형들이 상이한 본성을 지니고 있다고 말할 수 없다.

그것들이 상이한 본성을 지니고 있는지를 보는 것 — 그것은 엉터리 **실험**

같이 보였다.

이들 둘이 함께 모일 때 예컨대 가지 하나가 자라난다면 — 명백히 그 둘은 합쳐질₁ 수 있을 것이다. 그러나 이것은 사실은 **합쳐질 수 없음**이라는 경우의 도해라는 관념을 우리들은 갖고 있다.

이 방 안에 있는 두 갈퀴에 대해서 당신이, 그것들은 합쳐질 수 없다고 말한다면 — 이것은 뭐든지 뜻할 수 있을 것이다: 가지 하나가 사라져 버릴지도 모른다.

"어떤 식으로 합쳐질 수 없는가?" 하고 우리가 물었을 때, 그 대답이 "이런 식으로: ⟨⟩"라면 — 어떤 면에서 이것은 주어와 술어 둘 다로서 사용되고 있다. ((**소묘된** 것에 대해 그것들은 합쳐질 수 없다고 말하는 것: 그리고 소묘된 것에 의해 "합쳐질 수 없다"는 것을 설명하는 것.))

이것들은 **술어들**이다. 당신은 무엇에 관해서 이렇게 말하는가? 당신은 여기 두 갈퀴에 관해 그렇게 말할 수 있다. 당신은 "그것들은 합쳐질 수 없다, 그것들은 ⟨⟩과 같이 보인다"라고 말할 수 있다. 그러나 당신은 종이 위의 이 소묘에 대해서는 "이것은 이것과 같이 보인다"라고 말할 수 없다.

철학에서는 언어가 **헛돈다**. 그것이 어떻게 사용되는지 아무도 묻지 않는다.

우리가 '안다'와 관련하여 "걸맞다"로 의미하는 것은 실험적 걸맞음이 아니라 **논리적** 걸맞음이다. 그것이 걸맞은지 아닌지는 두 사물을 함께 둠으로써 결정되지 않는다. 그러나 그 둘이 걸맞지 않다는 것은 그 둘의 본성이다. 이것은 실험으로 결정될 수 없다. 그것들을 함께 모아놓음으로써 일어나는 어떤 것도, 그것들이 걸맞다거나 걸맞지 않다는 것을 내가 깨닫게 할 수 없을 것이다.

내가 ⟨⟩을 '**걸맞음**'에 대한 설명으로 제시했다고 해 보자: 그리고 계속해서 나는 ＜➤ 을 가리키면서 다음과 같은 진술을 한다 : 이것은 이것에 걸맞다.

기묘한 진술.

내 앞에 조각 그림 맞추기 놀이가 있는 곳에서는 나는 그와 같은 것을 말할 수 있다 — 그 경우 나는 그 두 조각을 함께 모아놓고 본다. 이것은 정보를 주며, 언어놀이의 일부이다. 그러나 종이 위에 그려진 갈퀴들의 경우에는 그렇지가 않다. 이 경우에 "이것은 이것에 걸맞다"라고 말하는 것은 참일 수도, 거짓일 수도, 하나의 정의일 수도, 또는 어떤 것이라도 될 수 있다. 우리는 당신이 무엇을 말하고 있는지 알지 못한다.

"이것은 이것과 일치한다"를 택해 보자. — 한 가지 질문은 이러할 것이다 : 당신 말은, **지금** 그렇다는 뜻인가, 또는 다른 어떤 때 그렇다는 뜻인가? 5분 후에 그것은 어떠할까 ; 그때 그것이 일치하지 **않는다면**, 그것은 무엇과 같을까 — 그것은 같은 모양일까? 또는 아닐까?

같은 것이 ⟨➤ 에 적용된다.

"이것은 이것에 걸맞지 **않다**" — 이것은 예컨대 걸맞지 않음의 한 범례일 수 있을 것이다.

그것들이 같은 수를 지니고 있는지를 보기 **위해서** 우리가 "걸맞다"를 말하는 경우가 있다 : ⊨ ⫤

우리는 그것들을 함께 놓고는 "오 그래, 그것들은 걸맞다"라고 말한다.

논리적으로 걸맞음에 관해 당신이 이야기할 때, 당신은 걸맞은 두 사물이면서 실제로 걸맞음에 대한 범례의 부분들인 두 사물을 상상한다. — 당신은 걸맞음의 그림으로서 당신이 표상하는 경우를 가지고 있다. 즉 안다는 것은 어떤 사실에 (걸맞다).

　이제 당신은 당신이 고통이 있다는 것을 안다는 이 사실에 그저 주의를 집중하면 걸맞음을 볼 수 있는 것처럼 보인다. 나는 주의 집중은 전혀 도움이 되지 않는다고 말하고 싶다 : 그것은 "걸맞음"이란 낱말이 어떻게 사용되는가를 결정하는 것을 도와주지 않는다 ― 비록 도와주는 것처럼 보이기는 하지만 말이다.

　당신이 어떤 그림을 바라보고 그 그림이 걸맞음을 암시한다면, 그리고 그 경우 당신이 "이것은 이것에 걸맞다"라고 말한다면 ― 그래도 당신은 그것을 가지고 무엇을 해야 할지를 아직 모른다. 예를 들어, 안다는 것이 물리적 사실에 걸맞지 않다면, 그것은 어떠할까? 또는 고통스러움에 걸맞지 않다면? ― 우리는 "걸맞다"를 가지고 행해지는 언어놀이에 대해 걱정하고 있지 않다 ; 우리는 어떤 하나의 그림에 관여하고 있다. 그러나 우리는 한 사물이 다른 한 사물에 걸맞다는 것을 단지 그 그림을 고찰함으로써 볼 수는 없을 것이다.

　"왜 당신은 그것을 '걸맞음'이라고 부르는가?" ― "왜냐하면 이것은 걸맞은 두 사물의 그림이기 때문이다."

7
'철학적 강의'를 위한 노트[1]

경험들의 사밀성(私密性). 이 사밀성은 초(超)-사밀성이다. 사밀성 같은 어떤 것이다. 무엇이 사밀성의 본질적 특성이라고 보이는가? 나 외에 아무도 그것을 볼 수 없다, 느낄 수 없다, 들을 수 없다; 나 자신을 제외하고 아무도 그것이 어떠한 것인지를 알지 못한다. 나를 제외하고는 아무도 그것에 도달할 수 없다. 색깔-도표를 가지고 하는 언어놀이. 각 사람이 사적인 도표를 (아마도 공적인 도표를 가지고 있는 것 이외에도) 가지고 있다고 상상하자. "빨강"이란 말을 들을 때 그가 자신의 사적 도표 위의 초록을 가리킨다고 상상하라 ─ 왜 우리는, 그는 "빨강"으로 우리가 "초록"으로 의미하

1 (옮긴이주) 비트겐슈타인의 유고 MS 166으로, *PO* pp.447~458에 수록되어 처음 출판되었다. 스턴 (D. G. Stern)에 따르면, 이 노트는 비트겐슈타인이 브리티시 아카데미가 매년 철학적 주제에 관해 공개적으로 여는 '철학적 강의' 중 하나를 위해 1941~1942년에 준비한 것으로 보인다. 기록에 따르면, 브리티시 아카데미는 1941년 4월 비트겐슈타인을 다음 해 강의자로 초청하기로 했고, 그도 이를 수락했으나, 그 이후 다른 작업 때문에 그 강의를 취소할 수밖에 없었다고 한다.

는 색깔을 의미한다고 말해야 할까? 느낌들의 사밀성은 다음과 같은 것들을 의미할 수 있다: 내가 그것들을 보여 주지 않으면 아무도 그것들을 알 수 없다. 또는: 나는 실제로는 그것들을 보여 줄 수 없다. 또는: 내가 원하지 않는다면 나는 내 느낌에 관해 어떠한 표시도 할 필요가 없지만, 비록 내가 원한다고 해도 나는 느낌이 아니라 단지 표시를 보여 줄 수 있을 뿐이다.

* * *

낱말이 대상을 지시함으로 이루어져 있는 의미.

어떻게 한 종류의 대상이 사용의 기술(技術)을 위해 실체화되는가. 이 낱말은 이→ 대상을 지시하고 저 낱말은 저→ 대상을 지시한다. 지시된 대상을, 가리킴으로써가 아니라 사용 기술을 설명함으로써 설명함. 색깔을 나타내는 낱말들, 모양을 나타내는 낱말들 등.

가리킴은 어떤 상황에서 한 낱말의 사용을 설명 즉 전달할 수 있는가? 아기에게는 할 수 없다. 아기는 훈육됨으로써 배운다. 그러므로 그 자체로 한 낱말에 의미를 줄 수 있는, 대상을 **명명하기**라는 비밀스러운 작용도 없다.

색깔과 모양에 대한 낱말들. 선(線)의 한쪽에 색깔에 대한 낱말들이 있다. "이제"는 무엇을 지시하는가? 또는 "이것"이나 "나"는? 사적인 대상. 사적인 대상의 명명. 사적 언어. 어떤 사람이 자기 자신과 하는 놀이. 언제 우리는 그것을 하나의 **놀이**라고 부르는가? 그것이 공적인 놀이를 닮는다면. 로빈슨 크루소의 일기.

그러므로 우리는 이렇게 생각해서는 안 된다. 즉 낱말이란 우리에게 있는 어떤 종류의 사적 경험에 우리가 주는 이름이라고 말한다면, 우리는 언어에서 낱말의 작용을 이해한다고 말이다. 그 관념은 여기서, 우리는 말하자면 마음의 눈(또는 다른 어떤 감각 기관) 앞에 있는 어떤 것을 **가지고 있고**

우리는 그것에다 이름을 준다는 것이다. 무엇이 더 단순할 수 있을까? 그것은 대충 다음과 같은 방식으로 표현될[a] 수 있을 것이다: 모든 지시적 정의는, 그것이 최후의 한 규정을 할 때만, 마지막 하나의 불확정성을 제거할 때만, 낱말의 사용을 설명한다.

이름과 대상 사이의 관계. 건축가들의 언어놀이. 이름들과 행위들, 이름들과 모양들 사이의 관계는 무엇인가? 지시적 정의의 관계. 즉 이름 관계를 확립하기 위해서는 우리는 사용 기술을 확립해야 한다. 그리고 한 낱말을 한 대상에 대한 낱말로 만드는 것은 특이한 세례 과정이라고 우리가 생각한다면, 우리는 길을 잘못 든 것이다. 그것은 일종의 미신이다. 그러므로 우리가 마음 앞에 사적인 대상을 가지고 있고 그것에 이름을 준다고 말하는 것은 아무 소용이 없다. 이름은 그것을 사용하는 기술이 있는 곳에서만 존재한다. 그리고 그 기술은 사적일 수 있지만, 이것이 뜻하는 바는 단지, 내가 사적인 재봉틀을 가질 수 있다는 뜻에서, 나 말고 아무도 그것에 관해 알지 못한다는 것뿐이다. 그러나 사적인 재봉틀이려면, 그것은 그것의 사밀성에 의해서가 아니라 그것과 재봉틀들 — 그것들이 사유물(私有物)이건 아니건 — 과의 유사점에 의해서 '재봉틀'이라는 이름이 주어질 만한 대상이어야 한다.

그런데 왜 우리는 나의 느낌들이 나의 사적 속성이라고 말하는가? 왜냐하면 오직 나만이 나의 고통을 직접 알아차리기 때문이다. 그러나 그것은 무엇을 의미하는가? 내 생각에, 고통을 알아차리는 것은 고통을 느끼는 것을 의미한다. 그리고 그것은 내가 그것을 느끼기 때문에 '나의' 고통이 아닌가? 그러므로, 오직 나만이 나의 고통을 느낀다고 말하는 것은 무엇을 뜻하는가? 지금까지 우리는 "나는 그의 고통을 느낀다"라고 하는 문구(내가 같

---

a 말해질

은 종류의 고통을 느낀다거나 아마도 나는 그의 고통을 생생하게 상상한다는 뜻으로 하는 말일 경우를 제외하면)에 어떠한 뜻도 주지 않았고, 따라서 "나는 나의 고통을 느낀다"에도 역시 아무런 쓰임을 주지 않았다. (내 말은 우리가 이들 문구에 대해 뜻을 마련해 줄 수 없으리라는 것은 아니다.) 물론 우리는 "사람은 자신의 고통만을 직접 알아차리고, 다른 사람의 고통은 간접적으로 알아차린다"라는 명제를 하나의 문법적 규정ᵃ으로서, 즉 내가 N에 관해 "N은 고통을 직접 알아차린다"라고 말한다면 이것은 "N은 고통이 있다"를 뜻하지만, "N은 고통을 간접적으로 알아차린다"는 "N은 다른 사람이 고통이 있다는 사실을 알아차린다"를 뜻해야 한다는 취지로 사용할 수 있을 것이다. (그리고 나는 이것을 이 문구들의 건강한 사용이라고 부르는 경향이 있다.)

그러나 여기서도 또한 "직접 알아차린다"와 "간접적으로 알아차린다"라고 하는 표현은 대단히 오해를 불러일으킬 수 있다. 고통을 느끼는 사람은 어떤 대상을 알아차리는 데 반해서 — 말하자면, 그것을 보는 데 반해서 — 우리는 그것이 거기에 있다는 말만 들을 뿐 그것을 볼 수는 없다는 관념을 우리에게 주는 것은 무엇인가? 그것은 느낀다, 본다 등과 같은 동사들의 특이한 기능이다. 그러나 내가 뜻하는 바를 설명하기 전에 나는 예비적인 소견을 하나 피력해야 하겠다. 왜냐하면 내가 아는 바로는, 당신들 가운데 어떤 이는 이것이 가장 나쁜 종류의 말장난이라고 생각할 것이기 때문이다. 그래서 나는 문법과 실재에 관한 일반적인 소견을 하나 피력해야겠다. 대충 말해서, 표현들의 문법과 그것들이 사용되어 기술하는 사실들의 관계는 측정 방법 및 측정 단위들의 기술과 그 방법 및 그 단위들로 측정된 대상들의 측정치 사이의 관계이다. 이제 나는 이 방의 모양과 크기를 그것의 길이,

---

ᵃ 규칙

폭, 높이를 피트로 제시함으로써 기술할 수 있을 것이며, 또 미터로 제시함으로써도 똑같이 잘 기술할 수 있을 것이다. 나는 또한 그것들을 마이크론으로 제시할 수도 있을 것이다. 그러므로 어떤 면에서 당신은 단위들의 선택은 자의적이라고 말할 수 있을 것이다. 그러나 대단히 중요한 뜻에서 그것은 그렇지 않다. 우리가 방의 치수들을 마이크론이나 심지어 밀리미터로 측정하지 않는 것은, 방의 크기 및 모양의 불규칙성과 방에 대한 우리의 사용 둘 다에 걸려 있는 대단히 중요한 이유가 있다. 즉 우리에게 측정의 결과를 알려 주는 명제뿐 아니라 측정 방법과 단위의 기술도, 이 측정이 일어나는 세계에 관해 우리에게 어떤 것을 말해 준다. 그리고 바로 이런 식으로 해서 낱말의 사용 기술(技術)은 그것이 사용되는 세계에 관한 **매우 일반적인** 진리들, 즉 사실상 너무 일반적이어서 사람들에게, 그리고 ─ 이 말을 하기는 미안하지만 ─ 철학자들에게도 충격을 주지 않는 진리들에 관한 어떤 관념을 우리에게 준다. 그래서 나는 "고통을 느낀다"와 같은 표현들의 사용 기술에 있는 어떤 특질들ᵃ로 돌아가고자 한다. 첫 번째 요점은, 이 언어적 표현은, 일인칭에서는, 고통의 **표현**을 대체하기 위해 사용된다는 것이다. 그래서 만일 어떤 사람들이 "고통이 있다"는 결국 고통 행동을 지시한다고 말한다면, 우리는 그들에게, "나는 고통이 있다"는 고통 행동을 지시하는 게 아니라, 고통 행동**이다**라고 대답할 수 있다. 그것은 "나는 울부짖고 있다"라는 진술에 해당되는 것이 아니라, 고통의 울부짖음에 해당된다. "그러나 분명 당신은 내가 그런 식으로 그저 행동하면서 아무 고통이 없을 때의 나의 고통 행동과 그 반대 경우의 나의 고통 행동을 구별한다." 당신이 뜻하는 바가, 사람들이 때때로 마치 고통이 있는 것처럼 행동하지만 고통이 없다는 사실을 내가 인정하느냐는 것이라면, 나는 인정한다. 그러나 나는 이

ᵃ 요점들

말을 하고 싶다. 즉 당신은 그 차이를, 그가 고통이 있다면 그의 행동ᵃ 뒤에는 그가 그의 행동으로 표현하는 모종의 어떤 것이 현존하고 있다고 말함으로써는 설명할 수 없다고 말이다. "모종의 어떤 것"이나 그런 어떤 어구 대신에 당신이 대담하게도 "고통"이라고 말한다면, 그 진술은 동어반복이 된다. 만일 당신이 고통에 대한 언급을, 그것은 우리가 그의 표현 배후에 무엇이 있는지 안다는 것을 이미 전제하고 있기 때문에 피하고자 한다면, "모종의 느낌"이나 "모종의 어떤 것"이라고 말하는 것은 당신에게 도움이 되지 않는다. 왜냐하면 당신은 어떻게 당신이 그것을 하나의 느낌이나 심지어 어떤 것이라고 부르도록 허용되어 있다는 것을 아는가? 왜 그런가 하니, "어떤 것"이란 낱말이 어쨌든 무엇인가를 의미한다면, 그것은 공적인 의미를 지니기 때문이다. 그리고 그렇다면 만일 당신이 그에게 **어떤 것**이 있다고 말하려고 모험한다면, 당신은 당신이 뜻하는ᵇ 모든 것을 말하고 "그는 고통이 있다"라고 말하는 편이 낫다. 요점은, 본질적으로 사적인 대상은 낱말의 사용을 다른 사람들에 대해서도 **그에 대해서도 정당화할 수 없다**는 것이다. 사적인 대상은 공적인 놀이에 들어가지 않을 뿐 아니라 사적인 **놀이**에도 들어갈 수 없다. 이 점은, 예를 들어, 고통의 표현에 대한 그의 사용을 정당화한다고 하는 그 하나의 사적인 대상을, 그가 "나에게는 고통이 있다"라고 말하는 상이한 시간에 그에게 있는 일련의 상이한 대상들로 대체한다면 볼 수 있다. "그러나 분명 '고통'이란 낱말의 사용은 그 경우 그가 자신의 사적인 대상들을 언제나 같은 것으로 '인식한다'는 사실에 기초하고 있다!" "같은"이나 "인식한다"로 이 경우에 그는 무엇을 의미하는가? 그도 우리도 이 낱말들을 그의 사적인 대상에 적용하는 법을 배운 적이 결코 없다. "그는 그 대상을 인식한다" 대신에 우리가 더 조심스럽게 "그는 자기가 인식한다고 믿

ᵃ 표현 ᵇ 아는

는다"라고 말했다고 해 보자 ─ 그러나 그렇다면 우리는, 그는 자기가 인식한다고 믿는다고 믿는다…… 등등 무한하게 말하지 않으면 안 된다. 다른 말로 하자면: 이 대상이 우리가 원하는 것처럼 사적이라면, 우리는 그것을 100개의 대상이라기보다 하나의 대상이라고 불러야 할 아무 이유도 갖고 있지 않다. 우리는 그 낱말을 대상에 적용할 이유를 조금도 갖고 있지 않으며, 그도 역시 마찬가지이다.

(이 논문이 최소한 내가 생각하는 대로 되어 있다면, 그것은 첫눈에는 실로 매우 혼란스러울 것이다. 왜냐하면 이 경우 그것은 외관상 사소한 것들과 역설들의 혼합물로 이루어져 있기 때문이며, 왜 내가 그것들을 말하는지가 상당히 불분명해 보이기 때문이다.)

왜냐하면 그가 사적인 대상을 가지고 있다고 말하는 것은, 우리는 그가 그것에 대해 할 수 있는 어떠한 기술(記述)도 그것이 어떠한 것인지를 실제로 우리에게 말해 주는 것으로 간주하지 않을 것임을 뜻하기 때문이다. 우리는 이렇게 가정한다. 즉 그에게 우리의 언어를 가르칠 때 대상의 사밀성은 이 대상에 대한 언어의 적용을 그에게 가르치는 일을 불가능하게 만든다고 말이다. "그러나 그가 올바른 적용을 그저 추측했다면 어찌 될까?" 그러나 어느 것이 올바른 적용인가? 추측할 어떤 것도 없다. "그러나 그가, 단지 우연에 의해서일지라도, 공적인 적용과 유사한 적용을 발견했을 수는 없을까?" 그러나 이 경우 우리는 무엇을 유사하다고 불러야 하는가?

당신이 다른 사람을 속이더라도, 적어도 당신 자신은 속이지 말라; 그런데 당신이 당신 자신을 속이지 않는다면 ─ 왜 당신이 다른 사람들을 속여야 할까?[2]

사실, 사적인 대상은 그것을 가진 사람도 그것을 가지고 있지 않은 사람도

---

2 (옮긴이주) 원래 이 문장은 간단한 문자-치환 부호(a=z, b=y, 등등)로 씌어 있다. 이는 이 단락이 강의의 일부로서 의도되지 않았을 가능성을 암시한다.

그것에 관해 다른 사람에게나 자신에게 어떤 것도 말할 수가 없는 것이다.

"그러나 당신이 말하는 것은 언제나, 마치 당신은 고통 행동과 대조되는 것으로서의 고통의 존재를 부인하고 싶어 하는 것처럼 들린다." 그러나 고통의 존재를 부인한다는 것은, 사람들이 고통을 느껴 본 적이 있다는 것을 부인하는 것 외에, 또는 어떤 사람이 고통이 있다고 말하는 것이 뜻이 있다는 것을 부인하는 것 외에, 무엇을 의미할 수 있을까? 내가 부인하는 것은, 우리가 "고통이 있다"의 문법을 어떤 사적 대상을 실체화함으로써 구성할 수 있다는 것이다. 즉: 사적인 대상은 그것의 문법이 전적으로 문제의 공통적 대상들의 문법에 적합하도록 구성되어 있는 한에서만 잘 기능한다. 그리고 그것의 본성이 그 문법을 설명할 것이라고 한다면, 그것은 부조리한 것이 된다.

우리는 이것을 다음과 같이 표현할 수 있다: 다른 어떤 사람이 고통을 당하고 있다는 나의 말에 대해 정당화가 있는 것과 같은 뜻으로는, 고통의 표명에 대한 **정당화**는 없다. 본질적으로 사적인 정당화는 존재하지 않는데, 왜냐하면 나는 본질적으로 사적인 어떤 것이 하나의 **정당화인지**를 알 수 없을 것이기 때문이다. 내 앞에 어떤 것이 있고, 그것이 내 앞에 하나의 탁자가 있다고 내가 말하는 것을 정당화한다.

* * *

서론으로서:

낱말이 대상을 지시함. 어떤 경우들과 유사하게 한 낱말을 사용함. 같음과 같음의 기준들. 상상함, 표상을 만듦과 표상을 **사용함.**

대상을 당신이 이전에 가졌던 것과 같은 것으로 인식함. 그러나 우리가 "인식하다"와 "같은"이란 낱말들을 사용한다면, 그는 자기가 그 대상을 같은 것으로 인식한다고 말할 적에 **정당화되어야** 한다. 그의 인식이 오류 불가능할 수 있는가? 아니다, 왜냐하면 "같은"이란 낱말의 사용에서 그가 잘못될[a] 수 있기 때문이다[b] 그는 인식한다; 그러나 그가 잘못되었다고 해 보라, 그것이 어떤 차이를 만들까? 그러나 이 경우에 옳다는 것은 어떠한 것인가?

예를 들어, 언제 그가 **같은** 발언을 두 번 사용하는 것이 정당화되는가 하는 문제를 우리는 논의할 수 없다. 우리가 이른바 정당화라고 할 어떤 것, 어떤 사적인 규칙성을 상상한다면, 그것은 만일 우리가 그것을 본다면 규칙성으로 부를 어떤 것인 것처럼 보인다. 그러나 우리의 경우에 "그의 규칙성을 본다는 것"은 무엇을 뜻하는가? 우리는 그것에 아무런 뜻도 주지 않았다. 즉 우리는 실로 "그가 느끼는 것을 느낀다"란 표현에 뜻을 주었지만, 동일성에 대한 특수한 기준들을 가지고서 주었다. 이제 우리가 동일성에 관해 이야기하며 이 기준들을 사용하기를 바라지 않는다면, 우리에게는 — 우리가 새로운 기준들을 주지 않는다면 — 어떤 기준도 남아 있지 않다. 그리고 물론 나는 더할 나위 없이 잘 알고 있다. 즉 우리는 물리적 대상들의 기준들과 비슷한 기준들을 생각하고 있으되, 다만 우리는 우리의 경우에는 그러한 어떤 기준도 적용할 수 없다는 것, 그리고 그것이 대상들의 사밀성에 관해 이야기함으로써 우리가 뜻하는 것이라는 것을 말이다. 여기서 사밀성은 실제로는 비교 수단의 부재를 의미한다. 다만 우리는 우리가 대상들을 비교하는 일을 방해받을 때의 사태를 비교 방법을 정하지 않은 사태와 혼동한다. 그리고 우리가 그와 같은 비교 방법을 정할 순간에 우리는 더 이상 "감각들"에 관해 이야기하지 않을 것이다.

---

a 잘못일 b 아니다, 왜냐하면 "같은"이란 낱말의 적용에서 그가 잘못된다고 우리는 말할 수 있기 때문이다.

그러나 내가 "나는 지금 5분 전과 같은 감각을 지니고 있다"라고 말한다고 해 보라 ― 나는 동일성의 어떤 기준들을 사용하고 있는가? ― 내가 느끼는 것이 고통이라는 것을 결정하기 위해, 또는 내가 보는 것이 빨갛다는 것을 결정하기 위해, 나는 어떤 기준들을 사용하고 있는가? 아무것도 없다. 내가 "빨강"이나 "고통"이란 낱말을 그것들이 한국어에서 통상 사용되듯이 사용하고 있음을 나에게 확신시켜 줄 수 있는 기준들은 있다. 나는 어떤 것을 가리키고 다음과 같이 말할 수 있다: "이것의 색깔을 당신은 '담자색(淡姿色)'이라고 부르지요?", 등등.

　　즉, "나는 내가 5분 전에 느낀 것을 느낀다"에서 나는, 다른 맥락에서 내가 구사한 그 말의 사용에 대한 나의 정당화와 별도로, 감각들을 동일하다고 부르는 경우와 유사한 정당화를 갖고 있지 않다. 그리고 이것이 뜻하는 바는, 나는 내가 이렇게 말하는 것을 다른 사람들에게나 나에게 정당화할 수 없다는 것이다. 또는 오히려, 나는 이렇게 말하는 것을 이러이러한 뜻으로는 정당화할 수 있지만, ……과 유사한 뜻으로는 정당화할 수 없다고 말하는 것이 더 낫다. 그것은 우리가 놀이들을 비교하고, "이 공놀이에는 테니스에서의 네트에 해당하는 것이 아무것도 없다"라고 말할 때와 같다.

　　기억이 창고와 비교될 수 있는 것은 오직 그것이 같은 목적을 충족하는 한에서이다. 그것이 같은 목적을 충족하지 않는 곳에서는, 우리는 보관된 것들이 끊임없이 그것들의 본성을 바꾸지 않는지, 그리고 따라서 도대체 보관되었다고 말할 수가 없지 않은지 말할 수 없을 것이다.

　　"그러나 우리는 두 감각이 같다는 것을 발견할 때 그 두 감각이 같다고 말하지 않는가? 그리고 그 두 감각이 그러하다는 것을 발견하는 것은 그렇게 말함에 대한 정당화가 아닌가?" 그러나 "두 감각이 같다는 것을 발견하는 것"을 우리는 어떻게 인식하는가?

　　그는 그 낱말을 사용하는 것을 배운다, 그리고 그다음 ……할 때마다 그는 "……"라고 말한다. 그다음 그가 "……"라고 말하는 상황들은 무엇인가? 그 경우 우리는 말할 수 있을까, 즉 그는 ……한다, 그리고 그다음 그가 고통을 느낄 때마다, 그는 "……"라고 말한다고? 또는, 그는 ……한다, 그리고 그다음 그가 어떤 느낌이 들 때마다, 그는 ("……"라고) 말한다고? 또는, 그는 ……한다, 그리고 그다음 그가 특수한 어떤 것을 지닐 때마다, 그는 "……"라고 말한다고?

"그러나 그가 진실하다면, 우리가 그의 말을 그가 빨강을 본다는 것으로 간주해서는 왜 안 될까?" 그러나 우리는 그렇게 한다! 즉, 우리는 그가 우리에게 거짓말을 하고 있지 않다고 믿는다. ─"그러나 그가 지성적이기도 하다면, 그가 그의 마음의 눈앞에 가지고 있는 것이 빨갛다고 우리가 믿어서는 왜 안 될까?" 우리는 믿는다. ─ 이 경우에 적용 가능한 비교의 방법에 따라서 말이다. "그렇다면 어디서 당신은 우리와 불일치하는가?"─ 전달 불가능한, 사적인 어떤 것에 관해 당신이 이야기할 때 그렇다.

"당신은 어떤 것의 존재를 부정하는 것처럼 보인다; 다른 한편으로, 당신은 당신이 어떤 존재도 부정하지 않는다고 말한다. 왜 마치 당신이 부정하는 것처럼 보이는 걸까? 당신은 '오직 ……만이 있다'라고 말하는 것처럼 보인다. 당신은 감각 표현의 배경을 부정하는 것처럼 보인다. 그 표현은 그 자신을 넘어 어떤 것을 가리키지 않는가?"─ 우리가 느낌을 표현의 한 배경으로 본다면, 우리는 이 배경이 변하지 않는다고 생각하는 데서 우리가 틀렸다고 언제나 가정할 수 있다; 우리는 우리의 기억이 매 순간 우리를 속이며 우리는 그 진실한 표현을 매번 다른 어떤 것을 표현하기 위해 사용한다고 가정할 수 있다. 그래서 그 표현 배후에 무엇이 있느냐는, 그 표현이 그것의 진실한 표현인 한, 중요하지 않다고 말할 수 있을 것이다.

우리의 대답은 이러하다: 왜 당신은, 울부짖음에 배경이 있다면, 울부짖음은 배경의 **표현**일 것이라고 생각하는가? 어떤 뜻에서 **나에 대한** 울부짖음이 그러한 배경을 가리킬까? 당신은 이 경우에 행해지지 않는 **언어놀이**를 가정하고 있지 않은가? 당신이 표현과 배경이라는 관념을 들여오는 이유는, 실제로 행해지는 놀이를 다른 놀이의 도식을 통해 바라보기 때문이다.

"어떤 것이 **있는** 울부짖음과 어떤 것이 **없는** 울부짖음."

표현의 문법은 표현들 — 특히 그것들이 모두 같은 그림을 이용하고 있을 때는 — 을 변형함으로써는 탐구될 수 없다. 이 모든 표현이 당신을 붙들어 두는 경향이 있는 그 판에 박힌 틀에서 벗어나기 위해서는, 당신은 사용을 상기해야 한다.

예를 들어 "검증"을 탐구하는 요점은, 그림의 중요성과 대립적인 것으로서 사용의 중요성을 강조하는 것이 전부이다.

이렇게 하여 우리는 "……이 있는 울부짖음"과 "……이 없는 울부짖음"의 사용을 탐구해야 한다 — 물론, "……이 있는(with)"과 "……이 없는(without)"의 다른 사용들로부터 취해진 많은 그림들이 준비되어 있으나, 우리의 마음속에 가장 쉽게 떠오르는 그림들은 바로 우리를 혼란스럽게 하는 것들일지라도 말이다.

시간을 측정하는 것과 길이를 측정하는 것을 비교하기. 혼동을 일으키는 그림을 제거하기 위해서는, 정확히 **어떻게** 우리가 시간을 측정하는가를 상기하라. 여기서의 난점은, 저 그림들이 극히 집요하여, 모든 것을 그것들과 비슷한 것으로 보도록 우리를 강제한다는 것이다.

뜻이 있는 말과 뜻이 없는 말.

한 낱말(이를테면 "……이 있는")의 적용은 이 경우를 다른 경우들과 비교한다. 그러나 우리는 그저 이 비교가 어디까지 유효한가를 묻고 있을 뿐이다. 그래서 우리는 이 낱말들이 암시하지 않는 사실들을 상기해야 한다. "그러나 분명 나는 고통이 무엇인가를 알며, 또 나는 내가 '나는 고통이 있다'라고 말할 때 언제나 바로 그것이 있다는 것을 안다." 당신이 고통이 없

는 때인 지금, 당신이 고통이 무엇인가를 그렇게 잘 안다는 것이 당신에게
는 이상하게 여겨지지 않는가?! 이것이 암시하는 바는 오히려, 당신은 고통
의 의미를 알기 위해서 어떤 사적인 대상도 인식할 필요가 없다는 것이다.
또한 당신은, "고통"이란 낱말을 이해하기 위해서는, 고통이 올 때 그것을
인식하는 것이 필요하다고도 말할 수 없다. 왜냐하면 여기서 인식한다는 것
이 올바르게 인식함[3]이 아니라 인식을 느낌(표명함)을 의미하지 않는다면,
누가 당신이 그것을 인식하는지를 말할 수 있는가? 그런 뜻으로는, 나는 스
미스를 존스로 인식한다고 말해질 수 있을 것이다.

"그러나 사람들의 고통 행동을 기술하는 것으로는 당신은 사람들이 고통
을 느낀다는 현상을 **기술**할 수 없다. 이것에는 저것보다 더 많은 것이 있다
는 것을 당신은 알고 있다. 당신 자신의 경우에 당신은, 당신이 이러이러한
것들을 어떤 **외부적** 상황에서 행하고 말한다는 것이 일어나는 모든 것이 아
니라는 것을 안다." ― 당신 자신의 경우에 당신이 아는 것은, 고통을 느낀
다는 것으로 뜻해진 것이 외적 상황들과 전적으로 독립적이라는 것, 그리고
내적 상황들에 대해서 중요한 유일한 것은 **고통을 느낌**이라는 것이다.

내가 고통을 단지 연기하고 있지 않다는 것을 어떤 사람에게 보여 주기
위해서 나는 나의 고통 행동을 어떻게 정당화할까? 나는 더 표현이 풍부한
행동을 추가할 것이다.

"그러나 나 자신의 경우에 내가, 이를테면, 나에게 고통이 있는 척하는
것과 실제로 고통이 있는 것을 구별할 때, 분명 나는 어떤 근거들 위에서 이
구별을 해야 한다!" 상당히 이상하겠지만, 아니다! ― 나는 구별한다, 그러
나 어떠한 근거들 위에서도 아니다.

"그러나 당신이 이렇게 말한다면, 당신은 인간적 고통의 모든 현상이 행

---

3 (옮긴이주) 여기서는, 고통이 올 때 고통을 (사적인 대상으로서) 인식함.

동의 현상이라고 말하고 있지 않은가?"

우리가 느낌의 표현 배후에 있는 어떤 정당화를 가정한다면, 그리고 그 다음 우리가 이 정당화를 기술하려고 시도한다면, 그것은 전혀 정당화가 아니라는 것, 우리는 그것에 관해 그것의 정당화의 성격을 앗아가는 것들을 말해야 한다는 것이 드러난다.

그것은 마치 내가, 이 사람은 N의 보호자라고 말한 다음, 그가 기능하는 방식에 관해, 그가 N의 보호자라는 것과 양립 불가능한 것들을 말하는 것과 같다.

"나의 이 느낌, 그것을 당신이 어떻게 부르건, 이 느낌이 나의 행동을 정당화한다." — 이것은 당신이 "느낌"이라는 낱말을 사용할 수 있다는 것을 이미 전제한다.

공통 관념 : 낱말은 어떤 것을 지시함으로써 의미를 지닌다.

낱말과 대상 사이에 어떤 연관이 존재한다. 어떤 종류의 연관? 그것은, 그 낱말이 그 대상을 생각나게 한다는 그런 어떤 것인가? 한 사물이 나에게 어떤 것을 생각나게 할 때, 무엇이 일어나는가? M을 보는 것이 나에게 그의 아버지를 생각나게 했다. 대충, 이렇게 말하자. 즉 M을 보는 것은 그의 아버지에 관한 생각들을, 또는 M의 아버지의 표상들을, 내 속에 산출한다고 말이다. (소견) "나는 아무개를 상상한다"란 문장은 내 마음의 눈앞에 있는 어떤 그림의 기술이 아니다. 당신 자신에게 물어보라: 당신은 그를 당신 마음의 눈앞에 있는 그 그림으로부터 인식하는가? 당신은 "나는 머리가 희고 기타 등등한 사람을 본다; 내 생각에, 나는 N을 상상하고 있지만, 아마 그것은 단지 그와 아주 많이 닮게 보이는 어떤 사람일 것이다"라고 말하겠는가? (그러나) 그림들에 대한 우리의 사용에는 우리의 상상력의 산물에 대한 우리의 사용과 훨씬 더 닮은 것이 존재한다. 예를 들어, 우리는 차도(車道) 사고에서 대상들의 위치를 묘사하고 그림을 그리면서 "이것(선)은 차도

이고, 이것(네모)은 전복된 차이고, 이것(x표)은 모퉁이에 있는 경찰관이고, 등등"이라고 말한다. 여기서도 우리는 그림이 재현한다고 우리가 믿는 것을 기술할 문장들과 같은 형식의 문장들을 사용하고 있지만, 그것들의 쓰임은 그림에 하나의 해석을 주는 것이다. — 여기서, 사람은 소묘나 유화, 스케치나 심지어 만화 영화를 제작함으로써 상상한다고 상상하는 것이 유용하다. 만일 당신이, 그리기 위해서는 그는 이미 그가 모사하는 어떤 정신적 그림을 지니고 있어야 한다고 말한다면, 대답은 이러하다. 즉, 그의 정신적 그림을 모사하기 위해 사용되는 투사 양식은 결정되어 있지 않으며, 따라서 전자는 <u>어떤 것이라도</u> 될 수 있다는 것, 그래서 사실 정신적 그림에 관해 말할 <u>어떤 권리를 우리에게 주는 것은, 우리가 어떤 (비-정신적) 그림을 정신적 그림의 재현이라고 부르는</u> 경향이 있다는 사실이 전부라는 것이다.

"그렇다면 정신적 그림 같은 그런 것은 없는가?" 이렇게 표현된 물음에 대한 적당한 대답은 이러하다[a]: "사람들은 때때로 정신적 표상들[b]을 지닌다." 그러나 이것은 실제로는 우리가 원했던 종류의 대답이 아니다. 우리가 묻고자 한 것은 이러하다. 즉: 어떤 사람[c]이 정신적 표상을 지니고 있다고 통상 말해지는 상황에서, 우리는 그가 그러한 표상 또는 그림을 지니고 있다고 말할 권리가 있는가? 우리는 어떤 사람이 돈과 결혼했다고 말할 권리가 있는가? 이것은 그가 "돈과 결혼"했느냐는 뜻이거나, 그 표현이 적절한 것이냐는 뜻일 수 있다. 이와 같은 물음이 결정되는 방식들을 생각하라. — 우리가 이렇게 묻는다고 해 보자. 즉, 비극에서 사람들은 살해당하는가, 아니면 살해당하지 않는가? 우리의 대답은, 어떤 비극에서는 어떤 사람들이 살해당한다는 것이다. 또 하나의 대답은 이러하다: "사람들은 무대 위에서 실제로 살해당하지 않는다, 그들은 단지 살해하고 죽는 척할 뿐이다." 그러

----

a 이러할 것이다 b 그림들 c 인물

나 '척하다'란 낱말의 쓰임은 여기서 다시 모호한데, 왜냐하면 그것은 에드거(Edgar)가 글로스터(Gloucester)⁴를 낭떠러지로 인도한 척한다는 뜻으로 사용될 수 있기 때문이다.ᵃ 오, 아니다. 그들이 모두 척하지는 않는다; 에드거는 글로스터를 절벽 끝으로 인도하는 농부인 척ᵇ하는데, 그는 실제로는 글로스터의 아들이다.ᶜ 우리는 "실제로", "척하다", "죽다" 등의 낱말들은 우리가 연극에 관해 이야기할 때는 특이한 방식으로 사용되고 일상생활에서는 다르게 사용된다고 말할 것이다. 또는: 어떤 사람이 연극에서 죽는 것에 대한 기준들은 그가 현실에서 죽는 것에 대한 기준들과 같지 않다. 그러나 리어왕이 극의 마지막에서 죽는다고 말한다면 우리는 정당화되는가? 왜 안 되는가? 그리고 유사하게, 우리가 정신적 그림들을 본다고ᵈ 말하는 데 대해서 반대할 아무런 이유가 없다는 것이 비−정신적 그림의 존재에 대한 기준들이 정신적 그림의 존재에 대한 기준들과 같다는 것을⁵ 뜻하지는 않는다. 우리들은 심지어 전자와 후자의 기준들은 비슷할 필요조차 없다고 말할 수 있는데, 왜냐하면 한 인물의 죽음에 대한 연극 내에서의 기준들과 연극 밖에서의 기준들은 — 물론 연관이 있기는 하지만 — 전혀 비슷하지 않다고 말할 수 있으니까 말이다.

낱말들의 기능으로 돌아가자! 우리는 낱말들이 우리의 마음 앞에 표상들을 — 각 낱말에 대해 하나의 표상을 — 가져오거나, 언급된 대상에 관한 어떤 생각을 가져오기 위해서 쓰이는 언어 사용을 상상할 수 있을 것이다. 우리가, 우리가 아는 사람들 이름의 목록을 읽고, 읽으면서 그들을 상상하거

ᵃ 그러나 당신은 이렇게 말할 수 있다: 오, 아니다! 어떤 사람들은 비극에서 실제로 죽는다; 예를 들면, 줄리엣은 연극의 마지막에 죽지만, 그 전에는 죽은 척했다. ᵇ 인도하는 척 ᶜ 글로스터는 **실제로** 눈이 멀었다. ᵈ 지닌다고

4 (옮긴이주) '에드거', '글로스터': 셰익스피어의 극 〈리어왕〉에 나오는 인물들.

5 (옮긴이주) 원문에는 '것을' 다음에 '우리가 것을'이라고 번역될 수 있는 표현이 더 들어가 있다. *PO*에는 이것을 '우리가 〔안다는〕 것을'로 해석하여 살렸는데, 여기서는 시디롬 유고에 따라 이 부분을 삭제될 수 있는 것으로 보았다.

나 그들에 관한 다양한 생각들을 할 때처럼 말이다. 그리고 그 관념을 확대하자면, 나는 그 목록을 읽는 인물이 실제로 사람들을 스케치하거나 그들에 관해 문장들을 적어 놓는다고 가정할 수 있다. 명백히 이것은 한 문장 내의 낱말들이 통상적으로 작동하는 방식이 아니다. 왜냐하면 우리는 다시, 문장들의 목적이 독자로 하여금 어떤 그림을 그리게 하는 그런 특수한 문장 사용을 상상할 수 있기 때문이다. 우리들은 한 문장을 이해한다는 것이 "그 문장이 지시하는 사실"에 대한 그림을 우리들의 마음 앞에 가지는 것과 최소한 비슷한 어떤 것에 있어야 한다고 생각하는 경향이 있다. 이 생각에서 참인 것은, 그러한 그림을 산출하는 능력과 이해 사이에 어떤 연관이 존재한다는 것이다. 그러나 이해가 그러한 그림이나 그 비슷한 어떤 것을 산출하는 일을 의미한다는 관념은 완전히 잘못이다. 우리가 철학을 할 때, 우리는 끊임없이 우리의 낱말 사용 기술(技術)에 대한 설명을 주지 않을 수 없는데, 우리는 이 기술을, 우리가 그것에 숙달한다는 뜻으로는 알고, 우리가 그것을 개관하고 기술하는 데 최대의 난점이 있다는 뜻으로는 알지 못한다. 가령 우리가 동사의 의미에 관한 설명을 해야 할 때, 우리는 어떤 하나의 활동을 찾는 경향이 있다. 그리고 어떤 하나의ᵃ 활동이 그것과 밀접하게 연관되어 있다면, 우리는 그 동사가 이 활동을 나타낸다고 생각하는 경향이 있다. 그러나 "이해하다"란 낱말의 사용에 대해, 그것이 어떤 하나의 활동을 지시한다고 말하는 것은 매우 오해의 소지가 있는 것이다. 많은 활동들이 우리가 이해했다는 표시들이다. "이해하다"라는 동사의 사용 기술은 "할 수 있다"라는 동사의 사용 기술과 대단히 비슷하다. 특히 "체스를 둘 수 있다"와 같은 그런 경우에 그러하다. "당신은 성향으로서의 이해와 행위로서의 이해를 구별하고자 시도하고 있지 않은가?"⁶

ᵃ 어떤
6 원문에서는 여기서 곧 "아니다"란 낱말이 뒤따르고 있지만, 그것은 선을 그어 지워져 있다.

철학적 문제는 올바른 환경 속에서만 풀릴 수 있다. 우리는 그 문제에 새로운 환경을 주어야 한다, 우리는 그 문제를 우리가 그것과 비교하는 데 익숙하지 않은 경우들과 비교해야 한다. ———

우리가 색깔 있는 사물들을 가져오는 언어놀이를 기술한다면, 우리는 그것을 단지 피상적으로 기술하는 것처럼 보일 수 있을 것이다. 왜냐하면 진짜 놀이는 인상들을 가지고 행해지는데, 우리는 이것들을 우리의 기술에서 전혀 언급하지 않았기 때문이다. 마치 우리는 실제로는 밑바닥까지 가지 않은 것처럼 보인다.

"인상"이 특이한 문법적 형식이라는 것을, 그리고 우리가 꼭 이 형식을 사용하지 않고도 현상을 기술할 수 있으리라는 것을, 우리는 언제나 잊는다.

인상들에 관해 이야기하는 일은 이미 현상들을 특수한 하나의 방식으로 본다는 것을, 즉 현상들에 관해 특수한 하나의 양식으로 **생각한다**는 것을 뜻한다.

"초록은 내게 어떻게 보이는가? ― 그것은 나에게 이렇게→ 보인다."―

"이것이 내가 '초록'이라고 부르는 색깔 인상이다."
내가 나의 사적인 **인상**에 관해 이야기하고 있다는 것은 **확실한가?** 그리고 나는 어떻게 확신할 수 있는가? 나는 내가 인상에 관해 이야기하고 있다고 느끼는가? 무엇이 일어나는가? 나는 초록 반점을 바라본다, 나는 그와 같은 반점에 나의 주의를 집중한다, 그리고 나는 이러한 말을 한다. 그러나 어떤 종류의 반점에? 초록 반점에는 아니다. "초록"이란 이름을 받을 만하게 보이는 반점에?

내가 내 앞에서 인상들을 본다는 것과 그것들이 일차적 대상들이라는 것은 참이 아니다.

"초록이 어떻게 보이는가"를 내가 설명할 수 없다는 뜻에서, 나는 그것이 어떻게 보이는가를 내가 안다고도 말할 수 없다.

경험들을 맞바꾸기.

낱말의 특수한 사용을 마음속에 두기.

"이제 나는 그 공식을 안다"와 "이제 나는 계속할 수 있다" 사이의 차이.

공식을 말하는 것과 "이제 나는 공식을 안다" 사이의 차이.

'만일에'라는 느낌의 중요성.

모음(母音)에 색깔이 있다고 보는 것과 다르지 않은 "조건적 느낌".[7]

---

7 이 공책의 마지막 아홉 면에는 푸슈킨의 시 다섯 수가 러시아어로 적혀 있다.

비트겐슈타인 연보

1889년	4월 26일 저녁 8시 30분, 합스부르크 제국의 수도였던 오스트리아의 빈에서 출생하다. 루트비히 요제프 요한(Ludwig Josef Johann)이란 이름으로 세례를 받다. 집안은 외할머니를 제외하고는 모두 유태계였으나, 부계(父系)는 개신교로 개종했고 어머니는 가톨릭을 믿었다. 아버지 카를(Karl)은 자수성가하여 철강 재벌이 된 사업가였고, 어머니 레오폴디네(Leopoldine)는 음악 후원자이자 그 자신도 재능 있는 피아니스트였다. 루트비히는 5남 3녀의 막내였다.
1903년	가을에 린츠 국립실업고등학교에 입학하다. (같은 학교에 그와 동갑인 히틀러가 1년 후에 입학한다.) 그때까지는 아버지의 교육 방침에 따라 학교에 다니지 않고 여러 명의 가정교사에게 개인 교수를 받았다. 고등학교 시절, 급우들과 잘 어울리지 못했으며 성적도 종교 과목을 제외하고는 좋지 않았다. 이 시절에 카를 크라우스의 풍자적 잡지인 《횃불》, 쇼펜하우어의 《의지와 표상으로서의 세계》, 바이닝거의 《성과 성

격), 헤르츠의 《역학 원론》, 볼츠만의 《대중적 저술들》 등을 읽은 것으로 알려져 있다.

1904년   음악에 재능이 있었으나 아버지와의 갈등으로 집을 나갔던 맏형 한스 (Hans)가 1902년 미국 체사피크 만에서 실종(자살로 추정)된 데 이어, 연극에 관심이 있던 셋째 형 루돌프(Rudolf)가 베를린에서 청산염을 마시고 자살하다.

1906년   가을. 고등학교 졸업과 함께 기계공학 공부를 위해 지금의 베를린 공대의 전신인 베를린-샤를로텐부르크 기술전문대학에 등록하다. (원래는 빈에서 볼츠만에게 물리학을 공부하려 했으나 이 해 여름 볼츠만이 자살하는 바람에 계획을 변경했다.) 이 시절부터 철학 노트를 작성하기 시작한 것으로 알려져 있다.

1908년   봄. 아버지의 권고에 따라 영국의 맨체스터 대학으로 유학 떠나다. 연을 이용한 항공학 실험들을 하다가, 가을에 기계공학부 연구생으로 등록하여 비행기 제트엔진과 프로펠러 제작을 연구하다. (그 연구 결과는 1911년 8월에 특허를 취득한다. 그리고 이 연구에 나타난 엔진 방식은 약 30년 후 헬리콥터 개발로 이어진다.) 동시에, 연구와 관련된 수학 문제들, 특히 수학 기초의 문제들에 점점 더 강한 흥미를 가지게 되어, 러셀의 《수학의 원리들》과 프레게의 《산수의 근본 법칙》을 읽게 되다.

1911년   여름. 나름대로의 철학적 구상을 가지고 예나의 프레게를 방문하다. 아마도 이때 프레게의 권유로, 가을 이후에는 러셀과 함께 공부하기 위해 (맨체스터 대학에 등록된 상태에서) 케임브리지 대학으로 옮기다. 러셀의 강의를 청강하며 그와 논리-철학적인 문제들을 토론하기 시작하다. 첫 학기가 끝난 후, 자신이 철학적 재능이 있는지를 고민하던 비트겐슈타인은 러셀에게 판단을 요청했고, 러셀은 방학 동안 글을 써서 제출해 볼 것을 요구한다. 러셀은 제출된 논문의 첫 문장에서 비트겐슈타인의 천재성을 확신하고, 그에게 철학자의 길을 가도록 권한다.

1912년	2월에 케임브리지 대학교 트리니티 칼리지에 정식 입학하다. 러셀 외에도 무어 등의 강의를 들었고, 제임스의 《종교적 경험의 다양성》을 읽다. 또 러셀과 함께 《수학 원리》를 쓴 화이트헤드, 경제학자 케인즈, 그리고 나중에 《논리-철학 논고》를 헌정하게 되는 친구 핀센트를 알게 되다. 케임브리지 대학 도덕학 클럽의 멤버가 되어 활동하고, 11월에는 '사도들'이라는 모임의 회원으로 뽑히다. 12월에 도덕학 클럽에서 '철학이란 무엇인가?'라는 주제로 발표하고, 빈으로 돌아가는 길에 예나에 있는 프레게를 방문하다.
1913년	1월. 부친이 사망하다. 그리고 막대한 유산을 상속받다. 3월. 코피의 《논리의 과학》에 대한 비판적 서평을 《케임브리지 리뷰》에 기고하다. 이후 프레게의 《산수의 근본 법칙》의 부분들을 주르댕과 함께 영역하다. (이 번역은 후자의 이름만을 번역자로 하여 나중에 《모니스트》지에 발표되었다.) 9월. 방해받지 않고 논리학을 연구할 수 있는 곳을 찾기 위해 핀센트와 함께 노르웨이를 방문하다. 10월 초. 노르웨이로 이주하기 전 러셀과 핀센트를 각각 만나 그동안의 연구를 구술하다. (이것의 속기본과 타자본이 나중에 《노트북 1914~1916》의 부록인 〈논리학 노트〉로 출판된다.) 10월 말. 노르웨이의 베르겐 근처 작은 마을로 이주하다.
1914년	3월 29일~4월 14일. 노르웨이의 비트겐슈타인을 방문한 당시 지도교수 무어에게 그동안 작업한 '논리학'의 핵심 내용을 구술하다. (무어가 받아 적은 내용은 《노트북》의 두 번째 부록으로 출판된다.) 비트겐슈타인은 자신의 글 '논리학'으로 학사 학위를 취득할 수 있기를 바랐으나, 통상적인 논문 형식을 갖추지 않으면 안 된다는 규정이 있음을 알리는 무어의 편지에 감정적으로 대응하고 학사 학위를 포기하다. (이 일로 둘의 우정은 금이 가고 15년 동안 회복되지 못한다.) 6월. 빈에 돌아와 있던 중 1차 대전 발발하다. 7월. 당시로서는 거액인 10만 크로네를 재능이 있으나 가난한 오스트리아의 예술가들에게 지원할

것을《점화(點火)》지 편집인 루트비히 폰 피커에게 일임하여 기부하다. (수혜자는 트라클, 릴케, 달라고, 코코슈카 등이었다.) 8월. 자원입대하여 크라카우의 한 초계정에서 복무하다.《논리-철학 논고》를 위한 노트 작성을 시작하다. 한 서점에서 발견한 단 한 권의 책인 톨스토이의《성경》에 매혹되어 늘 품고 다니다. 그 외 니체의《안티크리스트》를 구입해 읽다. 12월. 크라카우 요새 포병공창 사무소에서 복무하다.

1915년   7월. 포병대 정비소에서 일어난 폭발 사고로 가벼운 부상을 입다. 8월 소속 부대 이동으로, 르보프 근처 소콜에 있는 포병공창 열차에서 복무하다.《논리-철학 논고》작업 계속하다.

1916년   3월 초. 최전선에 보내 달라는 본인의 계속된 희망에 따라 러시아 쪽 갈리치아 전선에 착탄관측병으로 배치되다. 여러 번 훈장을 받은 끝에 9월에는 하사로 진급하다. 곧이어 올뮈츠 포병사관학교에 입교하다. 여기서 로스의 제자인 건축가 엥겔만을 알게 되다.

1917년   1월. 소위로 연대 복귀하다. 7월. 전투에서의 뛰어난 공로로 훈장을 받다.

1918년   2월. 중위로 진급하다. 3월. 이탈리아 전선으로 이동하여, 아시아고에서 전투하다. 5월. 영국에서 핀센트가 비행기 사고로 사망하다. 7월. 이전 달 전투에서의 공로로 훈장을 받다. 그 이후 두 달 동안의 휴가 중《논리-철학 논고》의 최종 원고를 완성하다. 9월 말. 전선으로 귀환하다. 10월. 둘째 형 쿠르트(Kurt)가 전선에서 자살하다. 11월 초. 이탈리아군의 포로가 되다.

1919년   6월. 포로수용소 생활 중,《논리-철학 논고》의 원고 사본을 러셀과 프레게에게 보내다. 8월. 포로 석방으로 빈의 집으로 귀환하다. 9월. 자신이 상속받은 막대한 재산 전부를 포기하고 첫째 누이와 둘째 누이, 그리고 전쟁에서 오른팔을 잃은 막내 형 파울(Paul)에게 양도하다. (파울은 피아니스트였는데, 그를 위해 M. 라벨이 '왼손을 위한 피아노협주곡'을 써 준다.) 교사가 되기 위해 교원 양성소에 등록하다. 12월. 헤

이그에서 러셀과 만나 《논고》에 대해서 설명하다. 러셀은 출판에 어려움을 겪고 있는 이 작품에 서론을 써주기로 하다.

1920년 7월. 교원 양성소 졸업하다. 4월에 받은 러셀의 서론에 결국 실망하고 그것을 자신의 작품에 싣기를 거부하는 바람에, 《논리-철학 논고》의 출판이 무산되다. 이후 비트겐슈타인은 출판 문제를 러셀에게 위임하다. 8월. 빈 근처의 한 수도원에서 보조 정원사로 일하다. 9월. 오스트리아 동북부에 있는 시골 마을 트라텐바흐의 초등학교 교사로 부임하다.

1921년 여름. 노르웨이를 여행하다. 11월. 오스트발트가 편집자로 있는 잡지 《자연철학 연보》의 최종호에 《논리-철학 논고》가 교정이 매우 불충분한 상태로, 러셀의 서론과 함께 출판되다.

1922년 8월. 인스부르크에서 러셀과 만나 《논리-철학 논고》 등에 관해 논의하다. 둘의 우정에 금이 가다. 가을. 잠시 하스바흐라는 작은 시골 마을을 거쳐 역시 작은 시골 마을인 푸흐베르크로 근무지를 옮기다. 영국의 케건 폴 출판사에서 《논고》의 독영 대역본이 무어가 제안한 라틴어 제목 "*Tractatus Logico-Philosophicus*"로 출판되다.

1923년 9월. 《논고》의 영어 번역 작업에서 실질적 역할을 한 당시 케임브리지 대학생 램지가 푸흐베르크의 비트겐슈타인을 방문하다. 둘이 《논고》를 같이 읽으며 대화하다.

1924년 3~10월. 케임브리지 대학의 교수로 예정된 램지가 빈에 머물면서 정기적으로 푸흐베르크의 비트겐슈타인을 방문하다. 9월. 오터탈이란 마을로 근무지를 옮기다. 12월. 빈 대학의 교수 슐리크가 만남을 원하는 편지를 보내다.

1925년 4월. 《초등학교 낱말사전》을 위한 서문을 작성하다. (비트겐슈타인이 교사가 된 이후 학생들과 함께 작업한 이 사전은 1926년에 빈에서 출판된다.) 7월. 프레게가 사망하다. 8월. 영국을 방문하여 케인즈 등을 만나다.

1926년	4월. 한 학생을 체벌한 사건으로 인해 스스로 교사직을 포기하다. 휘텔도르프의 수도원 보조 정원사로 일하다. 6월. 모친이 사망하다. 가을. 막내 누이 마르가레테(Margarethe)를 위한 집의 건축에 엥겔만과 공동 작업하게 되다.
1927년	2월. 슐릭과 처음 만나다. 이후 바이스만, 카르나프, 파이글 등 빈 학단의 일부 회원들과도 접촉하다. 철학적 성찰을 다시 시작하다. 그리고 틈틈이, 골턴에 의해 고안된 합성사진의 방법을 실험하다.
1928년	3월. 수학의 기초에 관한 브라우어의 강연들을 듣고 철학에 몰두할 새로운 자극을 얻다. 가을. 누이의 집을 완성하다. (이 집은 현재 '비트겐슈타인 하우스'로 불리며, 1970년대에 빈의 문화재로 지정되었다.)
1929년	1월. 공부를 계속하기 위해 케임브리지로 돌아가다. 2월. 약 300쪽짜리 대형 노트 18권을 구입해 철학적 사유들을 기입하기 시작하다. (이 일은 1940년까지 계속되며, 그 기록들은 현재 15권으로 기획되어 《빈 판본》(Wiener Ausgabe)으로 출판되고 있다.) 6월. 《논리-철학 논고》의 영역본을 학위논문으로 하여 박사 학위를 취득하고, 연구를 위한 장학금을 받다. 7월. 〈논리적 형식에 관한 몇 가지 소견〉이 《아리스토텔레스 학회보》에 발표되다. (《논고》를 제외하면 비트겐슈타인 생전에 출판된 유일한 글인 이 논문은 영국 철학자들의 연례 합동 모임에서의 발표를 위해 제출되었으나, 이 논문에 만족하지 못한 비트겐슈타인은 실제 모임에서는 수학에서의 일반성과 무한성이라는 다른 주제로 발표하였다.) 이탈리아 출신의 경제학자 스라파와 알게 되어 정기적으로 토론을 하게 되다. 11월. 케임브리지의 이교도 협회에서 윤리학에 관한 강의를 하다. (이 강의는 비트겐슈타인의 유일한 대중적 강의로, 사후에 〈윤리학에 관한 강의〉로 출판된다.) 크리스마스 이후 빈의 슐릭을 만나 자신의 생각들을 구술하다. (이것과 그 이후 비트겐슈타인이 빈을 방문할 때 슐릭과 바이스만에게 구술한 견해들이 바이스만에 의해 기록되어 비트겐슈타인 사후에 《비트겐슈타인과 빈 학단》

으로 출판된다.)

1930년   1월. 램지가 26세의 나이로 요절하다. 케임브리지에서 철학 강의 시작
하다. 아울러 언어, 논리, 수학의 문제들에 관한 세미나 진행하다. 무
어가 회장인 도덕학 클럽의 모임에도 다시 참여하여,〈타자의 마음의
존재에 관한 증거〉라는 짧은 논문을 발표하다. 12월. 그동안의 작업을
토대로 봄에 제출한《철학적 소견들》을 근거로 5년 기한의 연구교수
로 선출되다.

1931~32년 강의와 세미나, 그리고 나중에《철학적 문법》등으로 출판되는 원고의
작성과 수정 작업을 수행하다. (이때까지의 강의 기록들은 사후 편집되
어《비트겐슈타인의 강의: 케임브리지, 1930~1932》로 출판된다.)

1933~34년 《청색 책》과《갈색 책》을 학생들에게 강의 대용으로 구술하다. 또 그동
안의 작업을 바탕으로 이른바《큰 타자 원고》를 작성하다. (이 원고의
수정된 부분과 수정되지 않은 일부로부터《철학적 문법》이 구성된다.
《큰 타자 원고》는 최근에 따로 출판되었다.)

1935년   가을. 연구교수 기간 만료 이후의 일자리를 알아보기 위해 소련을 방문
하다. 레닌그라드 대학, 카잔 대학, 모스크바 대학에서의 철학 강의를
제의받았으나, 노동자로 살아가기를 원했던 비트겐슈타인은 포기하고
되돌아오다. 철학적 심리학에 관한 최 의 세미나를 하다. 이 해의 강의
를 위해 '사적 경험'과 '감각 자료'에 관한 강의를 위한 노트들을 작성하
다. (1933년부터의 강의 기록들은 사후 편집되어《비트겐슈타인의 강
의: 케임브리지, 1933~1935》로 출판된다.)

1936년   연구교수 기간 만료 후 더블린을 방문하다. 이 기간(6월) 중 슐릭이 사
망했다는 소식을 듣다. 8월. 노르웨이에 있는 자신의 오두막집으로 가
서 수개월 동안 머물다. 이 기간 중《갈색 책》을 독일어로 개작하다 포
기하고,《철학적 탐구》에 착수하여 대략 지금의 1~188절에 해당하는
부분을 집필하다.

1937년   케임브리지, 빈 등을 거쳐 8월에 다시 노르웨이의 집으로 돌아가《수

학의 기초에 관한 소견들》의 일부, 〈원인과 결과〉 등이 포함된 철학적 작업을 계속하다.

1938년   3월. 오스트리아가 나치 독일에 합병 으로 인해 독일 국민이 되기를 거부하고 영국 국적을 신청하다. 《수학의 기초에 관한 소견》과 《철학적 탐구》 등의 작업을 계속하다. 여름. 미학과 종교적 믿음에 관한 강의들을 하다. (이 강의들은 그 후의 관련 강의들과 대화들과 합쳐져 사후에 《미학, 심리학, 종교적 믿음에 관한 강의와 대화》로 출판된다.) 9월. 《철학적 탐구》의 초기 형태를 독영 대역으로 케임브리지 대학 출판부에서 출판하기로 했으나, 몇 가지 문제로 출판을 보류하다. 10월. 무어의 퇴임으로 공석이 될 교수직에 지원하다.

1939년   2월. 무어의 자리를 이어받아 케임브리지 대학 철학교수가 되다. 4월. 영국 시민권을 얻다. 6월. 여권이 나오자 유태 혈통으로 곤란에 처한 가족들의 문제를 해결하기 위해 빈, 베를린, 뉴욕으로 동분서주하다. (결국 비트겐슈타인 가족의 재산이 문제를 해결한다.) 이 해에 3학기에 걸쳐 수학의 기초에 관한 강의를 하다. (이 강의 기록은 사후 편집되어 《수학 기초에 관한 비트겐슈타인의 강의: 케임브리지, 1939》로 출판된다.) 10월부터 《철학적 탐구》에 관한 세미나를 하다.

1940년   2월. 도덕학 클럽과 수학 협회에서 논문 발표와 강의. 가을. 《철학적 탐구》에 관한 세미나.

1941년   10월. 비트겐슈타인의 인생에서 큰 의미가 있었던 제자이자 친구인 스키너가 병사하다. 11월부터 런던의 가이 병원에서 잡역부를 거쳐 실험실 조수로 일하다. (그는 2차 대전 발발 이후 줄곧, 학교에서 가르치는 일 말고 전쟁과 관련된 의미 있는 노동을 하고 싶어 했다.) 이때부터 1944년까지 교수로서의 정규 강의는 중단하고 주말에 케임브리지에서 사적인 세미나만 계속하다.

1942년   4월. 담석 제거 수술을 받다.

1943년   4월 이후 뉴캐슬의 병원 의학연구실로 옮겨 일하다. 9월. 《철학적 탐구》를 《논리-철학 논고》와 합쳐 출판하려고 하다. (이 계획은 케임브리지 대학 출판사에서 승인받지만, 《논고》를 발행한 케건 폴 출판사와의 저작권 문제로 결국 실행되지 못한다.)

1944년   2월. 케임브리지로 돌아가다. 3~9월. 스완시에 있는 제자이자 친구인 리스의 집에서 대부분의 시간을 보내며 《철학적 탐구》를 다듬다. (지금의 《탐구》 189~421절이 추가되었다.) 10월. 케임브리지 대학 교수로 복귀하다. 11월. 무어에 이어 도덕학 클럽의 회장이 되다.

1945년   1월. 《철학적 탐구》의 머리말을 새로 쓰다. 그리고 이 해에 현재 《탐구》의 421~693절을 이루는 부분을 추가하여 제1부를 완성하다. 또 심리학의 철학에 관한 2시간짜리 세미나를 매주 2회 진행하고, 사후 《심리학의 철학에 관한 소견들》 제1권으로 출판되는 타자 원고들을 작성하다.

1946년   심리철학에 관한 고찰들을 계속하며 사후 《심리학의 철학에 관한 소견들》 제2권으로 출판되는 내용들을 작성하기 시작하다. 아울러 수학 기초에 관한 세미나와 심리학의 철학에 관한 세미나를 진행하다. (후자의 세미나는 사후에 《철학적 심리학에 관한 비트겐슈타인의 강의 1946~1947》로 출판된다.) 10월. 철학적 문제의 존재 여부를 놓고 도덕학 클럽에서 포퍼와 충돌하다. 11월. 도덕학 클럽에서 '철학이란 무엇인가?'에 관해 강의하다. 이 해에 벤 리처즈라는 의대 학부생에게 사랑을 느끼다.

1947년   5월. 옥스퍼드의 조웨트 학회에서 초청받아 토론하다. 여름. 이전부터 염증을 내던 교수직(특히 영국에서의 교수직)을 그만두고 《철학적 탐구》의 완성에 전념하기로 결심하다. 종전 후 처음으로 오스트리아를 방문하다. 10월. 사직서를 제출하다. (사직서는 12월에 수리된다.) 12월. 아일랜드에서의 1년 반 동안의 체류를 시작하다.

1948년   아일랜드의 외진 시골에서 절대적 고독 속에서 생활하며 철학에 몰두하다. 9월. 암에 걸린 큰누이 헤르미네(Hermine)를 만나기 위해 빈을 방문하다. 10월. 케임브리지에서 그동안 아일랜드에서 작업한 원고들을 구술하다. 11월. 더블린에 머물며 사후《심리학의 철학에 관한 마지막 글》로 출판되는 글들을 쓰다. 12월. 유언장을 작성하다.

1949년   4월. 임종이 가까운 큰누이를 보기 위해 빈을 방문하다. 7월. 제자이자 친구인 맬컴의 오래전부터의 초청으로 미국을 방문하다. 확실성에 관한 토론과 대화들을 나누다. 이 기간 동안 심한 병을 앓다. 10월. 영국으로 되돌아가 전립선암으로 진단받다. 12월. 크리스마스 무렵에 빈의 가족들을 방문하다. 이 해에《철학적 탐구》제2부 최종판에 해당하는 내용을 구술해 타자 원고를 만들다.

1950년   1월. 괴테의 색채론을 읽고 사후《색채에 관하여》의 일부로 출판되는 소견들을 쓰다. 2월. 큰누이가 숨지다. 3월. 영국으로 돌아와 런던에 머물다. 4월 초에 케임브리지에서 제자이자 그의 후임자인 폰 브리크트의 집에 머물다가, 4월 말부터는 옥스퍼드에 있는 제자 앤스콤의 집으로 옮겨 머물다. 여름. 확실성의 문제에 관한 고찰을 재개하다. 10월. 벤 리처즈와 몇 주간 노르웨이를 여행하다. 11월. 케임브리지에 있는 주치의 베반 박사의 집으로 거처를 옮기다. 12월. 크리스마스를 빈의 가족들과 함께 보내다.

1951년   1월. 옥스퍼드에서 리스를 유언집행관으로 하고, 리스, 앤스콤, 폰 브리크트를 문헌관리자로 하는 새 유언장을 작성하다. 2월 8일 이후 케임브리지의 베반 박사 집에서 지내며 색채의 문제와 확실성의 문제에 관하여 작업하다. 4월 27일에《확실성에 관하여》의 마지막 부분을 쓰고 다음 날 의식을 잃다. 4월 29일 아침에 사망하다. 5월 1일. 케임브리지의 성(聖) 자일즈 교회 묘지에 묻히다.

찾아보기[1]

---

1 숫자들은 본문의 면수를 가리킨다.

비트겐슈타인 선집 2

소품집

초판 1쇄 펴낸날 | 2006년 9월 25일
개정 1판 1쇄 펴낸날 | 2020년 9월 9일
개정 1판 3쇄 펴낸날 | 2023년 12월 12일

지은이 루트비히 비트겐슈타인
옮긴이 이영철

펴낸이 김준성
펴낸곳 책세상
등록 1975년 5월 21일 제2017-000226호
주소 서울시 마포구 동교로 23길 27, 3층(03992)
전화 02-704-1251
팩스 02-719-1258
이메일 editor@chaeksesang.com
광고·제휴 문의 creator@chaeksesang.com
홈페이지 chaeksesang.com
페이스북 /chaeksesang   **트위터** @chaeksesang
인스타그램 @chaeksesang   **네이버포스트** bkworldpub

ISBN 979-11-5931-529-9 04100
       979-11-5931-476-6 (세트)